丁 力◎主编 石伟平 杨旭辉◎副主编

中国职业技术教育教师发展报告

2012—2022

华东师范大学出版社
·上海·

图书在版编目(CIP)数据

中国职业技术教育教师发展报告:2012—2022/丁力主编. —上海:华东师范大学出版社,2023
ISBN 978-7-5760-3641-1

Ⅰ.①中… Ⅱ.①丁… Ⅲ.①职业技术教育-师资培养-研究报告-中国-2012-2022 Ⅳ.①G715

中国国家版本馆 CIP 数据核字(2023)第 039079 号

中国职业技术教育教师发展报告 2012—2022

主　　编	丁　力
副 主 编	石伟平　杨旭辉
策划编辑	彭呈军
责任编辑	朱小钗
特约审读	陈雅慧
责任校对	王丽平　时东明
装帧设计	卢晓红
出版发行	华东师范大学出版社
社　　址	上海市中山北路 3663 号　邮编 200062
网　　址	www.ecnupress.com.cn
电　　话	021-60821666　行政传真 021-62572105
客服电话	021-62865537　门市(邮购)电话 021-62869887
地　　址	上海市中山北路 3663 号华东师范大学校内先锋路口
网　　店	http://hdsdcbs.tmall.com
印 刷 者	上海龙腾印务有限公司
开　　本	787 毫米×1092 毫米　1/16
印　　张	14.25
字　　数	205 千字
版　　次	2023 年 3 月第 1 版
印　　次	2023 年 3 月第 1 次
书　　号	ISBN 978-7-5760-3641-1
定　　价	52.00 元

出版人　王　焰

(如发现本版图书有印订质量问题,请寄回本社客服中心调换或电话 021-62865537 联系)

新时代职业教育教师队伍建设论纲（代序） / 1
前言 / 1

第一部分
主报告 / 1

一、"两个大局"下的中国职业技术教育教师发展 / 3
 （一）"两个大局"：中国职业技术教育教师发展的宏观背景 / 3
 （二）"两个大局"下中国职业技术教育教师发展的坐标方位 / 5
 （三）中国职业技术教育教师发展的十年历程 / 7

二、党的十八大以来职业技术教育教师发展的成效与经验 / 15
 （一）党的十八大以来职业技术教育教师发展的成效 / 15
 （二）党的十八大以来职业技术教育教师发展的经验 / 28

三、党的十八大以来职业技术教育教师发展的问题与挑战 / 30
 （一）职业技术教育教师发展建设存在的问题 / 30
 （二）职业技术教育教师发展建设面临的挑战 / 35

四、新时代职业技术教育教师培养培训工作高质量发展的对策建议 / 40
 （一）建立健全职教师标准体系 / 40
 （二）创新职教师培养培训模式 / 42
 （三）推进职教师职前职后一体化改革 / 44
 （四）完善校企技能人才双向流动机制 / 46
 （五）提升职教师信息化素养 / 48
 （六）深化职教师供给侧改革 / 49

第二部分
中国职业技术教育教师发展政策分析 / 51

一、研究设计 / 53
 （一）数据与方法 / 54

（二）职业技术教育教师政策分析框架 / 54
　　（三）职业技术教育教师政策分析要素 / 56
二、中国职业技术教育教师发展政策文本分析 / 56
　　（一）政策频度与关键年度分析：阶段波动与重要节点 / 56
　　（二）政策发文机构分析：强权威与弱协作 / 58
　　（三）政策颁布文种分析：体例多样与约束力弱 / 59
三、职业技术教育教师政策的发展过程 / 61
　　（一）"双师型"教育体系构建（2012—2015） / 61
　　（二）职业技术教师教育体系深化发展（2016—2021） / 62
　　（三）职业技术教师教育体系法制化（2022—至今） / 64
四、职业技术教育教师政策的发展理念与路径 / 65
　　（一）政策目标指向"高素质'双师型教师'" / 65
　　（二）政策理念凸显"三性融合"和"理实一体" / 67
　　（三）政策举措注重系统的"多主体协同" / 70
五、中国职业技术教育教师政策的演进逻辑 / 70
　　（一）培养培训：从注重"规模"到"规模与质量"并举 / 71
　　（二）任职资格：从参照普通教育模式到更加鲜明的类型教育 / 74
　　（三）评价考核：从"单一主体"完善为"多元参与" / 75
　　（四）教师权利：从注重"社会价值"走向"社会价值"与"个人价值"
　　　　并重 / 76
　　（五）执行主体：从"自上而下"单一化到"上下结合"多主体协同 / 76
　　（六）政策实施对象：从"普适性"到"针对性和独特性" / 77
六、中国职业技术教育教师政策的未来趋势 / 77
　　（一）树立中国特色专业化、开放性、专业技能及团队合作理念 / 77
　　（二）分层分类优化职业技术教师专业标准体系 / 79
　　（三）完善信息技术影响职业技术教师的专业教学能力的政策路径 / 81
　　（四）提升职业技术教师教育行业企业实践质量 / 81
　　（五）建立利益相关者协调机制 / 82
　　（六）完善新时代高质量发展的"双师型"教师教育体系政策逻辑与
　　　　路径 / 83
　　（七）分析教师需求基础上的多元专业化培训 / 85

第三部分
中国职业技术教育教师发展实践探索：2012—2022 / 87

一、实践综述 / 89
 （一）中国职教教师培养实践探索 / 89
 （二）中国职教教师培训实践探索 / 101
 （三）构建中国职教教师治理体系实践探索 / 105
二、典型案例 / 109
 （一）职技高师改革 / 109
 （二）地方政府和职业院校实践 / 121
 （三）卓越职教教师培养计划 / 128
 （四）职教教师教学创新团队建设 / 132
 （五）产业导师特聘计划 / 148

第四部分
中国职业技术教育教师发展研究综述：2012—2022 / 149

一、研究过程 / 151
 （一）研究工具 / 151
 （二）数据来源 / 152
 （三）数据处理 / 152
二、研究发现 / 153
 （一）文献分布 / 153
 （二）研究阶段 / 154
 （三）作者分布 / 156
 （四）机构分布 / 158
 （五）研究主题 / 159
三、结论与展望 / 174

第五部分
中国职业技术教育教师发展展望：2023—2035 / 177

一、中国职业技术教育教师发展的依据 / 179
  （一）关于职业教育的重要论述 / 179
  （二）新修订的职业教育法 / 181
二、中国职业技术教育教师发展的未来目标 / 182
  （一）国家职教师发展的政策目标 / 182
  （二）职教兼职教师队伍建设目标 / 183
  （三）职教教师个人的专业化发展的目标 / 184
三、中国职业技术教育教师发展的未来展望 / 185
  （一）以新时代师德风范成就大国良师 / 185
  （二）以科学评价管理建设高质量职教教师队伍 / 186
  （三）建设高素质职教教师队伍与教学创新团队 / 188

附录 / 191

后记 / 200

新时代职业教育教师队伍建设论纲（代序）

教育部教师工作司

党的十八大以来，职业教育迎来了大改革、大发展的历史性机遇。为支撑职业教育改革发展，职业教育教师队伍建设取得了长足进步，攻坚克难、锐意改革、成效显著。站在第二个百年奋斗历程的新开端，职业教育教师队伍建设要贯彻习近平总书记关于教育的重要论述，贯彻落实党中央、国务院决策部署，以高质量作为时代主题，着眼于现代职业教育高质量发展的需要，着眼于技能型社会建设的需求，推进高素质专业化创新型教师队伍建设，造就职业教育类型特色鲜明、"经师"与"人师"相统一的职业教育"大先生"。

一、新时代职业教育教师队伍建设的政策取向

党的十八大以来，教育部会同相关部门，深入贯彻落实习近平总书记关于教育的重要论述和教师工作的系列重要指示批示精神，坚持服务取向、规律取向、问题取向，着力服务现代教育高质量发展，力求尊重职业教育教师发展规律与培养规律，直面与解决职业教育教师队伍建设中存在的现实问题，着力打造高素质、专业化、创新型职业教育教师队伍。

(一) 服务取向：服务和支撑现代职业教育高质量发展

中国特色社会主义进入新时代，为满足人民日益增长的美好生活需要，实施创新驱动发展国家战略，推进经济高质量发展，迫切需要建立现代职业教育体系，推进职业教育高质量发展，这对职业教育教师队伍建设改革提出了新的

更高的要求。面对时代背景的深刻转变，职业教育教师队伍建设顺时而变、乘势而上，坚持提质培优与强化类型特色双轮驱动，为职业教育改革发展提供了有力的人力保障。

1. 走向提质培优

从注重规模走向规模与质量并重，这是党的十八大以来我国职业教育教师队伍建设的基本走向。2012年，《国务院关于加强教师队伍建设的意见》提出，要建立教师培养质量评估制度，创新教师培养模式，发挥好行业企业在培养"双师型"教师中的作用。2018年，《中共中央国务院关于全面深化新时代教师队伍建设改革的意见》强调，要全面提高职业院校教师质量，建设一支高素质"双师型"教师队伍。2019年，《国家职业教育改革实施方案》提出，高水平工科学校举办职业技术师范教育，高层次、高技能人才以直接考察的方式公开招聘等创新举措。2022年，新修订的《中华人民共和国职业教育法》强调，国家建立健全职业教育教师培养培训体系。

在上述重要政策法规的驱动下，职业教育教师培养层次与培养质量持续提升。博士层次职业教育教师培养实现零的突破，2013年，实施服务国家特殊需求博士人才培养项目，开始培养职业教育师资博士。国务院学位委员会批准在教育硕士专业学位授权点增设"职业技术教育"领域，2015年，全国49所高等学校启动试点，硕士层次职业教育教师培养实现从项目化到制度化的升级。2019年，教育部出台《深化新时代职业教育"双师型"教师队伍建设改革实施方案》，职业教育"双师型"教师队伍建设全面加速。

党的十八大以来，职业教育教师培训体系不断完善。教育部、财政部联合实施全国职业院校教师素质提高计划，中央财政累计投入培训经费53亿元，带动省级财政投入43亿元，推动了"国家示范引领、省级统筹实施、市县联动保障、校本特色研修"的四级培训体系建设，打造了一批国家级职业院校校长、教师培养培训基地，有效支撑了5年一周期的职业教育教师全员培训工作。2022年，教育部启动实施"职教国培"示范项目，着力打造一批能够发挥高端引领和示范带动作用的培训项目。2019年，教育部印发《全国职业院校教师教学创新团队建设方案》，遴选了两批国家级职业教育教师教学创新团队，教师分工协作模块化教学的模式逐步建立，成为充分释放顶层设计改革红利、有效激发基层首创精神的重要举措。2019年,教育部启动国家"工匠之师"创新团队国外培训,遴选职业教育骨干教师到海外培训,着力提高教育教学能力、实践操作技能,开拓国际视野。支持高水平学校和大中型企业共建"双师型"教师培养培训基地、企业实践基地,2019年,教育部等四部门公布了首批全国职业教育教师企业实践基地。

2. 强化类型特色

职业教育相较于普通教育,教师培养方式具有独特的类型特征。"双师型"职业教育教师培养,需要鲜明地体现职业教育教师在专业性、职业性和教育性"三性"融合原则要求下的素质能力特征。党的十八大以来,我国无论是在教育综合改革文件中,还是在职业教育改革文件中,都重点强化职业教育教师培养的类型特征。2012年,教育部等三部门印发《关于深化教师教育改革的意见》,提出实行职业学校专业教师每2年不少于2个月的企业实践制度。同年,教育部等四部门印发《职业学校兼职教师管理办法》,支持、鼓励和规范职业学校聘请具有实践经验的专业技术人员、高技能人才担任兼职教师。2016年,教育部等七部门印发《职业学校教师企业实践规定》,明确职业学校专业课教师每5年必须累计不少于6个月到企业或生产服务一线实践。在政策推动下,各地探索了具有类型特征的职业教育教师培养模式。广东省推动高等职业院校自主开展高层次技能型兼职教师认定,2021年全省高等职业院校兼职教师人数2.8万人,与专任教师人数之比达1∶1.7。上海市成立职业技术教师教育学院,以"技术+教育"的方式创新培养高水平职业教育教师,受到社会各界关注和好评。

职业教育教师的社会地位不断强化。职业教育是为党育人、为国育才的重要领域,职业教育教师承担着培养高素质技术技能人才和能工巧匠、大国工匠的基础工作,使命光荣。国家不断加大对职业教育教师的表彰力度,在全国模范教师、全国优秀教师、全国教书育人楷模、国家级教学成果奖、教学名师等表彰项目中,均设置职业教育教师奖项,激发教师专业发展动力,增强教师职业认同,提高职业教育教师岗位吸引力。

(二) 规律取向:遵循职业教育教师发展规律

职业教育"类型教育",这种特质决定了职业教育教师独特的发展规律和培养规律,这为职业教育教师队伍建设改革提供了科学遵循。

1. 关于职业教育教师发展规律

职业教育教师的发展规律,是在职业生涯发展过程中,相关要素相互影响、促进而呈现出来的规律性特征的集合,是科学推进职业教育教师队伍建设的重要遵循。

一是职业教育教师发展的共性规律。职业教育教师与其他类别教师相同,职业发展也具有阶段性特征,遵循从新手到专家的发展规律,可以划分为新手、熟手、精通和专家4个阶段,从新手到专家的专业化发展过程,本质上是基于时间维度的经验累积。新手阶段教师的发展需求是尽快胜任教师岗位,熟手阶段教师的发展需求是全面掌握教学、科研、社会服务等各个领域的工作,精通阶段教师的发展需求是在重点领域实现突破创新,专家阶段教师的发展需求是凝练、推广与应用自身的教学与科研理念。基于不同生涯发展阶段教师的发展需求,区分职前培养与职后培训对象,精准确定发展目标,才能提高职前培养与职后培训的针对性。

二是职业教育教师发展的特性规律。由于职业教育教师与其他类别教师岗位职责不同,其在发展上也有特定规律。一是"细"。职业学校的专业类别多样,数量也远多于中小学,不同的专业对教师能力要求各异,体现在职业教育专业课教师的培养和培训上,必须要做到精细化,有针对性地设置课程内容,创新培养培训方式,促进教师特定技能的形成与提高。二是"用"。职业学校针对市场培养技术技能型人才、应用型人才,要与企业需求做到无缝衔接,因此,在其培养和培训课程设置上必须要强化实践性课程、应用型课程。三是"变"。为应对技术工艺、生产方式、生产手段的变化和市场竞争,企业注重技术升级,对劳动力技能的要求也在持续变化升级。这就要求,职业教育教师的培养培训课程要持续升级,以适应企业持续改变的生产方式对劳动力技能变化升级的要求。适应职业教育教师以上三方面的发展特性规律,要根据不同岗位职业教育教师工作特点和需求,注重模块化课程设置,支持特色化发展。

2. 遵循职业教育教师发展规律

对于职业教育文化课教师的培养培训更多是遵循与普通教育教师相同的

规律，但是对于职业教育专业课教师培养培训既要遵循共性规律，也要遵循特性规律。

一是推动职业教育教师接续培养。与中小学幼儿园教师主要是由师范院校培养、职前培养与职后培训衔接程度不同，职业教育教师来源渠道多元，除了少部分由职业技术师范院校培养的教师之外，更多的教师来自其他高等学校和企业，很多职业教育教师在职前教育阶段并没有准备从事职业教育，职前培养与职后培训的衔接不够，职后培训的压力比较大。职业教育教师要经历两次职业化过程，第一次职业化发生在职前阶段，第二次职业化则伴随教师漫长的职业生涯。对于高素质职业教育教师的培养而言，其在职前与职后两个阶段的成长不应该割裂，要努力达到一体化培养的状态。要通过制定合理培养目标，对职业教育教师在职前培养阶段与职后培训阶段应达到的能力分别进行定位。在职前培养阶段，职业教育教师培养的重点是养成基本素质与能力，满足教师岗位入职的基本要求，不能过度拔高职业教育师范生培养目标。在职后培训阶段，职业教育教师的培养目标定位更高，且在整个生涯发展过程中呈现顺序性、连续性和进阶性特点。要强化职业教育教师职前培养与职后培训阶段的有机衔接，实现职业教育教师的接续培养。

二是推进多元化职业教育教师发展体系建设。职业教育教师培养培训主体涉及职业技术师范院校、职业院校、行业企业等，分别扮演不同的角色、发挥不同的作用。对于职业教育教师的培养来说，职业技术师范院校和其他高等学校主要承担职前阶段的培养任务，重点传授教育教学知识和技能，帮助学生养成基本素质与能力，同时要为学生提供实习场所，提高教育教学实践能力；企业在职前培养阶段主要为其提供真实工作环境的实习机会，帮助其把握产业、企业最新发展动态，开阔视野，提高专业实践能力。对于职业教育教师培训来说，关键是要建立常态化的教师发展机制。工训矛盾是职业教育教师培训存在的突出难题。以职业教育教师企业实践为例，职业院校教师企业实践，需要脱产进行，往往会面临时间难题，容易成为教师的额外工作负担，校企在企业实践方面没有给予教师足够支持。需要对职业教育教师培训机制进行整体设计，完善工作机制，明确政府、学校、系部等不同层次和实训主体应该承担的培训任务，更要做到自主规划，让教师能够自主选择接受培训的时间与方式，使培训成为与教学、科研同等重要的常态化工作。

三是分类实施职业教育教师培训。职业教育作为"类型教育",其教师发展的专业性、职业性、教育性"三性"融合特征,需要分类开展职业教育教师的培养培训。职业院校教师的来源是多元化的,按照毕业院校来说,分为职业技术师范院校的毕业生和其他高等学校的毕业生;按照是否具备企业工作经历来说,分为具备企业工作经历的教师和不具备企业工作经历的教师。因此,对职业教育教师的培训要突出分类实施,对于职业技术师范院校毕业生,要重点强化技术技能培训;对其他高等学校毕业生要着力强化教育教学能力培训;对于来自企业的专职教师和兼职教师,要做好教育教学能力基础性培训和提升培训;对于不具备企业工作经历的专业课教师,要大力推进企业实践,着力提升专业技术能力培训。但是,不论对于何种类别的教师来说,都要根据技术的更新、市场的变化等,做到终身学习,持续促进能力提升和专业发展。

四是以科学评价促进职业教育教师发展。职业院校教师发展不仅受教师发展一般逻辑的约束,而且受职业教育特殊逻辑的约束。在对教师发展水平进行评价时,要充分考虑职业教育教师工作特点,既要考量职业教育教师岗位的共性,又要考量职业教育教师岗位的特性,分类制定评价标准,完善以应用导向、以提质增效为目的的教育教学绩效考核标准。要给予职业院校更多用人自主权,自主招聘与录用、考核评价教师,将年度考核与周期考核相结合,以科学公正的评价激发教师的工作热情与发展动力,要做到人尽其才、才尽其用。

(三) 问题取向:直面和解决职业教育教师队伍的现实问题

解决现实问题是职业教育教师队伍建设出发点和落脚点。党的十八大以来,我国职业教育教师队伍建设改革的演进历程,是直面现实挑战的过程,是解决现实问题的过程。

1. 直面现实挑战

百年变局和世纪疫情叠加交织,科技革命和产业变革突飞猛进,世界之变、时代之变、历史之变正以前所未有的方式展开。职业教育是与经济发展联系紧密的"类型教育",对于稳经济、保民生、促就业至关重要。在推动供给侧结构性改革、构建现代产业体系、实现高水平科技自立自强的过程中,职业教育具有不可替代的重要作用。进入新发展阶段、贯彻新发展理念、构建新发展格局,对职业教育教师队伍建设提出了新挑战,也提供了新机遇。

一是在百年变局的大背景中谋划职业教育教师队伍建设。"百年未有之大变局",是习近平总书记对世界形势的战略论断,也是谋划我国职业教育教师工作高质量发展的宏观背景。百年变局既是国际秩序的重塑,也是发展道路和社会制度的竞争。新兴市场国家和发展中国家的快速发展有力推动了世界多极化进程。在构建以国内大循环为主体、国内国际双循环相互促进的新发展格局历史进程中,职业教育地位凸显,职业教育教师大有可为。职业教育教师既要落实好教书育人、立德树人的根本任务,又要推动职业教育改革发展、增强职业教育适应性,为发挥我国超大市场规模的优势贡献力量。必须扎根中国大地,走出一条世界水准、中国特色的职业教育教师队伍建设发展道路,彰显我国制度优势和文化自信。

二是在全面建设社会主义现代化国家新征程中推进职业教育教师队伍建设。面向未来,职业教育前途广阔、大有可为,职业教育是国民教育体系和人力资源开发的重要组成部分,是培养多样化人才、传承技术技能、促进就业创业的重要途径。近年来,在高等职业教育扩招、探索发展本科层次职业教育、职业教育体系建设等重大改革落实推进中,职业教育教师队伍建设取得了显著成效,积累了丰富的实践经验。但应当看到,与普通教育相比,职业教育的教师培养培训体系的历史欠账较多,发展底子较弱。职业教育的教师培养培训机构数量有限、实力不强,存在层次不完善、社会影响力不足的问题。时代发展对高素质"双师型"职业教育教师队伍提出了更高要求,必须破解制度化、体系化教师培养培训的优质供给相对不足的难题,通过深化改革激发活力,以创新精神推动职业教育教师工作在更高起点上实现更高质量发展。

三是在应对新技术变革的过程中创新职业教育教师队伍建设。作为影响当前发展、引领未来变革的战略性技术,人工智能正在融入包括互联网、经济、医疗、交通、家居生活等在内的社会经济生活的方方面面,必然会对职业教育教师的教学模式和专业化发展产生重要影响。《国务院关于印发新一代人工智能发展规划的通知》《中国教育现代化2035》《中共中央关于制定国民经济和社会发展第十四个五年规划和二〇三五远景目标的建议》等一系列政策,为应对人工智能等新技术的挑战,推进教师队伍建设改革指明了发展方向。智能时代在为职业教育教师提供解决传统教学问题的更多可能的同时,也对他们的教育教学能力提出了更高要求。如何运用大数据、人工智能技术做好专业建设、课程建设与教学改革工作,如何在价值观越来越多元、信息获取越来越便利的情况下切实提高自身信息素养和水平,做好学生成长成才的引路人,增强教育教学的针对性和有效性,值得广大职业教育教师、教育行政主管部门和职业教育教师研究者深入思考。

2. 解决现实问题

推进职业教育教师队伍建设改革,必须要有问题意识和创新精神,既要善于发现问题、提出问题,也要善于研究问题、解决问题。需重点解决以下几方面问题。

一是职业教育教师标准体系还不健全。标准建设是职业教育教师工作中"管全局、利长远"的根本制度。如果说规模解决的是"够不够"的问题,那么标准则直接决定了教师队伍"优不优"。标准是衡量职业教育教师队伍质量的"定盘星",是统领职业教师培养培训模式改革的"牛鼻子",也是中国职业教育教师走出国门、走向国际的"通行证"。在职业教育教师标准建设方面,还有大量工作要做。在"双师型"教师的认定标准方面,还存在一些模糊甚至错误认识,一定程度上影响了"双师型"教师统计数据的含金量;职业学校校长(书记)和教师的职业标准需要进一步建立健全,并切实做到有据可依、有据必依;职业教育教师标准方面的国际合作与交流尚不够深入,还需要进一步探索和实践。

二是职业教育教师培养存在短板。在培养主体上,参与职业教育教师培养的院校数量不多、实力不强,企业参与积极性不高。教师深入企业一线实践不够深入,技术技能水平与教育教学能力存在"两张皮"现象;在培养结构上,尚没有专门的高等职业院校教师培养渠道,大部分教师来自普通高等学校,对职业教育的理解还不够深刻;在培养方向上,职业教育教师培养服务乡村振兴、共同富裕的能力还不强;在培养层次上,职业教育教师本硕博贯通培养模式还需探索,在职教师学历提升需求尚未得到有效满足。

三是职业教育教师培训效能有待提高。在培训模式上,与企业联动、与产业对接不够;在培训内容上,缺乏基于精准分析职业教育教师需求的顶层设计,培训单位之间的培训课程衔接不够,参训教师的学习动机需要增强,学习成效需要提升,教师信息化能力的培训需要强化;在培训特色上,打造拳头培训产品的意识还不强、能力还不够。

四是高技能人才入校任教渠道需要进一步畅通。企业高技能人才进入职业院校任教有意愿、有需求,但是制度设计还不完善,渠道需要进一步畅通。固定岗与流动岗相结合的职业教育教师管理岗位改革还不到位,从企业引进人才到职业院校担任专兼职教师力度还不够,还未形成急需高技能人才大批量进入职业院校任教的局面。

二、新时代职业教育教师队伍建设的制度变革

制度改革是职业教育教师队伍扩大规模、优化结构、提高质量的原动力,正如前文所述,建立健全制度体系正是近年来教育部会同相关部门大力推进职业教育教师队伍建设的主攻方向。但是,也要清醒地认识到,当前职业教育教师制度体系与其他类别教师队伍相比还不够健全,与现代高质量职业教育发展的需求还有差距,推进制度变革仍然是当前和未来一段时间职业教育教师队伍建设的重中之重,需要从以下几个方面发力。

(一) 建立职业教育教师标准体系

职业教育教师标准是职业教育发展的重要基础性制度保障,完善标准能起到纲举目张的作用,这是职业教育教师队伍建设的必由之路。制定实施科学的教师标准,能加快推进建设结构合理、师德高尚、业务过硬的高素质专业化创新型职业教育教师队伍进程。

1. 完善职业教育教师准入制度

对职业教育公共课、专业课(含实习指导课)教师资格体系框架进行整体设计,突出职业教育特色,适时对不同类型的教师提出准入要求,指引教师成长路径,促进职业教育高质量发展。探索专业课教师(含实习指导课教师)在

企业工作经历、技能证书获取、技能大赛获奖等方面的新要求,鼓励和吸引拥有企业工作经历的专业技术人员和高技能人才,在符合条件的情况下,到职业院校任教。

2. 修订教师和校长专业标准

职业教育定位与发展在新时代被赋予了新的内涵,大数据和人工智能等信息化技术广泛深入地应用在职业教育领域,职业教育对象也正在变得更加多元化、多样化,人才培养目标也随之发生变化。应适时修订完善中等职业学校教师专业标准、校长专业标准,探索研制高等职业学校教师专业标准,融入时代发展的新内涵、新要求,不断增强岗位的适应能力,用标准引领职业教育发展。

3. 研制"双师型"教师标准

研究出台"双师型"教师认定的指导意见,指导各地结合实际制定实施标准,推动各学校根据指导意见和实施标准制定本校认定实施办法。通过国家、省、校三级分工协同,推进"双师型"教师认定工作,支持教师能力提升和专业可持续发展。

4. 完善教师招聘、职务评聘和绩效考核评价标准

探索建立能力本位的职业教育教师招聘评价标准,在考察应聘人员文化素质的同时,重点考察其教育教学能力、专业实践能力等。教师的专业技术职务评聘突出职业教育的特点,破除"五唯"倾向,将师德师风、工匠精神和教育教学实绩作为职称评聘的主要依据。教师的绩效考核标准突出职业教育教师在人才培养中的贡献度,落实立德树人根本任务。

(二) 创新职业教育教师培养模式

为满足职业教育教师培养需求,教育部重点建设了一批职业技术师范院校,承担部分职业教育教师培养任务。在此基础上,持续创新培养模式、扩大培养主体、拓宽培养路径,不断满足职业教育高质量发展需要。

1. 不断增强培养体系的开放性

职业教育教师专业发展具有跨界特征，横跨了企业与学校、工作与学习、职业与教育，职业教育教师发展不仅需要学校环境的熏陶，还需要企业环境的熏陶，这决定了单靠高等学校是无法完成人才培养目标的。培养高等学校应紧密联系企业、职业院校协同育人，创新多主体协同参与的职业院校教师培养模式。鼓励企业成为职业教育教师培养的重要参与方，提供实践指导教师和工作岗位，并保证企业实践质量，加快推进建立高等学校、企业、职业院校多主体组成的开放化职业教育教师培养体系。

2. 不断加大培养模式的创新性

大力推进职业教育教师培养改革，拓宽人才来源渠道，丰富人才培养模式，加快实现职业教育教师培养灵活性、构成多元性、来源多样性的局面。探索实施"本科（包括职业技术师范院校和其他普通高等学校）+教育硕士"一体化设计、贯通培养、分段考核、定向就业的人才培养模式，增强培养内容的衔接性、课程设计的完整性、能力素质的综合性。拓展职业院校教师在职提高学历的通道，探索脱产学习与在岗学习相结合的模式，学中用、用中学，严格设置准出标准，确保培养质量。拓宽企业技术人员在职攻读教育硕士的通道，让有意从事职业教育的企业技术人员通过系统学习和能力训练等途径，具备胜任职业教育教师的能力素质。

3. 大力推动研究生层次教师培养

要基于现代职业高质量发展的需要，加快构建贯通本科、研究生层次的教师培养体系，增加高素质教师供给力度。要加大职业技术师范院校的建设力度，扩大研究生层次的职业教育教师培养。鼓励高水平应用型高等学校，在专业硕士中增设职业技术教育方向。鼓励支持综合大学，在工程硕士及其他专业硕士中开展职业教育教师培养。积极探索博士层次职业教育教师的培养，鼓励引导高水平大学在教育博士、工程博士与其他专业博士中增设职业教育方向。

4. 探索中等职业学校师范生公费定向培养模式

受区域发展影响，一些艰苦边远地区职业学校教师招聘难，对本科层次职业教育教师还有一定需求。可借鉴中小学公费定向师范生培养经验,面向当地生源开展中等职业学校公费定向师范生培养,毕业后回生源地工作。同时,一些地方产业密集、热门行业人才紧缺,相关专业教师招聘困难,也可设立师范生专项名额,公费定向培养。

(三) 推进职业教育教师职前职后一体化改革

职业教育教师发展要体现系统性和科学性,围绕职业教育教师的岗位需求和个性化发展,对职前职后培训进行一体化设计,既要体现普适性,又要体现适用性。

1. 教师培训要点面结合

职业教育教师培训既要有面上的整体规划,又要有点上的突破创新。改进实施职业院校教师素质提高计划,以 5 年为周期制定培训规划,给予经费支持,带动地方配套投入,实现教师全面培训。加强过程管理、质量监控和效果评估,运用信息化手段对培训学时、内容、考核评价等进行登记备案,确保培训质量和全员轮训制度落实。探索培训成果转化机制,增强参训教师的获得感。对专业带头人、骨干教师、名校长等重点人群,教育部设立"职教国培"示范项目专项培养。发挥项目承训基地的特色和优势,示范带动地方和各级培训基地(机构、中心)开展高质量、有特色的教师培训。

2. 示范培训基地要抓特色

职业教育教师培训基地要有各自的特色和强项,从培训项目琳琅满目的"大超市"转为专、精、特项目的"专卖店"。教育部设立一批校企共建的职业教育"双师型"教师培训基地,以及教师教学创新团队建设协作共同体,根据各自专业优势,让各专业大类中最好的学校强强联合,在某一特定专业或领域中形成拳头产品,达到国内一流,承担起同类专业教师的国家级培训任务,示范带动更多的教师培训基地实现转型。示范性培训基地要注重打造中国特色的职业教育教师培养培训新模式,在国际社会发声,提供中国方案,在"一带一路"倡议等国家战略中发挥积极作用。

3. 企业实践要做好做实

落实好产教融合政策,推动省级优质企业实践基地与国家级基地共同组成教师企业实践基地网络,优化校企优质资源共建共享平台。对于没有企业工作经历的新入职专业教师,要安排到相关企业进行为期一年的顶岗实践,全面融入企业的生产、管理过程,积累实践经验,掌握生产技能。探索专业教师在企业兼职参与项目研发和技术攻关的机制。推动职业教育教师与产业界保持联系,及时沟通和了解产业发展及新技术、新材料、新设备、新工艺的使用,并保障教师企业实践期间的相关待遇及权利。

(四) 支持职业教育教师、教材、教法"三教"改革

"谁来教? 教什么? 如何教?"及相对应的教师、教材、教法,是职业教育改革面临的根本问题,教师队伍建设则是"三教"改革的关键。要集中优势资源,通过全国教师教学创新团队、名师(名匠)名校长、推进信息化引领等举措,加快实现"三教"改革的突破。借助信息技术对职业教育赋能,加大创新力度,实现职业教育的高质量发展。

1. 持续推动教师教学创新团队创建工作

教师教学创新团队是以职业院校骨干教师为引领,以团队成员为支撑,集体探索创新教学模式的教师组织。通过打造国家级团队,示范引领省级、校级团队整体规划和建设布局,按计划、分步骤建成一批覆盖骨干专业(群)、引领教育教学模式改革创新、推进人才培养质量持续提升的教师教学创新团队,辐射带动全国职业院校加强高素质"双师型"教师队伍建设,为全面提高复合型技术技能人才培养质量提供强有力的师资支撑。教学创新团队应深入推动职业院校"三教"改革,大力探索中国特色职业教育育人模式、教学模式和评价模式,率先取得突破性成果。

2. 启动实施名师(名匠)名校长培育计划

遴选职业院校具有高水平教学名师和技能大师组建名师工作室或技艺技能传承创新平台,采取团队研修、项目研究、行动学习等方式,实现技艺技能传

承创新，树立职业教育的良好社会形象。启动职业院校名校长（书记）培育计划，针对校长任职资格培训、骨干校长培训、卓越校长培训、名校长工作室等不同阶段进行梯次培育，培养一大批在职业教育理论、院校管理和职业人才培养方向有所作为有所思考的具有较高理论水平的教育管理者和教育家，有效推动"三教"改革深入开展，形成职业教育新特色。

3. 推进职业教育教师队伍信息化

通过改革实施全国职业院校教师素质提高计划，大力推进信息技术与教学深度融合，各地广泛开展教师信息技术应用专项培训，强化教师网络课程开发、在线教学技能、信息化手段运用，以及培养学生利用网络自主学习等能力，全面提升教师信息化素养，确保教师能够胜任数字化、信息化条件下的教与学。依托国家职业教育智慧平台，汇聚线上全国优秀的职业教育教师培训资源，按课程、专业群或专业领域进行分类，服务全体老师，面向社会开放。支持广大教师通过平台进行工作经验交流、教育理念分享、远程同步教研、跨地域结对帮扶，通过建成教师时时能学、处处可学的优质网络学习平台，大幅提高教师培训能力。探索利用增强现实（AR）/虚拟现实（VR）/混合现实（MR）/人工智能（AI）等技术开展教师虚拟仿真实训。开设国培示范项目、创新团队、企业实践等专项板块，实现项目申报、发布、实施、管理、宣传一体化，推动教师培训体系化建设。实现对全国职业教育教师培养重点建设基地进行数字化管理，加强培训过程监测与质量控制。

(五) 建立校企人才双向交流机制

高技能人才是职业教育"双师"队伍建设的重要组成部分，推动高技能人才以多种形式，专兼职到职业院校任教，是培养学生实践能力的重要一环。目前，高技能人才到职业院校中担任专兼职教师的体制机制有待进一步理顺，需要通过完善相关制度、创新思路，打通高技能人才进入职业学校任教的通道。

1. 研究实施职业教育银龄讲学计划

通过制度设计，鼓励引导企业退休（临近退休）工程师、工匠等高技能人才（如顶级焊工师傅、大国工匠中的技能大师），到职业院校从教，发挥其企业工作经历优势和技能优势，拓展"双师型"教师来源渠道，为职业教育教师队伍提供新的动能，为职业院校学生增加一技之师、一事之师。

2. 探索建立产业导师特聘制度

支持职业院校设立一批产业导师特聘岗，聘请企业工程技术人员、高技能人才、管理人员、能工巧匠，兼职到学校承担特定的专业实践课程，开展教学工作。产业导师平时在工厂一线从事生产，在规定时间段到职业院校兼职开展实践教学，可担任一门课程或某台先进设备的实训教师，及时将企业新技术、新材料、新设备、新工艺融入教学，使教学内容更加紧贴生产一线，更加匹配产业需求，更加符合院校人才培养目标。

3. 探索企业高技能人才到学校任教模式

数据显示，企业中有一批学历高、业务强的职工，希望进入职业学校从教。地方和学校应探索建立配套的制度机制和支持政策，让他们能够进入职业院校贡献其在行业企业中的智慧，既可以提高教师学历整体层次，也可以优化"双师型"教师结构。

4. 建设兼职教师库

基于高技能人才和职业院校双方需求，充分发挥中国工程院、国有企业（产教融合型企业、制造业龙头企业、行业骨干企业等）、全国职业院校教师企业实践基地在教师兼职等方面的示范引领作用，鼓励支持行业企业定期推荐并派出一批高技能人才到职业院校担任兼职教师。鼓励地方对接建设本地产业和院校需求的兼职教师库，拓宽学校兼职教师聘用渠道，保证职业院校在库中筛选符合专业和要求的兼职教师。

三、新时代职业教育教师队伍建设的思想方法

职业教育教师队伍建设改革是一项系统工程，既要立足当下，也要放眼未

来,谋划职业教育教师工作中长期发展,瞄准2035年目标,聚焦重点、把握关键,善作善成、久久为功。总体上,可以考虑按照"三步走"予以安排:到2025年,在深化职业教育教师队伍建设改革上,形成一系列突破性、标志性的关键制度成果;到2030年,在丰富扩大已有制度成果基础上,凝练形成职业教育教师队伍建设的类型特色;到2035年,在强化类型特色的基础上,持续提升职业教育教师待遇水平和社会地位,使职业教育教师成为让人羡慕的职业。

(一) 强化职业教育教师思想政治和师德师风建设的引领作用

从"十四五"到2035年,是职业教育教师队伍建设提质赋能、决战决胜的关键时期。强化教师思想政治和师德师风建设,是职业教师队伍建设的首要任务,是落实立德树人根本任务的关键。不仅要强化职业教育专职教师的思想政治与师德师风建设,同时也要强化兼职教师的思想政治和师德师风建设。要坚定不移地贯彻落实习近平总书记关于教育的重要论述,坚守为党育人、为国育才的初心使命,引导广大教师以德立身、以德立学、以德施教,培养造就一大批热爱职业教育的"四有"好教师,当好学生成长成才的"四个引路人",成为学生为学、为事、为人的"大先生"。

(二) 强化职业教育教师队伍建设的制度供给

第七次人口普查数据显示,我国人口红利已进入中后期。推动高质量发展的动力将由人口红利逐渐转换为教育红利。推进现代职业教育高质量发展,正是发挥教育红利的关键举措。要以打造高素质"双师型"职业教育师资为着力点,坚持实践探索和模式创新,推进体系完善和政策改革,特别是围绕职业教育教师发展标准、能力要求、培养机构、培训体系等方面,加大制度供给力度,为打造高质量职业教育教师队伍提供源源不断的制度动能。要总结提炼我国职业教育教师队伍建设制度经验,建立健全具有中国特色的制度体系,为世界职业教育教师队伍建设贡献中国智慧、提供中国方案。

(三) 强化职业教育教师队伍的类型特色

职业教育是跨界融合的教育,职业学校教师的培养和发展有独特的规律,要进一步增强职业教育教师培养的开放性、集成性和协同性,吸引优质教育机构和企业资源进入职业教育教师培养培训,构建开放多元、高效协同的职业教育教师培养培训体系。要突出实践能力,持续提升职业教育教师的技术技能水平。要在培养模式、评价标准、管理制度、资格准入等方面突显职业教育教师的类型特色,选树一批优秀典型,增强职业教育教师的社会美誉度和影响力。要鼓励支持高水平工科大学举办职业技术师范专业,建立健全高等学校、职业学校与行业企业联合培养"双师型"教师的机制。

(四) 强化职业教育教师的地位和待遇保障

要大力提升职业教育师资的职业吸引力,着力建立吸引社会各界顶尖技术技能人才进入职业院校任教的多元通道,把真正有志于职业教育的优秀人才吸引到职业教育事业中来。将职业教育教师队伍建设与人力资源强国建设相结合,采取更加有力的措施,做好待遇保障和权益维护,大力提升职业教育教师的政治地位、社会地位、职业地位,形成职业教育名师、技术技能大师脱颖而出的良好社会氛围。持续完善教师荣誉表彰体系,增强广大职业教育教师的荣誉感、使命感,使职业教育教师成为让人羡慕的职业。

(原载《教育研究》2022年第8期)

前 言

党的十八大以来,习近平总书记多次就职业教育和教师工作作出重要指示批示,党中央、国务院对于职业教育教师发展做出了一系列重要部署,提出了明确要求。职业教育成为社会各界广泛关注的热点话题,职业教育教师发展也随之成为全国上下普遍关心的话题焦点。十年来,职业教育教师队伍建设爬坡过坎、攻坚克难,取得了显著成效,在中国教师发展史上写下了浓墨重彩的一笔。

党的二十大报告将教育、科技、人才工作作为全面建设社会主义现代化国家的基础性和战略性支撑一体化部署,提出"统筹职业教育、高等教育、继续教育协同创新,推进职普融通、产教融合、科教融汇,优化职业教育类型定位""加强师德师风建设,培养高素质教师队伍,弘扬尊师重教社会风尚"等明确要求。贯彻落实党的二十大精神和党中央、国务院一系列重要决策部署,需要一支高质量"双师型"教师队伍,为职业教育高质量发展和全面提高复合型技术技能人才培养质量提供强有力的师资支撑。

与政策层面和实践层面相比,回顾党的十八大以来职教教师发展历程、总结发展经验并展望中长期发展方向的研究相对滞后。关于中国职业教育发展的年度报告已有不少,但细分到职业教育教师发展领域,尤其是党的十八大以来职教教师发展的报告尚属空白。在学习领会国家关于职教教师队伍建设顶层设计和制度文件的过程中,我们萌发了编辑出版一本专门报告的想法。这个想法得到了教育部教师工作司司长任友群同志及各方面领导、专家的热情鼓励和关心支持。

编纂出版《中国职业技术教育教师发展报告2012—2022》,是我们从教师发展视角出发体悟十年来职业教育非凡历程和非凡成就的重要尝试,也是思考谋划上海市职业技术教师教育学院和上海高校智库"上海市职业技术教师教育研究院"改革发展的重要契机。令我们倍感鼓舞的是,任友群司长欣然同意将发表在《教育研究》上的力作《新时代职业教育教师队伍建设论纲》作为报告的序,相关阐述立意高远、格局宏阔,既立足平实又高屋建瓴,既直面问题挑战又擘画战略方向,深刻阐述了新时代职业教育教师队伍建设的政策取向、制度变革和思想方法,对做好当前和今后一段时期的职业教育教师发展具有极强的指导意义,为报告的研究逻辑、篇章结构和核心观点提供了根本遵循,使我们更加坚定了从无到有编纂出版一本专论中国职业教育教师发展专门报告的信心和勇气。

上海市职业技术教师教育学院自2021年成立以来,致力于探索高水平、有特色职教教师培养模式,打造职教教师培养的"黄埔军校",为中国式职业教育现代化探索"上海经验"。本报告是我们团队的最新学术成果,希望能对繁荣职业技术教师教育研究,促进职业教育教师发展有所启迪,起到抛砖引玉的作用。由于水平所限,不足在所难免,真诚期盼各方大家提出宝贵意见。让我们共同努力为我国职业教育教师发展作出更多贡献!

丁力

第一部分
主报告

一、"两个大局"下的中国职业技术教育教师发展

习近平总书记高度重视职业教育,强调"职业教育是国民教育体系和人力资源开发的重要组成部分",多次要求"必须高度重视、加快发展",还明确指出:"在全面建设社会主义现代化国家新征程中,职业教育前途广阔、大有可为。"习近平总书记从党和国家工作全局的高度对职业教育工作作出的一系列重要指示,深刻阐明了发展职业教育的重大意义。党的十八大以来,党中央、国务院为加快发展新时代职业教育,召开重要会议,出台重磅文件,采取重大举措,以前所未有的力度,大力推动职业教育高质量发展,增强了职业教育对经济社会发展需求的适应性,职业教育大改革大发展的格局基本形成,为实现"两个一百年"奋斗目标和中华民族伟大复兴的中国梦提供了有力的人才保障。

(一)"两个大局":中国职业技术教育教师发展的宏观背景

2019年5月,习近平总书记首次提出"两个大局"的概念:"领导干部要胸怀两个大局,一个是中华民族伟大复兴的战略全局,一个是世界百年未有之大变局,这是我们谋划工作的基本出发点。"[①]十九届六中全会从战略高度指出统筹国内国际两个大局的重要性,这是我们在新时代推动党和国家事业取得伟大成就的关键。为此,我们必须胸怀两个大局,并在实际工作中攻坚克难。职业教育肩负着培养数以亿计的技术技能人才和高素质劳动者的重任,我们必须准确把握习近平总书记关于职业教育"前途广阔、大有可为"的重要指示,"必须把加快发展现代职业教育摆在更加突出的战略位置,纳入社会主义现代化建设的总

---
① 杜尚泽. 习近平总书记江西考察并主持召开座谈会微镜头[N]. 人民日报,2019-05-23.

体部署,推动职业教育与经济社会同步发展,为全面建设社会主义现代化国家提供坚实的技术技能人才支撑"①。

1. 中华民族伟大复兴的战略全局

中华民族伟大复兴的战略全局之所以是"战略全局","在于中华民族伟大复兴是中华民族近代以来最伟大的梦想,是中国共产党肩负的历史使命"②。正是基于此,习近平总书记提出并多次深刻阐述"中国梦"的重要理念,强调中国梦的本质是国家富强、民族振兴、人民幸福。中国梦的主要奋斗目标是实现"两个一百年目标",即到中国共产党成立100年时全面建成小康社会,到新中国成立100年时建成富强、民主、文明、和谐、美丽的社会主义现代化强国。2021年4月,习近平总书记对职业教育工作作出重要指示强调,各级党委和政府要加大制度创新、政策供给、投入力度,弘扬工匠精神,提高技术技能人才社会地位,为全面建设社会主义现代化国家、实现中华民族伟大复兴的中国梦提供有力人才和技能支撑。③ 习近平总书记多次强调,中国梦就是民族梦,就是个人实现美好生活的梦想。职业教育作为与工作联系最为直接的教育类型,要助推个体实现人生梦想,成为个人实现美好生活的有效途径。习近平总书记对职业教育的重大作用和战略地位的判断,使职业教育成为了全面建成小康社会的重要推动力量,使职业教育让每个人都有出彩人生的机会,为职业教育赋予了在实现"中国梦"中所承载的伟大历史使命,充分体现了中国共产党以人民为中心、办好人民满意的职业教育的思想。

中华民族伟大复兴的战略全局,不仅要实现国家富强、民族振兴、人民幸福,还要推动构建人类命运共同体,为世界和平与发展作出更大贡献。为此,我国职业教育要服务人类命运共同体建设,为"一带一路"沿线国家、发展中国家、非洲国家培养培训技术技能人才,展现大国担当。

2. 世界百年未有之大变局

当今世界正处于百年未有之大变局,国际环境日趋复杂,国际秩序深度调

---

① 陈子季. 优化类型定位,加快构建现代职业教育体系[J]. 中国职业技术教育,2021(12):6.
② 罗建波. 全面理解和准确把握统筹"两个大局"战略思维[EB/OL]. (2021-10-04)[2022-10-01]. https://www.ccps.gov.cn/dxsy/202110/t20211004_150749.shtml.
③ 中华人民共和国中央人民政府. 习近平对职业教育工作作出重要指示[EB/OL]. (2021-04-13)[2022-10-01]. http://www.gov.cn/xinwen/2021-04/13/content_5599267.htm.

整,不稳定性、不确定性因素明显增多。同时,新一轮科技革命和产业革命正在加速到来,使得世界政治、经济、文化、社会生态诸多方面正在经历大变革,面临复杂形势,面临着新机遇和新挑战。职业教育作为国家发展战略,不可能置身百年变局之外。一方面,当前我国经济正处于新旧动能转换升级的关键时期,高端技术人才严重缺乏;另一方面,西方国家贸易保护主义盛行,加大了对我国的技术封锁。因此,我们需要进行技术创新,加快培养高技能人才。为此,职业教育改革创新要立足于教育强国、人才强国的战略目标,要主动融入服务国家战略,主动对接中国制造国家战略,努力开拓新时代职业教育发展空间,促进职业教育改革与发展,提升职业教育的现代化水平,为社会主义现代化建设提供优质、丰富的人才资源支撑。

(二)"两个大局"下中国职业技术教育教师发展的坐标方位

1. 时代主题

每一个时代都有自己的主题,每一代人都有自己的使命。习近平总书记认为,时代赋予当代青年的使命就是实现中华民族伟大复兴的中国梦。新时代中国特色现代职业教育的新要求,是推动中国职业教育发展的根本动力。只有顺应时代发展的要求,才能释放出改革创新的智慧和力量。

新一轮科技革命和产业变革正在深刻改变着生产制造模式,将给人类生产生活带来深远影响。中国制造国家战略是我国实施制造强国的行动纲领,是主动应对时代变革的战略选择和中国方案。为此,作为与经济发展联结最为密切、承担着为产业界培养技术技能人才的职业教育,迫切需要在中国制造国家战略行动纲领下进行改革。在这一改革进程中,职业教育教师必须实现自己的角色转换,从而适应中国制造国家战略的行动要求。进入新时代,我国加快构建现代职业教育体系,加快推进技能型社会建设,正是在中华民族伟大复兴的新征程中进行的,正是为了确保培养出更多高素质技术技能能手、能工巧匠、大国工匠,为社会主义现代化建设提供高质量人才和技能支撑。十年来,职业教育改革发展的初衷和方向,也正是将社会的期盼和国家的要求转化为职业教育领域的实际行动。

2. 世界眼光

习近平总书记在治国理政中，系统回答了教育工作中一系列战略性、全局性、方向性重大问题，提出了一系列富有创见的新思想新理念。习近平总书记面向世界谋划教育格局，并视其为世界文明进步的重要力量。2013年，他在联合国"教育第一"全球倡议行动一周年纪念活动上，强调"教育是人类传承文明和知识、培养年轻一代、创造美好生活的根本途径"①。

在把握世界发展潮流的基础上，他提出"人类命运共同体"全球价值观，并将中国教育现代化作为国际战略的先导。《中国教育现代化2035》提出，打造具有中国特色世界水平的教育中心，做强中国教育。一方面，中国职业教育通过建立培训中心、合作学院，为发展中国家、非洲国家、"一带一路"沿线国家培养数十万职业技术人才，体现了大国格局；另一方面，将"鲁班工坊"打造成我国职业教育国际化最具影响力的发展模式，提升中国参与全球职业教育治理的能力。2022年8月19日，国家主席习近平向世界职业技术教育发展大会致贺信，为深化职业技术教育国际交流与合作指明了方向，彰显了中国的责任担当。我国正在加快制定科学的职教教师专业标准，职教教师将在服务职教对外开放、打造中国职教品牌中起到重要作用。

3. 民族自信

民族自信源于文化软实力和社会主义核心价值观。2016年，习近平总书记在哲学社会科学工作座谈会上强调，要"坚定中国特色社会主义道路自信、理论自信、制度自信，说到底是要坚定文化自信"②。文化自信是对民族思想素养的理性认知，其根本诉求在于提高中华民族的文化自豪感。我国优秀传统文化是中华民族的精神标识，是我们立于世界文化的根基。今天的中国之所以比历史上任何时期都更接近中华民族伟大复兴的目标，是因为我们清醒地认识到，文化自觉已经成为实现中华民族伟大复兴的一项重要的基础性工程。教育作为传承和复兴民族文化的重要途径，习近平总书记多次强调要"树立和坚持正确

---

① 人民日报. 习近平主席在联合国"教育第一"全球倡议行动一周年纪念活动上发表视频贺词[EB/OL]. (2013-09-27)[2022-10-05]. http://politics.people.com.cn/n/2013/0927/c1024-23051129.html.

② 习近平. 在哲学社会科学工作座谈会上的讲话[EB/OL]. (2020-06-28)[2022-10-03]. https://www.sass.org.cn/kyc/2020/0628/c2191a82610/page.htm.

的历史观、民族观、国家观、文化观,增强做中国人的骨气和底气"①。职业教育是中华民族的血脉和根基,是中国大国文化传承的重要载体,我们要深刻认识到,职业教育文化自信是源远流长的中华民族文化的重要组成部分,是新时代职业教育发展的强大精神支柱。我国职业教育工作者只有树立坚定的文化自信,才能从容应对不同教育思想、教育理念的挑战,才能在复杂的形势下讲好中国职教故事,树立中国职教品牌。

4. 问题导向

基于问题导向,回应时代需求,是我国职业教育改革创新的重要特点。《中共中央关于全面深化改革若干重大问题的决定》指出,要通过发展职业教育来"缓解劳动力供求结构矛盾"。这种求真务实的精神,正是基于目标导向和问题意识的结合。《国家职业教育改革实施方案》明确了新时代职业教育改革发展的施工图,标志着职业教育大改革大发展的格局基本形成。教育部等九部门印发的《职业教育提质培优行动计划(2020—2023 年)》以增值赋能为核心,坚持目标导向、问题导向,着力补短板、提质量、激活力。在中华民族伟大复兴的新征程中,如何进一步加强职教教师队伍建设,从而加强技术技能人才培养,以更有效地形成经济社会发展的人才和技能支撑,成为我国职业教育必须解决的关键问题。为此,2021 年全国职业教育大会又创造性地提出了建设技能型社会的战略主张,而这正是对职业教育发展过程中的深层问题的正确回应。

(三) 中国职业技术教育教师发展的十年历程

高质量的教育依赖于高质量的教师。以 2012 年党的"十八大"为标志,中国特色社会主义进入新时代,中国现代职业教育进入加快发展、深化发展阶段。十年来,我国在推进现代职业教育体系建设的同时,落实立德树人的根本任务,加强职教教师队伍建设,教师职业素养和专业化发展水平明显提高。

---

① 习近平. 建设社会主义文化强国,着力提高国家文化软实力[N]. 人民日报,2014-01-01(1).

1. 立足职业教育类型定位,建设高水平、结构化职教教师队伍

2019年国务院印发的《国家职业教育改革实施方案》提出:"职业教育与普通教育是两种不同教育类型,具有同等重要地位。"2021年全国职业教育大会深化了一个共识,即职业教育要坚定不移走类型特色的发展道路,要按照职业教育规律办职业教育。在职业教育类型定位下,职业教育将扭转普教化倾向,将在类型教育特征的基础上构建更为成熟的职业教育管理模式、办学模式和人才培养模式。为此,职业教育在关键改革上,将更加强调"管理体制、保障机制改革";在发展要求上,必须强调"推动职普融通,增强职业教育适应性";在发展重点上,要强调"稳步发展职业本科教育";在发展路径上,将更加强调"深化产教融合、校企合作"。① 随着职业教育类型定位的确立,现代职业教育体系的建立才真正有了可能,职业教育改革发展才会有更大潜能。

职业教育"'类型'身份的确立意味着职业教育教师队伍建设要通过教师队伍结构的调整与优化,获得与普通教育不同的类型教育地位,这也是当前'双师型'教师队伍建设的核心内容与逻辑主线"②。也就是说,只有建设高水平、结构化的职教教师队伍,才能体现职业教育的类型特征。对于本科层次职业教育来说,知识水平高、专业技能强、教学与科研能力兼备的高水平与结构化的教师队伍更是其基本要求。为此,职业教育界着力于从以下几个方面开展工作。

第一,将师德师风建设摆在首要位置。进入新时代,以习近平同志为核心的党中央将教师队伍建设摆在突出位置,高度重视落实立德树人要求,加强师德师风建设。2018年1月20日,中共中央、国务院颁布《关于全面深化新时代教师队伍建设改革的意见》。这是新中国成立以来党中央出台的第一个专门致力加强教师队伍建设的里程碑式文件,是新时代教师队伍建设的宏伟蓝图。2019年11月,教育部等七部门印发《关于加强和改进新时代师德师风建设的意见》,明确提出将师德考核摆在教师考核的首要位置。2020年10月,中共中央、国务院印发《深化新时代教育评价改革总体方案》,提出"坚持把师德师风作为第一标准"。

---
① 陈子季.优化类型定位,加快构建现代职业教育体系[J].中国职业技术教育,2021(12):6.
② 李梦卿,李鑫.我国职业教育"双师型"教师队伍建设:盘点"十三五"、谋划"十四五"[J].职业技术教育,2021(6):14.

第二，持续加强"双师型"教师队伍建设，不断优化"双师"结构。从政策文件的演进来看，十年来我国职业教育"双师型"教师队伍建设经历了"双师型"教师培养体系的构建、"双师型"教师培养的深化发展两个阶段。这里仅举几例来说明问题。2012年8月，国务院印发的《国务院关于加强教师队伍建设的意见》指出："职业学校教师队伍建设要以'双师型'教师为重点，完善'双师型'教师培养培训体系。"2015年，教育部《关于深化职业教育教学改革全面提高人才培养质量的若干意见》和《高等职业教育创新发展行动计划（2015—2018年）》进一步指出，要积极探索高层次"双师型"教师的培养模式。2019年8月，教育部等四部门印发《深化新时代职业教育"双师型"教师队伍建设改革实施方案》，提出了建立多方参与的、完善的"双师型"教师评价标准体系和评价考核体系。该方案还首次提出了"双师型"职业技术师范专业毕业生的概念，并规定"双师型"教师"从2020年起基本不再从应届毕业生中招聘"，表明了国家对职业技术师范专业的重视，更体现了社会对高素质专业化"双师型"教师培养的强烈需求。2021年10月，中共中央办公厅、国务院办公厅印发《关于推动现代职业教育高质量发展的意见》，指出"强化'双师型'教师队伍建设"。

第三，打造教学创新团队，提高教师教学能力。《国家职业教育改革实施方案》明确要求"探索组建高水平结构化教师教学创新团队"。2019年5月，教育部印发《全国职业院校教师教学创新团队建设方案》，正式启动教学创新团队建设工作。2019年8月，《深化新时代职业教育"双师型"教师队伍建设改革实施方案》，提出"创建高水平结构化教师教学创新团队"。2021年10月，《关于推动现代职业教育高质量发展的意见》指出"创新教学模式与方法""实施职业学校教师教学创新团队境外培训计划"。2019年7月至2021年8月，分两批共确定立项建设单位360个，培育建设单位4个。

第四，畅通企业人员进入职业院校的渠道。《国家职业教育改革实施方案》（"职教20条"）明确提出"职业院校、应用型本科高校相关专业教师原则上从具有3年以上企业工作经历并具有高职以上学历的人员中公开招聘"，关注教师企业工作经历，降低学历门槛。"职教20条"还鼓励校企之间人才的双向流动。2019年8月，《深化新时代职业教育"双师型"教师队伍建设改革实施方案》提出"建立校企人员双向交流协作共同体"。

2. 立足职业教育标准体系,建设分层分类的教师专业标准体系

"标准具有基础性、门槛性作用,高质量发展需要高质量的标准体系支撑。在迭代更新旧标准的同时,要按照职业教育高质量发展要求,进一步健全职业教育标准体系。"①完善的职业教育标准体系,能使人才培养工作更加鲜明地体现职业教育特色。十年来,"我国已建立了一系列国家教学标准,包括学校设置标准、专业目录、专业教学标准、教师标准、文化课程标准、顶岗实习标准、专业仪器设备装备规范以及教育部准备开展的高职专业认证标准"②。早在2014年,《国务院关于加快发展现代职业教育的决定》提出要建立健全职业教育标准体系。2015年教育部印发新修订的《普通高等学校高等职业学校(专科)专业目录》,对专业划分和设置进行了较大调整。2019年,《国家职业教育改革实施方案》提出了四类国家职业教育标准的重构。2020年,《职业教育提质培优行动计划(2020—2023年)》提出要建立健全职业教育标准体系,要求对中高职学校设置标准进行修订,研制本科职业学校设置标准,结合职业教育特点完善学位制度等。2021年颁布了《职业教育专业目录(2021年)》,一体化设计中职、高职、本科职业教育的专业,"同时制定与之配套的专业教学标准,为构建纵向贯通的职业教育人才培养体系提供依据"③。实施基于标准的教学,职业教育人才培养从过去的"参照普通教育做"到现在的"依据专门制度和标准办",为我国职业教育的高质量发展提供了根本保障。④

立足职业教育标准,国家加强职教教师专业标准建设,为职教教师专业发展指明方向,进一步提升职教教师素养。这些标准突出了职教教师的专业性和职业特征,提高了教师的职业认同感和专业发展意识,也为职教教师的评价考核提供了依据。早在2012年,教育部就发布了《高等职业学校专业教学标准(试行)》,填补了我国高职教育专业教学标准领域的空白。2013年,教育部印发了《中等职业学校教师专业标准(试行)》,这是国家对合格中等职业学校教师的基本要求。2016年,教育部开展了《高等职业学校专业教学标准》修(制)订工作。2018年7月,教育部制定了11项职业教育教学标准。2019年,教育部教

---

① 陈子季.优化类型定位,加快构建现代职业教育体系[J].中国职业技术教育,2021(12):8.
② 曹晔,刘红磊.国家职业教育教师教学创新团队建设的价值、内涵与任务[J].职教论坛,2021(5):91.
③ 陈子季.优化类型定位,加快构建现代职业教育体系[J].中国职业技术教育,2021(12):8.
④ 曾天山.中国共产党职业教育事业百年历程与经验分析[J].中国教育科学,2021(5):36.

师工作司印发了《职业技术师范教育专业认证标准》。《职业技术师范教育专业认证标准》，分为一级准入、二级合格和三级卓越三个等级，该标准第二级认证定位于专业教学质量合格要求，也是对师范类专业人才培养的最低要求。[①]
2019年，《国家职业教育改革实施方案》指出职业教育和普通教育是两种不同类型的教育，为制定《职业能力标准》提供了根本遵循。该方案还提出在职业院校开展"1+X"证书制度试点工作，那么作为未来中职学校专业教师的师范生，就要按照"双师型"教师要求取得职业资格证书或职业技能等级证书。该方案还强调落实国家教学标准，这是对职教教师应熟悉国家教学标准、并能有效运用到教育教学中的要求。也是在2019年，教育部等四部委联合印发的《深化新时代职业教育"双师型"教师队伍建设改革实施方案》（"职教师资12条"）提出构建分层分类的教师专业标准体系，明确建立中等和高等职业教育层次分明，覆盖公共课、专业课、实践课等各类课程的教师专业标准体系，并且不断完善职业教育教师评价标准体系，以提高职教教师的专业化水平。2020年，《职业教育提质培优行动计划（2020—2023年）》提出对中等职业学校教师和校长专业标准进行修订，制定高等职业学校教师、校长专业标准，制定"双师型"教师基本要求等。2022年10月25日，教育部办公厅发布了《职业教育"双师型"教师基本标准（试行）》，以加快推进职业教育"双师型"教师队伍高质量建设。

3. 在建设现代职业教育体系中，完善职教教师培养培训体系

以习近平同志为核心的党中央一直高度重视职业教育，多次对职业教育工作作出重要指示，深刻阐明了我国职业教育的战略地位和根本任务等一系列重大理论和现实问题。2012年，党的十八大报告明确提出"加快发展现代职业教育"。2013年，《中共中央关于全面深化改革若干重大问题的决定》进一步提出要加快建设现代职业教育体系，深化产教融合、校企合作，培养高素质劳动者和技能型人才，为深化职业教育改革指明了方向。2014年，全国第七次职业教育工作会议召开，习近平就加快发展职业教育作出重要批示，"努力建设中国特色职业教育体系"，并要求各级党委和政府要把加快发展现代职业教育摆在更加

[①] 曹晔.《中等职业教育专业师范生教师职业能力标准（试行）》解读[J]. 职教发展研究，2021(3)：87.

突出的位置。同年,国务院印发了《关于加快发展现代职业教育的决定》,提出"到 2020 年,形成适应发展需求、产教深度融合、中职高职衔接、职业教育与普通教育相互沟通,体现终身教育理念,具有中国特色、世界水平的现代职业教育体系";教育部等六部委编制了《现代职业教育体系建设规划(2014—2020 年)》,描绘了"服务需求、开放融合、纵向流动、双向沟通"的现代职业教育体系框架和总体布局。2019 年,国务院印发《国家职业教育改革实施方案》,明确了"职业教育与普通教育是两种不同教育类型,具有同等重要地位",提出了开展本科层次职业教育试点。2021 年,在全国职业教育大会上,习近平总书记作出重要指示,"优化职业教育类型定位,深化产教融合、校企合作",这次会议是我国职业教育发展史上的重要里程碑。2022 年,《中华人民共和国职业教育法》时隔 26 年首次修订通过并予以实施,强调了职业教育是与普通教育具有同等重要地位的教育类型,明确了职业院校和企业的法定职责和义务,夯实了职业教育现代化发展的法治基础,标志着我国职业教育法治化水平的上升。[①] 十年来,与建设完善现代职业教育体系相配套,我国不断完善职教教师培养培训体系,尤其是把"双师型"教师培养摆在重要位置,一系列政策增强了职教教师培训的力度、广度和针对性,畅通了职教教师专业发展的路径。

第一,重视职教教师教育专业建设。2012 年,教育部发布了《普通高等学校本科专业目录(2012 年)》,将职教师资专业置于"特设专业",并归于工学、农学和管理学 3 个学科门类中的 7 个专业类。2019 年,教育部教师工作司印发了《职业技术师范教育专业认证标准》,从培养目标、毕业要求、课程与教学、合作与实践、师资队伍、支持条件等多方面为普通高等学校培养职教师资提供了指引。

第二,强调职教教师分层分类培训,特别是对"双师型"教师的培养培训逐渐制度化、体系化。2014 年《国务院关于加快发展现代职业教育的决定》将"双师型"教师的培训制度定为"五年一周期的教师全员培训制度"。2015、2016 年国家陆续发布政策文件对该文件进行贯彻落实。2016 年,教育部、财政部《关于实施职业院校教师素质提高计划(2017—2020 年)的意见》提出,在 2017—2020

[①] 高明,林小琦,吉小岑.改革开放以来中国共产党领导职业教育现代化的历程、经验与展望[J].当代职业教育,2022(3):56.

年组织职业院校教师、校长有计划、分步骤、分层分类参加国家级培训,带动地方教师全员培训。2019年,国务院《国家职业教育改革实施方案》强调要落实职教教师5年一周期的全员轮训制度,要求各地方政府和职业院校根据职业教育人才培养的类型差异建立分层分类的"双师型"教师培养培训机制,并在《深化新时代职业教育"双师型"教师队伍建设改革实施方案》中进一步聚焦"1+X"证书的培训制度。

第三,强化职教师企业实践制度。2014年,国务院《关于加快发展现代职业教育的决定》指出,要健全企业参与制度,研究制定促进校企合作办学有关法规和激励政策。2016年,教育部等七部门印发了《职业学校教师企业实践规定》,对职教教师到企业实践的内容和形式、组织与管理、保障措施、考核和奖惩等做了说明。2019年,为进一步深化产教融合、校企合作,教育部、国家发展改革委、工业和信息化部、国务院国资委组织专家遴选,确定了中国通信服务股份有限公司等102个首批全国职业教育教师企业实践基地。一系列政策不仅明确了教师参与企业实践的要求,更对企业参与积极性的问题提出了解决办法。

第四,加强培养培训基地内涵建设。2013年,教育部下发了《职教师资本科专业培养标准、培养方案、核心课程和特色教材开发项目管理办法》,确定到2015年中央财政设立专项资金支持基地开发88个专业项目和12个公共项目。通过项目方式推动基地建设,提升职教教师培养培训的实效性。

第五,完善培养层次体系,职教教师培养向硕博层次延伸。目前,我国职教教师培养已经形成较为完整、横纵贯通的培养体系。纵向上,学历层次不断提升,本科、硕士、博士多层次培养并存;横向上,形式不断拓展,形成涵盖全日制、在职攻读硕士学位、联合培养等不同种类多样化的教师培养格局,为我国职教教师培养的可持续发展奠定了基础。①

4. 在"双高计划"和职教高地建设中,打造高水平职教教师队伍

2019年,国务院印发《国家职业教育改革实施方案》,明确提出要启动实施中国特色高水平高等职业学校和专业建设计划(以下简称"双高计划"),建设一

---

① 李美忧,曹晔.我国职教教师教育:40年变迁与成就[J].职教通讯,2019(23):49.

批引领改革、支撑发展、中国特色、世界水平的高等职业学校和骨干专业（群）。2019年，教育部、财政部联合发布《关于实施中国特色高水平高职学校和专业建设计划的意见》，正式拉开了"双高计划"的序幕。2019年10月，教育部和财政部公布首批"双高计划"建设单位，包含高水平学校建设单位56个、高水平专业群建设单位141个。中央财政每年支持20余亿元，地方财政和行业企业也将提供资金支持，但五年后经考核不符合标准的建设单位将面临退出。在"双高计划"等重大项目导引下，一批高职院校实现了跨越式发展，发挥了先行示范作用。[1] 2019年7月，教育部教师工作司公示首批国家级职业教育教师教学创新团队，14个战略性重点产业领域和民生紧缺领域的120个团队获批立项建设单位，另有2个团队获批培育建设单位。这标志着职业教育教师教学创新"国家队"已然诞生，旨在服务经济社会发展、深化产教融合校企合作、推动人才培养质量持续提升的职业教育教师教学创新团队建设已经全面铺开。[2] 2019年8月，教育部等四部门联合出台的《"双师型"教师改革方案》明确指出，建设高素质"双师型"教师队伍是加快推进职业教育现代化的基础性工作。由此可见，高水平职教"双师型"教师队伍建设已成为国家推进职业教育现代化建设的战略性、基础性工程。

为破解一些长期制约职业教育发展的问题，激发地方参与职业教育改革的动力，促进职业教育转型发展，教育部在一些省份开展省部合作建设职业教育高地。自2020年起，教育部分别与山东、甘肃、江苏、江西、广东、浙江等省份联合印发意见，共同建设职业教育发展高地。这些部省共建国家职业教育创新发展高地的意见，支持以体制机制改革为重点，以服务经济社会发展为导向，省或城市群推进职业教育综合改革，提质创优，同时标志着我国职业教育高地建设基本形成东中西联动之势。[3] 在职教高地建设中，打造一支师德师风良好、专业素质硬、教学能力强的"双师型"师资队伍是其核心要素。部省共建职教高地的目标是推动职业教育高质量发展，而高质量职业教育的建设起点和核心是"双师型"队伍的高水平建设，没有高水平双师队伍的职业教育不是真正意义上的

---

[1] 曾天山. 中国共产党职业教育事业百年历程与经验分析[J]. 中国教育科学，2021(5):36.
[2] 曾照香，李良明. "双高计划"背景下职业教育教师教学创新团队建设研究[J]. 职业技术教育，2021(2):54.
[3] 甘甜. 教育部江西省共建国家职业教育创新发展高地[N]. 中国教育报，2020-08-24(2).

高质量教育。构建合理的职教教师遴选标准，打造分层分类的培养培训体系，推进产教深度融合，建立专业化的职教教师培养体系，使职业学校有稳定的途径获得高质量教师。

以习近平总书记为核心的党中央对推动新时代职业教育高质量发展作出了战略部署，也为全国职业教育战线吹响了奋进的号角。在新征程上，全国职教教师队伍建设迎来了难得的机遇。全国职业教育战线认真贯彻落实党中央对包括职教教师队伍建设在内的职业教育的一系列重大部署，提高政治站位，扎根中国大地，优化制度设计，把服务国家作为最高追求，把深化改革作为强大动力，广大教师把大有可为的殷切期盼转化为大有作为的生动实践，职教教师队伍建设取得长足进步，培养造就出一批又一批师德高尚、技艺精湛的高素质职教教师，服务支撑新时代职业教育培养更多高素质技术技能人才、能工巧匠、大国工匠的光荣使命。

二、党的十八大以来职业技术教育教师发展的成效与经验

职业教育迎来了大改革、大发展的历史性机遇。教师是立教之本、兴教之源。以习近平同志为核心的党中央站在新的历史方位，高度重视教师队伍建设，坚持把教师队伍建设作为基础工作，将教师工作摆到极端重要的战略位置。党的十八大以来，党中央、国务院高位推动教师队伍建设改革，职业教育教师工作取得历史性成就，有力支撑新时代职业教育高质量发展。本节基于我国职教教师队伍建设现状，从师德师风建设、职教教师培养体系、教师职称评聘制度等多个维度分析和总结党的十八大以来职业技术教育教师发展的成效与经验。

（一）党的十八大以来职业技术教育教师发展的成效

1. 师德师风建设持续纵深推进

党的十八大以来，以习近平同志为核心的党中央直面新局面、新变局对师德师风建设能力提出的新挑战，教师思想政治工作和师德师风建设持续强化，

始终把师德师风作为教师招聘、人才引进、职称评审、评优奖励等的第一标准。

2012年《国务院关于加强教师队伍建设的意见》①提出，构建师德建设长效机制，开展各种形式的师德教育，把教师职业理想、职业道德、学术规范以及心理健康教育融入职前培养、准入、职后培训和管理的全过程。强调研究制定科学合理的师德考评方式，完善师德考评制度，把师德表现作为教师资格定期注册、业绩考核、职称评审、岗位聘用、评优奖励的首要内容，对教师实行师德表现一票否决制。完善学生、家长和社会参与的师德监督机制。

与此同时，习近平总书记围绕师德师风问题发表一系列创新性论述。2014年9月9日习近平总书记考察北京师范大学，全面系统地阐述"好老师"四有标准，指出，"做好老师，要有理想信念"，"要有道德情操"，"要有扎实学识"，"要有仁爱之心"，将师德置于重要位置。2016年9月9日，习近平总书记在北京市八一学校考察时指出："广大教师要做学生锤炼品格的引路人，做学生学习知识的引路人，做学生创新思维的引路人，做学生奉献祖国的引路人"，强调教师对学生品行的重要影响。2021年9月8日，习近平总书记在给全国高校黄大年式教师团队代表的回信中写道："好老师要做到学为人师、行为世范。"号召教师"立德修身、潜心治学、开拓创新，真正把为学、为事、为人统一起来"。

2018年，中共中央、国务院出台《关于全面深化新时代教师队伍建设改革的意见》②。作为新中国成立以来第一次专门出台面向教师队伍建设的文件，具有重大的历史和现实意义。文件中强调把提高教师思想政治素质和职业道德水平摆在首要位置，突出全员全方位全过程师德养成，实施师德师风建设工程，注重加强对教师思想政治素质、师德师风等的监察监督，强化师德考评。职业院校是大国工匠的摇篮，职业教育教师是大国工匠的塑造者，德技兼备，言传身教，是大国工匠精神的最好诠释，也是培养未来国家亟需的高素质技术技能人才的重要一环。

2019年10月10日，教育部教师工作司印发《职业技术师范教育专业认证

---

① 中华人民共和国中央人民政府. 国务院关于加强教师队伍建设的意见[EB/OL]. (2012-08-20)[2022-10-01]. http://www.gov.cn/zwgk/2012-09/07/content_2218778.htm.

② 中华人民共和国中央人民政府. 中共中央国务院关于全面深化新时代教师队伍建设改革的意见[EB/OL]. (2018-01-31)[2022-10-01]. http://www.gov.cn/xinwen/2018-01/31/content_5262659.htm.

标准》①,具体阐释了职业教育师范生毕业要求应涵盖的首要内容为践行师德,毕业生应以"四有"好老师为标准,热爱职业教育事业,树立质量意识、服务意识,诚实守信,弘扬劳动光荣、技能宝贵、创造伟大的时代风尚。这既是针对职教师范生毕业生的要求,也是成为一名合格职业院校教师的标准。

2019年11月15日,教育部等七部门印发的《关于加强和改进新时代师德师风建设的意见》中指出,"把立德树人的成效作为检验学校一切工作的根本标准,把师德师风作为评价教师队伍素质的第一标准",突出课堂育德,典型树德,规则立德②,将师德师风建设要求贯穿教师管理全过程。同时,强化各方联动,着力营造全社会尊师重教氛围,引导教师以德立身、以德立学、以德施教、以德育德,支持职教教师在工作岗位上融"经师"和"人师"为一体,成为"大先生"。

党的十八大以来,师德高尚、潜心育人的"大先生""时代楷模"不断涌现,广大教师争做"四有好老师"局面加快形成。出台高校教师职业行为十项准则以及配套的处理办法和指导意见,成立全国师德师风建设专家委员会,推进师德教育走向常态化;越来越多的职业学校推行负面清单和师德严重违规全行业禁止准入制度。师德建设走向制度化、规范化、法制化轨道。③

2. 职教教师培养体系逐步健全

师范教育是培养教师的摇篮。健全职教教师培养体系是保证专业师资有稳定来源的重要举措。2012年《国务院关于加强教师队伍建设的意见》指出,创新教师培养模式,依托相关高等学校和大中型企业,共建职业学校"双师型"教师培养培训体系。

2018年《中共中央国务院关于全面深化新时代教师队伍建设改革的意见》

---

① 中华人民共和国教育部教师工作司. 职业技术示范教育专业认证标准[EB/OL]. (2019 - 10 - 10)[2022 - 10 - 01]. http://www.moe.gov.cn/s78/A10/tongzhi/201910/t20191030_405965.html.
② 中华人民共和国教育部. 教育部等七部门印发《关于加强和改进新时代师德师风建设的意见》的通知[EB/OL]. (2019 - 12 - 16)[2022 - 10 - 01]. http://www.moe.gov.cn/srcsite/A10/s7002/201912/t20191213_411946.html.
③ 中华人民共和国教育部教师工作司. 打造党和人民满意的"大国良师"——党的十八大以来教师队伍建设改革发展成就[EB/OL]. (2022 - 09 -.06)[2022 - 10 - 02]. http://www.moe.gov.cn/fbh/live/2022/54805/sfcl/202209/t20220906_658653.html.

指出，要大力振兴教师教育，不断提升教师素质能力，加强学校教师源头治理，加强职业技术师范院校建设。2018年2月11日，教育部等五部门印发《教师教育振兴行动计划（2018—2022年）》[①]，提出经过5年左右努力，办好一批高水平、有特色的教师教育院校和师范类专业，教师培养培训体系基本健全；针对中等职业学校大幅增加具有精湛实践技能的"双师型"专业课教师。2019年《国家职业教育改革实施方案》提出高水平工科学校举办职业技术师范教育。[②] 截至2019年10月17日，全国共有61个本科院校的职教教师培养培训基地，37所本科院校开展了本科级别的职教教师的培养，共有49所综合型大学和师范院校或工科大学招收硕士层次的职教师范生。地方综合院校中有25所，例如华南师范大学、四川师范大学等普通师范院校也逐步加入到了培养培训职业技术教师的行列。综合类院校的职教师范生招生比例在逐年上升。

① 推动一流职业技术师范教育建设

2019年10月10日，教育部印发《职业技术师范教育专业认证标准（试行）》，坚持"学生中心、产出导向、质量持续改进"的认证理念，实行三级递进的师范类专业认证制度，分别定位于专业办学基本监测要求、专业教学质量合格要求和专业教学质量卓越要求。二、三级标准在工匠精神、实践操作能力、职业指导、创新创业、双师型教师等方面凸显职教特色。[③] 教育部和省级教育行政部门统筹协调，数据监测与进校考察相结合，自我评估与专家查证相结合，建立完善基于产出的专业持续改进质量保障机制和质量文化，持续提升师范专业人才培养质量，推动一流师范专业建设。2021年9月天津职业技术师范大学机电技术教育和广东技术师范大学财务会计教育两个专业进行先行认证，开启职业技术师范教育新的一页。

② 增设独立设置的师范院校

全国原来有传统的所谓"老八所"职业技术师范院校。在"老八所"基础上，

---

① 中华人民共和国教育部等. 教育部等五部门关于印发《教师教育振兴行动计划（2018—2022年）》的通知[EB/OL]. （2018-02-11）[2022-10-01]. http://www.moe.gov.cn/srcsite/A10/s7034/201803/t20180323_331063.html.
② 中华人民共和国国务院. 国家职业教育改革实施方案[EB/OL]. （2019-02-13）[2022-10-02]. http://www.gov.cn/zhengce/content/2019-02/13/content_5365341.htm.
③ 教育部教师工作司. 职业技术示范教育专业认证标准[EB/OL]. （2019-10-10）[2022-10-01]. http://www.moe.gov.cn/s78/A10/tongzhi/201910/t20191030_405965.html.

从2015年以来,又新增了4所独立设置的职业技术师范学院,分别为广西科技师范学院、滇西科技师范学院、广西职业师范学院、福建技术师范学院,目前一共有12所独立设置的职业技术师范院校。后面增设的师范院校由职教专科升为职教本科,致力于培养区域经济社会发展所需要的高素质应用型、技术技能型人才和职业教育教师。

③ 开设硕士生层次的职教教师培养

2015年4月,国务院学位委员会决定将教育硕士的培养目标扩展到中等职业技术教育教学管理人员,确认45家试点单位,从2016年开始招生试点,标志着我国教育硕士专业学位又增加了"职业技术教育"新成员,培养高层次职业教育教师有了新途径,专业方向按中等职业学校目录设置。

在教育硕士学位下新增设了职业技术领域的教育硕士,天津大学、同济大学、河北师范大学、浙江工业大学等49所综合型大学、师范院校和工科大学都招收了硕士层次的职教师范生。硕士层次职业教育教师培养实现从项目化到制度化的升级。

3. 教师职务评聘制度日趋完善

2017年1月,中共中央办公厅、国务院办公厅印发《关于深化职称制度改革的意见》①;2018年2月26日,中共中央办公厅、国务院办公厅印发的《关于分类推进人才评价机制改革的指导意见》对职业院校"双师型"教师评价做出了明确规定。②《深化新时代职业教育"双师型"教师队伍建设改革实施方案》(简称"职教师资12条")提出建立职业院校、行业企业、培训评价组织多元参与的"双师型"教师评价考核体系,并提出将师德师风、工匠精神、技术技能和教育教学实绩作为职称评聘的主要依据。③

2019年8月,人力资源社会保障部和教育部印发《关于深化中等职业学校

---

① 中共中央办公厅、国务院办公厅. 关于深化职称制度改革的意见[EB/OL]. (2017-01-08)[2022-10-01]. http://www.gov.cn/xinwen/2017-01/08/content_5157911.htm#1.
② 中共中央办公厅、国务院办公厅. 关于分类推进人才评价机制改革的指导意见[EB/OL]. (2018-02-26)[2022-10-01]. http://www.gov.cn/zhengce/2018-02/26/content_5268965.htm.
③ 中华人民共和国教育部. 教育部等四部门关于印发《深化新时代职业教育"双师型"教师队伍建设改革实施方案》的通知[EB/OL]. (2019-09-23)[2022-10-02]. http://www.moe.gov.cn/srcsite/A10/s7034/201910/t20191016_403867.html.

教师职称制度改革的指导意见》①,提出高等职业学校职称实行自主评审,政府部门不再审批评审结果,改为事后备案管理。2020年9月16日,教育部等九部门印发的《职业教育提质培优行动计划(2020—2023年)》指出,改革职业学校专业教师晋升和评价机制,破除"五唯"倾向,将企业生产项目实践经历、业绩成果等纳入评价标准。②

2020年10月13日,中共中央、国务院印发的《深化新时代教育评价改革总体方案》指出,健全"双师型"教师认定、聘用、考核等评价标准,突出实践技能水平和专业教学能力。③ 以"双师型教师为核心的教师评价制度日趋完善。《职业教育提质培优行动计划(2020—2023年)》中明确职业学校专业教师晋升和评价机制的要求,教师评价要不断创新评价方法和完善评价主体,要借鉴企业技术技能人才评价的方式方法,广泛采用过程性评价和表现性评价等多种评价方法,吸收多个利益主体参与评价,积极引入第三方力量来开展评价。④

2020年12月,人力资源社会保障部、教育部印发《关于深化高等学校教师职称制度改革的指导意见》,调动教师积极性和创造性,促进教师提高教学和工作效率。⑤《意见》指出,职业院校职称评聘要健全职称层级设置,中等职业学校教师职称设置到正高级。这畅通了教师职业发展通道。《意见》要求,完善评价标准,坚持品德、能力和业绩导向;创新评价机制,建立以同行专家评审为基础的业内评价机制,并下放评审权限,积极培育学校自主评审能力。普通中等专业学校、职业高中和成人中等专业学校职称评审系列并轨,统一为新设置的中等职业学校教

---

① 中华人民共和国人力资源和社会保障部. 人力资源社会保障部教育部关于深化中等职业学校教师职称制度改革的指导意见[EB/OL]. (2019-09-09)[2022-10-02]. http://www.gov.cn/xinwen/2019-09/09/content_5428518.htm.

② 中华人民共和国教育部. 职业教育提质培优行动计划(2020—2023年)[EB/OL]. (2020-09-16)[2022-10-02]. http://www.gov.cn/zhengce/zhengceku/2020-09/29/content_5548106.htm.

③ 中华人民共和国中央人民政府. 中共中央国务院印发《深化新时代教育评价改革总体方案》[EB/OL]. (2020-10-13)[2022-10-02]. http://www.moe.gov.cn/jyb_xxgk/moe_1777/moe_1778/202010/t20201013_494381.html.

④ 中华人民共和国教育部. 职业教育提质培优行动计划(2020—2023年)[EB/OL]. (2020-09-16)[2022-10-02]. http://www.gov.cn/zhengce/zhengceku/2020-09/29/content_5548106.htm.

⑤ 中华人民共和国中央人民政府. 人力资源社会保障部教育部关于深化高等学校教师职称制度改革的指导意见. [EB/OL]. (2020-12-31)[2022-10-02]. http://www.gov.cn/zhengce/zhengceku/2021-01/27/content_5583094.htm.

师职称系列,设文化课、专业课教师和实习指导教师职称类别。增设的实习指导教师职称分为初级、中级、高级,初级分设员级和助理级,高级分设副高级和正高级,员级、助理级、中级、副高级和正高级职称名称依次为三级实习指导教师、二级实习指导教师、一级实习指导教师、高级实习指导教师、正高级实习指导教师。

4. 中高职教师队伍规模稳步发展

全国职业学校专任教师规模从2012年的111万人增加到2021年的129万人,增幅为17%,中等职业教育在应用型人才培养体系中有重要基础功能,为我国经济腾飞作出了重要历史性贡献。

由于人口变化和中等职业教育规模缩减调整等原因,中职专任教师队伍规模在经历2012—2015年的低谷期后,专任教师数量开始稳步增长,尤其在2018—2020年增长显著,其中2019—2020年的年增幅高达1.72%。

专任教师占教职工比例在2012—2020年间逐年上升。

2012—2021年,生师比从24.19∶1逐年下降到18.86∶1。

中青年教师数量稳步增长,专业骨干教师力量壮大。中职学校50岁以下专任教师占比将近80%。

中职教师拥有硕士生以上学历从2012年的35 217人增长至2020年的55 246人,教师素质显著提升,"双师型"教师在专业课教师中的占比为56%。

截至2021年,职教本科专任教师2.56万人,生师比为19.38∶1,职教专科专任教师为57.02万人,生师比为19∶85∶1。"双师型"教师在专业课教师中的比例均超过55%,其中,高职专科59%,高职本科59%。职教专科生师比从2015—2021年趋于稳定,靠近国家规定的普通高校生师比合格标准(小于18∶1)。高职院校50岁以下专任教师占比为83%。高职院校本科及以上学历的专任教师占比达到99%。长期以来职业学校专任教师学历偏低的问题得到有效解决。

5. 职业教育教师培训体系不断完善

党的十八大以来,职业教育教师培训体系不断完善。教育部、财政部联合实施全国职业院校教师素质提高计划。2012年以来,中央财政累计投入培训经费53亿元,带动省级财政投入43亿元,有效支撑了5年一周期的职业教育全员培训工作,遴选确定一批国家职教教师、校长培养培训基地。推动了"国家示范引领、省级统筹实施、市县联动保障、校本特色研修"的四级培训体系建设。

① 国家职教教师素质提高计划,引领职教教师培训模式转型升级

国家职教教师素质提高计划,旨在引领带动各地建立一支技艺精湛、专兼结合的"双师型"教师队伍。实施分级分类培训,满足教师专业化、个性化发展需求,包括专业带头人领军能力研修、"双师型"教师专业技能培训、优秀青年教师跟岗访学等项目,至2015年,"职业院校教师素质提高计划"中的国培和省培项目支撑中等职业学校专业课教师平均完成一次培训,对全面提高教师的综合职业能力起到了重要作用。教师培训模式不断创新。

2022年"职教国培"示范项目共设置培训团队研修、教师培训、校长(书记)培训3大类8个项目24个子项目,由43家单位承担专业领军教师高级研修、紧缺领域专业骨干教师示范培训、优先发展产业领域专业骨干教师示范培训、校长高级研修等项目,着力打造品牌项目。2022年12月教育部确定建设170家国家级职业教育"双师型"教师培训基地(2023—2025年)。职业院校、高校,行业企业等单位或机构通过组建共同体形式,整合其在特定专业领域的优势资源,形成合力,打造国培基地品牌,引领新时代职教教师培训模式转型升级。

② 全国职教教师创新团队建设,促进高素质专业化创新型教师队伍建设

我国职业教育进入高质量发展的新阶段,创新成为教师的重要素质,需要贯彻新发展理念,构建新发展格局。《国家职业教育改革实施方案》提出分专业建设一批国家级职业教育教师教学创新团队。探索组建高水平、结构化教师教学创新团队,教师分工协作进行模块化教学。"职教师资12条"提出聚焦战略性重点产业领域和民生紧缺领域专业,面向中等职业学校、高等职业学校和应用型本科高校,3年共遴选建设360个国家级职业教育教师教学创新团队,示范带动建立省级创新团队500余个,全面提升教师开展教学、培训和评价的能力以及团队协作能力,为提高复合型技术技能人才培养培训质量提供强有力的师资保证。

2019年教育部评审出的立项建设(培育)的122个高职院校国家教师教学创新团队,大多是先进制造业、现代服务业领域的,旨在以团队的形式去研究人工智能背景下高职院校培养什么样的人、怎样培养人和为谁培养人的问题,坚持战略性、先导性、创新性、引领性的原则,围绕某一专业,深化产教融合、校企

合作，统筹"三教"改革，通过团队的力量，深化课程教学改革，开发新式教材，变革教学方法，创新教学模式，开展课堂革命，探讨大数据、云计算、物联网、移动互联网、人工智能等新一代信息技术背景。

③ 加强职业教育教材建设，支撑教师教学实践动态更新

《职业教育提质培优行动计划（2020—2023年）》提出，完善职业教育教材规划、编写、审核、选用使用、评价监管机制。加强意识形态属性较强的哲学社会科学教材建设，纳入马克思主义理论研究和建设工程重点建设，做好教材统一使用工作。对接主流生产技术，注重吸收行业发展的新知识、新技术、新工艺、新方法，校企合作开发专业课教材。建立健全三年大修订、每年小修订的教材动态更新调整机制。根据职业学校学生特点创新教材形态，推行科学严谨、深入浅出、图文并茂、形式多样的活页式、工作手册式、融媒体教材。实行教材分层规划制度，引导地方建设国家规划教材领域以外的区域特色教材，在国家和省级规划教材不能满足的情况下，鼓励职业学校编写反映自身特色的校本专业教材。编写并用好中职思想政治、语文和历史统编教材。健全教材的分类审核、抽查和退出制度。到2023年，遴选10 000种左右校企双元合作开发的职业教育规划教材，国家、省两级抽查教材的比例合计不低于50%，职业学校专业课程全部使用新近更新的教材。

④ 提升职业教育专业和课程教学质量，促发课堂革命

推动依据国家战略和区域产业发展需求、专业建设水平、就业质量等合理规划引导专业设置，建立退出机制。规范人才培养方案研制发布程序，建立职业学校人才培养方案公开制度，为行业指导、企业选择、学生学习、同行交流、社会监督提供便利。加强课堂教学日常管理，规范教学秩序。推动职业学校"课堂革命"，适应生源多样化特点，将课程教学改革推向纵深。加强实践性教学，实践性教学学时原则上占总学时数50%以上，积极推行认知实习、跟岗实习、顶岗实习等多种实习方式，可根据专业实际集中或分阶段安排。完善以学习者为中心的专业和课程教学评价体系，强化实习实训考核评价。鼓励教师团队对接职业标准和工作过程，探索分工协作的模块化教学组织方式。建立健全国家、省、校三级教学能力比赛机制。遴选1 000个左右职业教育"课堂革命"典型案例，职业教育教学成果奖评选向课堂教学改革倾斜。

⑤ 推动信息技术与教育教学深度融合，拓展教学模式提质创新路径

职业教育是对接产业最紧密、服务经济最直接的教育类型。习近平总书记强调,广大教师要积极探索新时代教育教学方法,不断提升教书育人的本领。党的十八大以来,在新一轮科技革命和产业变革的大背景下,职业学校利用现代信息技术推动人才培养模式改革,满足学生的多样化学习需求,大力推进"互联网+""智能+"教育新形态,推动教育教学变革创新,推动教师改善知识和能力结构,适应数字化变革,紧跟经济社会发展需求,通过开展产教融合、校企合作,适应数字化变革、服务产业转型升级。

教师工作与信息化不断融合创新。积极探索建设政府引导、市场参与的职业教育资源共建共享机制,服务课程开发、教学设计、教学实施、教学评价改革。国家职业教育智慧平台上线。平台覆盖19个专业大类,396个高职专业,汇聚660余个专业教学资源库、1000余门在线精品课和2000余门视频公开课,以及420余万条视频、图片、文档等颗粒化资源,为职业院校教师备课、上课、探索新的教师模式提供充足的数字资源,同时支持教师适应后疫情时代的特点和数字化改革的需要。

2021年在全国范围内遴选出215个职业教育示范性虚拟仿真实训基地培育项目,直面实训教学过程中高投入、高损耗、高风险及难实施、难观摩、难再现问题,不断提升虚拟现实和人工智能等新一代信息技术在实训教学中的应用水平,将信息技术和实训设施深度融合,构建具有感知性、沉浸性、交互性、构想性、智能性的虚拟仿真实训教学场所,有效解决"三高三难"痛点和难点。

根据《职业教育提质培优行动计划(2020—2023年)》"分级遴选5 000门左右职业教育在线精品课程"的要求,2022、2023年分两批遴选不少于2 000门职业教育国家在线精品课程,其中2022年遴选1 000门左右,带动分批遴选建设不少于3 000门省级在线精品课程和一大批优质校级在线精品课程。

6. 明确双师型教师内涵,双师型教师队伍建设进入新阶段

国家对"双师型"教师主要从建设角度来谈,对其内涵并没有明确界定。2015年教育部等七部门专门出台了《职业学校教师企业实践规定》[①],要求专业

---

① 中华人民共和国中央人民政府.教育部等七部门关于印发《职业学校教师企业实践规定》的通知[EB/OL].(2016-05-11)[2022-10-02]. http://www.gov.cn/xinwen/2016-05/30/content_5078086.htm.

教师每5年到企业实践不少于6个月；2018年中共中央办公厅、国务院办公厅印发的《关于分类推进人才评价机制改革的指导意见》，对"双师型"教师的评价提出适应现代职业教育发展需要，按照兼备专业理论知识和技能操作实践能力的要求，完善职业院校（含技工院校）"双师型"教师评价标准，吸纳行业、企业作为评价参与主体，重点评价其职业素养、专业教学能力和生产一线实践经验。

2019年1月24日，《国家职业教育改革实施方案》（简称"职教20条"）进一步明确"双师型"教师的内涵，即同时具备理论教学和实践教学能力的教师。至此，国家政策方面对"双师型"的内涵有了明确规定。"完善职业院校教师资格标准"，探索将行业企业从业经历作为认定教育教学能力、取得专业课教师资格的必要条件。职教"破五唯"，一方面对教师学历要求降低，高职学历就可以应聘职业院校、应用型本科高校相关专业教师，2019年起，职业院校、应用型本科高校专业教师原则上从具有3年以上企业工作经历并具有高职以上学历的人员中公开招聘且从2020年起不再从应届毕业生中招聘。建立100个双师型教师培养培训基地。职业院校、应用型本科教师至少每年1个月在企业/实训基地实训，落实5年一周期轮训制度。

2019年8月，教育部等部门专门出台了《深化新时代职业教育"双师型"教师队伍建设改革实施方案》（简称"职教师资12条"）。这是我国首个国家层面的"双师型"教师的文件，全面规划了"双师型"教师队伍建设。"职教师资12条"进一步指出除了"双师型"职业技术师范教育专业毕业生外，基本不再从未具备3年以上行业企业工作经历的应届毕业生中招聘职业院校教师。准入设置了技能门槛，从源头上开始重视"双师型"教师队伍建设。加强"双师型"教师实践平台建设，企业实践是职业院校教师专业发展的重要内容和重要环节。

2020年，教育部教师工作司公布首批320个全国职业院校"双师型"教师队伍建设典型案例名单，推出既有高超专业水平，又有高超教学能力的"双强"之师。教育部等九部门印发的《职业教育提质培优行动计划（2020—2023年）》中进一步提出制定"双师型"教师的基本要求。从2009年开始，我国部分省份出台中等职业学校"双师型"教师认定标准，开始认定工作，此后也有部分省份出台了高等职业学校"双师型"教师认定标准。2022年10月，国家制定职业教育"双师型"基本标准，加快推进职业教育"双师型"教师队伍高质量建设。

7. 校企双向流通机制进一步完善

党的十八大以来,产教融合、校企合作是职业教育的基本办学模式,也是职业教育最突出的办学优势。十年来,《关于深化产教融合的若干意见》[①]《建设产教融合型企业实施办法(试行)》[②]《职业学校校企合作促进办法》[③]等一系列政策支持,鼓励和规范职业学校和企业双向流通。

2012年出台《职业学校兼职教师管理办法》[④],进一步加强职业教育教师队伍建设,完善职业学校兼职教师聘用政策,强化职业教育实践环节,促进教师队伍结构优化。建立校企人员双向交流协作共同体,鼓励校企共建教师发展中心,在教师和员工培训、课程开发、实践教学、技术成果转化等方面开展深度合作,推动教师立足行业企业,开展科学研究,服务企业技术升级和产品研发。完善教师定期到企业实践制度。2016年教育部等七部门发布《职业学校教师企业实践规定》,对教师到企业实践的内容和形式、组织与管理、保障措施、考核与奖惩做了系统性的规定,有力回应职业学校教师企业实践制度不健全、渠道不通畅、要求不明确、针对性实效性不强等突出问题,标志着我国"双师型"教师队伍建设规范化水平的进一步提升。规定要求,教师每5年必须累计不少于6个月到企业或生产服务一线实践,改变过去难以深入、无法对接和实效性差的局面,有利于学校正常教学工作的开展,各地统一规划教师继续教育学习,企业安排合适岗位,教师确保实践效果。实践方案立体而有针对性,实践组织体现合作与协同,实践推进路径彰显制度化和系统性。

2019年9月23日,《教育部等四部门关于公布首批全国职业教育教师企业

---

① 中华人民共和国中央人民政府.国务院办公厅关于深化产教融合的若干意见[EB/OL].(2017-12-19)[2022-10-26].http://www.gov.cn/zhengce/content/2017-12/19/content_5248564.htm.

② 中华人民共和国中央人民政府.国家发改委、教育部印发《建设产教融合型企业实施办法(试行)》的通知[EB/OL].(2019-04-03)[2022-10-02].http://www.gov.cn/xinwen/2019-04/03/content_5379379.htm.

③ 中华人民共和国中央人民政府.教育部等六部门关于印发《职业学校校企合作促进办法》的通知[EB/OL].(2018-02-22)[2022-10-02].http://www.gov.cn/xinwen/2018-02/22/content_5267973.htm.

④ 中华人民共和国教育部.教育部、财政部、人力资源和社会保障部、国务院国有资产监督管理委员会关于印发《职业学校兼职教师管理办法》的通知[EB/OL].(2012-11-08)[2022-10-26].http://www.moe.gov.cn/srcsite/A10/s7034/201211/t20121108_146074.html.

实践基地名单的通知》①，向社会公布了在大中型企业建立的102家职业教育教师企业实践基地，为教师企业实践提供了平台。在国家职业教育智慧教育平台专设教师企业实践项目发布板块，建立兼职教师库，为校企搭建更多的沟通桥梁。

8. 职教教师地位不断提升

教育部不断加大对职教教师表彰力度，在全国模范教师、全国优秀教师、全国教书育人楷模、国家级教学成果奖、"万人计划"教师名师等表彰项目中，均按照同等比例专设职教教师奖项。通过一系列激励措施，不断激发教师专业发展动力，增强教师职业认同，提高职教教师岗位的吸引力。2017年5月25日，习近平总书记对黄大年同志先进事迹作出重要指示。教育部两次开展全国高校黄大年式教师团队示范创建，共有40个职教教师团队入选。广东省有3个团队入选，分别是深圳职业技术学院植物保护学科教师团队、广东轻工职业技术学院精细化工技术专业教师团队、广州番禺职业技术学院国家"双高校"高水平艺术设计专业群教师团队。黄大年式教师团队示范创建有力引领带动各职业院校在教育教学中推进协同育人、培养全面发展的时代新人。2022年，评出的12位全国教书育人楷模中有3位是来自职业学校的教师、校长，分别为山西机电职业技术学院教授李粉霞、湖北省武汉市旅游学校教师马丹、四川护理职业学院院长张先庚。他们牢记为党育人、为国育才使命，坚持立德树人，坚守四个相统一，当好"四个引路人"，为学生倾注大爱深情，充分展示新时代教师队伍有理想信念、有道德情操、有仁爱之心的良好精神风貌，是广大人民教师的优秀代表和杰出典范。

2014年开始，国家教学成果奖把职业教育作为一个独立的评审系列。2017年以来国家"万人计划"教学名师把中等职业学校和高等职业学校教师纳入评审范围，重点奖励在教学一线作出突出贡献的优秀教师，提升职教教师专业地位，营造全社会对职教教师的尊师重教氛围。《关于全面深化新时代教师队伍建设改革的意见》提出，要"不断提高地位待遇，真正让教师成为令人羡慕的职

---

① 中华人民共和国教育部等.教育部等四部门关于公布首批全国职业教育教师企业实践基地名单的通知[EB/OL].（2019-10-11）[2022-10-26]. http://www.moe.gov.cn/srcsite/A10/s7034/201910/t20191016_403871.html.

业"，将教师队伍的地位待遇问题提到特别重要的位置，增强教师职业吸引力，让广大教师在岗位上有幸福感、事业上有成就感、社会上有荣誉感，优秀人才争相从教、教师人人尽展其才。

（二）党的十八大以来职业技术教育教师发展的经验

党的十八大以来，职业教育发生格局性的变化，呈现定位类型化、办学多样化、体系融通化、制度系统化、合作纵深化、责任下移、高质量为重的新特点和新局面。职业教育教师队伍建设类型特色鲜明，坚持服务取向、规律取向、问题取向，着力服务职业教育高质量发展，教师队伍建设呈现新生态，有力支撑职业教育改革发展，主要有以下经验。

1. 围绕职业教育类型特色，加大教师队伍建设政策供给

职业教育坚持产教融合、校企合作、工学结合、知行合一，以自身高质量发展肩负起培养多样化人才、传承技术技能的使命。党中央始终把构建完整体系作为核心任务和逻辑主线，不断创新制度设计、加大政策供给，努力把职业教育建设成为一种对经济社会和个体发展具有特定功能的教育。例如，深化中等职业院校教师职称制度改革，出台了一系列尊师强师惠师政策，基本形成了科学规范、系统完备、有效管用的教师制度体系。

2. 顶层设计与基层首创精神充分融合，教师团队与个体齐赋能

2019年教育部印发的《全国职业院校教师教学创新团队建设方案》对团队建设目标任务、基本原则、立项条件、建设任务等做了顶层设计，但未从概念和标准上界定职业教育教师教学创新团队，为各个团队结合自身情况，打造特色专业共同体，多功能共同体，在保有自身优势的基础上，实现跨界、超越，奠定充足的空间，实现顶层设计与基层首创精神的充分融合，赋能教师团队与个体，让他们在新时代背景下在各自的专业道路上取得突破性进展，成长为"大国良师"。

3. 职教教师发展规模与质量并重

职业教育发展处于关键转型期，全国职业学校专任教师规模从2012年的

111万人,增加到2021年的129万人,增幅17%,为职业教育高质量发展提供了有力支撑。教师队伍建设之前面临的薄弱、数量欠缺、学历结构偏低等问题,得到有效解决。政策从以往"加强师资队伍建设"到明确各项举措围绕建设"双师型教师队伍"这一内涵定位着手。教师队伍的基本走向,从注重规模走向规模与质量并重,很好地承接和适应职业教育发展深层次转型期的新要求。

4. 职教教师发展政策制度健全与创新并重

顶层制度设计在继承中深化。2019年末,由国务院牵头印发的《国家职业教育改革实施方案》(以下简称《实施方案》)以"改革"为主题,措施聚焦,力度强大,对建设现代职业教育体系提出了具体目标。专门就教师队伍提出"双师型"和教学团队两个建设目标,改革路径清晰,指标明确,并提出一系列涉及教师来源、培养培训、兼职教师、绩效工资的重磅措施。对教师招聘提出"具有3年以上企业工作经历"的硬性指标,对职业教育教师队伍的准入进行把关,从职业教育教师招聘环节入手,凸显职业教育教师队伍的特点,这在以往文件中从未体现,直击以往存在的弱项和痛点,彰显改革职教教师队伍的决心。在《实施方案》的指导下,"双师型"教师队伍建设逐渐进入标准化、个性化、结构化的发展阶段,促成职业院校个体的"双师型"与群体"双师结构"局面基本形成。

教学创新团队建设成为教育部打造高素质"双师型"教师队伍建设的抓手,是深化职业院校教师、教材、教法"三教"改革的切入点之一。教师教学创新团队充分发挥辐射带动作用,示范引领地方政府和职业院校建设省级、校级教师教学创新团队。团队建设持续开展,以点带面,推动职业教育教学模式和人才培养模式改革。

2022年新修订的《中华人民共和国职业教育法》集方向性、全局性、时代性、系统性、包容性、指导性、操作性于一体,守正创新,继往开来,对职教教师的权利、素质及社会地位做了规定。针对职教教师队伍建设引起相关部门与社会各方的重视,以法律形式破解职业教育改革发展的顽瘴痼疾,为职业教育高质量发展保驾护航。

5. 职教教师专业能力提升与社会地位提升并重

办好职业教育的核心和关键在于建设一支高素质的师资队伍。高素质的师资队伍的核心不仅仅在于其储备的专业知识、专业能力,还有教师的社会地位,因为其直接影响教师的职业声望、职业吸引力以及教师从事该项职业的积极性和责任感。新修订的职业教育法首次明确职业教育与普通教育具有同等重要地位,让职教教师享有与其他教师同等的政治地位和社会地位,各项政策保障制度到位。只有教师安心、舒心从教,职业教育的春天才会更加绚烂。

三、党的十八大以来职业技术教育教师发展的问题与挑战

职业技术教育教师队伍建设是职业教育高质量发展的重要基础。改革开放以来,特别是党的十八大以来,职业技术教育教师发展取得了显著成效,职业教育教师培养培训体系基本建成,教师管理制度逐步健全,教师地位待遇稳步提高,教师素质能力显著提升,为职业教育改革发展提供了有力的人才保障和智力支撑。但与新时代国家职业教育改革的要求相比,职教教师的发展还存在着不可忽视的问题,也面临着诸多挑战,已成为制约职业教育改革发展的瓶颈。①

(一) 职业技术教育教师发展建设存在的问题

1. 职教教师标准体系还不健全

一是如何落实"双师型"教师认定标准有待进一步探索。从最初"双师素质"到"双师型"教师,职教界对"双师"的内涵已基本达成共识,但在实际操作过程中到底该如何认定还需要进行持续深入的探索。此外,当前职业院校中"双师型"教师占比虽然已经超过了50%,但真正具备"双师素质"的教师还不够充足,"双师型"教师队伍建设质量还没达到理想的状态。

二是职业学校校长(书记)和教师的职业标准需要进一步建立健全。《国务院关于加强教师队伍建设的意见》中明确提出,完善教师专业发展标准体系,出

---

① 中华人民共和国教育部等.教育部等四部门关于印发《深化新时代职业教育"双师型"教师队伍建设改革实施方案》的通知[EB/OL]. (2019-09-23)[2022-10-07]. http://www.moe.gov.cn/srcsite/A10/s7034/201910/t20191016_403867.html.

台职业学校教师专业标准。根据要求,2021年4月,教育部办公厅印发了《中等职业教育专业师范生教师职业能力标准(试行)》,从师德践行能力、专业教学能力、综合育人能力、自主发展能力四个方面给出了说明,但高等职业教育教师职业能力标准还没有明确规定,职业学校校长(书记)的职业标准也需进一步完善。

2. 职教教师培养还存在短板

一是在培养主体上,企业参与职业教育教师培养的积极性不高。虽然大部分学校出台了教师到企业实践锻炼的相关文件,鼓励职教教师深入企业实践,定期或不定期根据自身意愿或单位指派,脱产或半脱产至相关企业从事短期的挂职锻炼工作。但由于这样的挂职锻炼时间较短,企业合作意愿不强,且缺乏相应的督导检查机制,教师在企业到底从事怎样的工作,是否在技术技能上有所提升不得而知。此外,在当前的职教教师培养实践中,企业参与职教教师培养的积极性不高,职教教师培养通常缺乏企业导师,职教教师深入企业一线实践不够,职教教师技术技能水平与教育教学能力存在"两张皮"现象。

二是在培养结构上,职业院校教师培养渠道多元格局尚未形成。我国目前职教教师虽然培养模式多样,包括以本科为主的"职业技术师范教育"培养模式、"普通高校课程学习+入职培训"培养模式等,但职业院校教师主要来源于普通高等学校,对职业教育的理解不够深刻。譬如,以本科为主的"职业技术师范教育"培养模式虽然保留了一定师范性,但所培养的未来职教教师在专业实践能力、职场经验方面优势并不明显。再比如,以研究生学历为主的职教教师培养,通常采用"普通高校课程学习+入职培训"培养模式,虽然专业知识得到深化,但存在职校教学不适应、教学能力不足、职场经验缺乏等问题。具体而言,以本科为主的"职业技术师范教育"培养模式是有职业技术教育学学科的高校职教教师培养,但存在与专业学院协作困难的问题,专业导师无法落实,难于有效提供专业教学法与专业提高课程,对培养研究生层次的职教教师专业学术能力与专业实践能力缺乏有效指导。"普通高校课程学习+入职培训"培养模式是没有职业技术教育学学科的高校职教教师培养,缺乏职教导师与职校导师,难以有效提供职教理论课程、教师教育课程与教学实习,对培养研究生层次职教教师的教育理论素养与教育教学能力缺乏有效指导。

三是在培养层次上,职业教育教师本硕博贯通培养模式还需探索,在职教师学历提升需求尚未得到有效满足。近些年职教教师培养模式不断创新，以培养高层次的"双师型"职教教师，如以专业硕士为主的"普通高校课程学习+入职培训"模式以及教育硕士(职业技术教育领域)已经成为职教教师队伍的重要组成部分，但博士层次的高水平职教教师数量依然较少，职业教育教师本硕博贯通培养模式仍需探索。此外，在职职教教师学历提升的需求旺盛，但在相关制度设计、衔接培养、政策倾斜方面还需要进一步完善。

3. 职教教师培训效能有待提高

一是在培训模式上，与企业联动、与产业对接不够，培训模式难以成为促进教师能力整体持续提升的基础模式。当前我国职教教师培训主要采取项目化培训模式，其特征是培训依托政府发布的项目进行，有项目才有培训，无项目则无培训，项目结束，培训也就结束，如果还要开展培训，必须设置培训项目。首先，项目化培训模式最大的问题是与企业联动、与产业对接不够，培训主要以专家所擅长的理论知识为主，没有针对性，难以切实提高职教教师的实践能力。

其次，项目化培训模式关键问题在于不稳定，因为项目是教育行政部门根据现实需要和财政状况来规划的，而项目决策的这两个依据都是始终处于变化中的。另外，职业教育师资培训项目的发布本身还没有达到科研项目发布那样的常规化水平，职业教育师资培训项目的临时性色彩较浓，这就使得培训项目更加无法得到制度保障。项目化培训的不稳定性，决定了它不可能成为我国职业教育教师培养的根本途径。

最后，项目化培训在实际运行中还存在一些问题。(1)培训项目与培训需求之间难以真正匹配。从逻辑上看，项目化师资培训是一种供给式培训，即由教育行政部门提出项目，经由培训基地把培训服务落实到职业院校。这就很可能出现一个问题，即有项目时无培训需求，有培训需求时无项目。(2)干扰学校的日常工作安排。培训项目发布与执行主要考虑项目管理需要，教师只能调整工作安排去适应培训时间，无法根据工作安排来选择培训时间，这不仅造成培训时间与学校工作安排的矛盾，还会干扰学校日常教学工作，影响教学质量。这也是近年来在全国性大规模教师培训中所表现出来的突出问题。[1]

---

[1] 徐国庆.职业教育课程、教学与教师[M].上海：上海教育出版社，2016：220—221.

二是在培训内容上,缺乏基于精准分析职业教育教师需求的顶层设计,培训单位之间的培训课程衔接不够,无法确保培训内容真正贴近教师岗位需要,培训内容与教师需求矛盾突出。首先,讲座式培训通常对培训内容进行高度压缩,在单位时间内给教师讲解大量理论知识,导致教师无法消化理解。

其次,培训内容与教师需求矛盾突出,培训课程衔接不够。虽然培训组织者在制定讲座式培训计划时,会对培训对象需求进行分析,甚至还会征求培训对象的意见,但这种培训模式决定了培训课程与培训内容由专家根据其擅长的研究领域、研究问题来确定,而专家的研究其实很难与教师的需要完全吻合,培训组织者更没法要求专家根据教师岗位的实际工作需要设计培训内容,使得这种培训模式中培训内容与教师需求之间的矛盾非常突出。同时由于专家的不确定性导致培训内容针对性不强的风险大增,甚至出现了培训内容的低水平重复与培训课程衔接不够等现象。

再次,参训教师的学习动机需要增强,学习成效需要提升。讲座式培训形式还决定了它能传授的主要是理论知识,即使专家努力把理论与实践相结合,但传递给教师的也只能是语言层面的实践知识。同时,在实践中讲座式培训有时不再是学校的需求,而是必须落实的任务,造成有的教师多次参加相同内容培训的情况,参训教师的学习动机不强。此外,讲座式培训以传授理论知识为主,但问题是当教师获得相关理论知识或信息后,只有极少数教师会去尝试运用所获得的理论和信息,培训内容只是教师交流的谈资、写论文的依据,很少真正把培训内容转变为他们的教育教学行动,培训的理论知识难以有效地转化为教师的实际能力,学习成效不明显。

三是在培训特色上,职教师资培训基地建设缺乏显著特色,打造特色培训产品的意识还不强、能力还不够。教师培养是一项长期的、持续的工程。从教师个体的角度看,其能力的形成不是一蹴而就的,而是一个持续的、稳定的、前后之间有连续性关系的过程。从教师群体的角度看,教师专业发展的全覆盖性要求教师培训必须是一项持续性工作。虽然我国已经建立了三级职教教师培训体系,每年也有大量的教师参加各个层次的教师培训,但培训效果不甚理想。这一结果的产生一方面受制于培训方式的影响,由于缺乏稳定的职教教师培训体系,职教教师培训质量整体不高。同时也与各个层面职教教师培训基地建设缺乏特色密切相关,有些培训基地开展的培训项目非常多,但都没有突出自己的强项,打造特色培训产品的意识还不强、能力还不够,职教教师培训还没有形成品牌效应。

4. 职教教师双向流动需进一步畅通

一是企业高技能人才进入职业院校任教有意愿、有需求,但是制度设计还不完善,导致高技能人才进入职业院校受阻。企业兼职教师是职业教育教师的重要来源,这部分教师实践能力较强,能够很好地弥补职业院校教师实践能力不足的问题,同时也能够缓解职业院校教师短缺。但当前最大的问题在于制度设计还不完善,校企人员在"双向流动"过程中产生的成本大于预期收益,在晋升和奖励方面处于劣势,这是造成人员流动意愿低迷的重要原因。高技能人才去职业院校兼职占用了正常工作时间,工作效率降低造成的损失难以通过兼职补助弥补,且所在企业也缺乏相应的补偿机制和激励措施,流向职业院校的代价较大。

二是固定岗与流动岗相结合的职业教育教师管理岗位改革还不到位,流动人员的利益无法保障。一方面,兼职教师队伍流动过程不顺畅。职业教育教师去企业实践缺乏相应的督导检查机制,实践能力提升效果不佳。从企业引进人才到职业院校担任专兼职教师的力度还不够,还未形成急需紧缺高技能人才大批量进入职业院校任教的局面。另一方面,校企人事制度的割裂造成企业高技能人才流动管理的脱节和错位。高技能人才主要是以企业专家的身份进入学校,不定期地开展短期讲座或培训,未能真正参与学校课程开发和技能教学等具体工作,并且也没有接受过系统化、专门化的教育学培训,技能教学效果不尽如人意。[①]

5. 职教教师素养与新时代发展不匹配

近年来,以大数据、物联网、云计算、人工智能为代表的新一代信息技术应用浪潮席卷全球。信息技术深深影响着教育的发展,尤其是与经济社会发展密切的职业教育。当前职业教育正处在大发展、大改革时期,随着人工智能技术的迅猛发展和在教育领域内的广泛应用,职业教育教师正面临前所未有的冲击

[①] 吕玉曼. 校企人员"双向流动"的内涵、困境与实践路径[J]. 教育与职业,2021(24):28—33.

和挑战，诸如职教教师难以主动适应信息技术革命和职教改革发展的需要。

一是在人工智能技术已经应用到职业教育领域的新时代，职业院校的教师依然主要是来自普通高校的毕业生，他们大都是非信息技术类毕业生，信息素养有待提高。二是人工智能技术发展迅猛，各种应用层出不穷，职教教师无法及时学习与掌握，很难做到以"人工智能＋"来升级传统专业。三是大部分职业教育教师离真正"双师型"的要求还有差距。职业教育的使命就是要培养适应时代和行业企业的高素质技术技能人才，而人工智能最先进的设备、技术、工艺基本上都在企业一线，不在学校，职业教育教师并没有真正的企业实践经历，更谈不上改进企业产品工艺、解决生产技术难题等。

6. 职教教师供给侧与需求侧不相匹配

从职教教师供给侧来看，当前职业院校教师主要来源于普通师范院校的高校毕业生，普遍具有较强的教育教学能力，但实践教学能力相对偏弱。而职业技术师范培养的教师既具备较强的教育教学技能，又具有一定的实践能力，是职业院校教师的重要来源，也比较受职业学校欢迎。但独立设置的职业技术师范院校只有12所，开设职业技术师范本科专业的院校仅25所，普通高校招收硕士层次的职教师范生的仅49所，远不能满足职业学校的用人需求与职业教育发展所需。

从职教教师需求侧来看，职教教师服务产业需求的能力较弱。一是因为职教教师培养未从产业需求导向出发，导致我国重点区域、重点产业领域的职教教师数量短缺，难以培养出能够促进社会经济发展与产业升级的大批量高技能人才。二是职教教师培养培训针对性不强，尚未发挥企业重要主体作用，与区域经济发展联动不够，职教教师队伍建设在整体布局上没有立足于不同区域的经济发展需求，尚不能有效促进教育链、人才链与产业链、创新链全方位融合。

（二）职业技术教育教师发展建设面临的挑战

1. 在产业结构升级中谋划职教教师队伍建设

放眼未来，当今世界正经历百年未有之大变局，新兴市场国家和发展中国家的崛起速度之快前所未有，新一轮科技革命和产业变革带来的激烈竞争前所未有,建立以国内大循环为主体、国内国际双循环相互促进的新发展格局成为必然趋势,这对谋划我国职业教育教师工作高质量发展提出了巨大挑战。产业升级转型已成为我国经济改革发展的主旋律,中国经济增长的核心也将从低附加值转向高附加值,从高能耗高污染转向低能耗低污染,从粗放型转向集约型的内涵式发展,这就需要大量适应区域产业转型升级的高素质技术技能人才。面对产业快速升级转型发展,社会对高素质技术技能人才需求也相应地发生了变化,对职教教师的专业能力与综合素质提出了更高要求,也对职教教师培养发展提出了巨大挑战。①

一是对职教教师的专业技能和综合素质提出了更高要求。职业教育作为培养高素质技术技能人才的主要阵地,科技革命和产业结构升级变革,需要职教教师能够根据行业企业对专业技术人才的要求,实时调整专业人才培养方案与授课内容,以培养出区域产业转型升级发展所需的专业技术技能人才。同时,职教教师也要能够与行业企业进行深度产教融合,持续更新知识结构,不断提升教学能力。②

二是对职教教师培养与职教教师队伍建设提出了重要挑战。面向新型产业形态结构,职教教师培养需要增强服务产业转型升级的能力以培养契合区域产业转型升级所需的高素质技术技能人才。产业转型升级对职业教育教师队伍建设改革提出了新的更高要求,拓宽职教教师队伍渠道,深化产教融合,大力引进行业企业高级技术技能专家、能工巧匠和非物质文化遗产传承人等各类人才担任兼职教师,以适应产业转型升级速度。依据产业转型升级的高端化、智能化、特色化方向,依托战略性新兴产业、现代制造业和现代服务业为主体的产业结构,打造一支一流的高素质的"双师型"教师队伍及创新团队。③

2. 在现代化进程中提高职教教师队伍建设质量

《高举中国特色社会主义伟大旗帜 为全面建设社会主义现代化国家而团

---

① 陈超群,胡伏湘.产业转型升级背景下高职一流"双师型"教师教学创新团队建设[J].教育与职业,2020(18):76—79.
② 陈超群,胡伏湘.产业转型升级背景下高职一流"双师型"教师教学创新团队建设[J].教育与职业,2020(18):76—79.
③ 陈超群,胡伏湘.产业转型升级背景下高职一流"双师型"教师教学创新团队建设[J].教育与职业,2020(18):76—79.

结奋斗》(简称《二十大报告》)指出,要坚持教育优先发展、科技自立自强、人才引领驱动,加快建设教育强国、科技强国、人才强国。《二十大报告》将"实施科教兴国战略,强化现代化建设人才支撑"单独列出,并把教育、科技、人才提到"全面建设社会主义现代化国家的基础性、战略性支撑"的重要地位。实施创新驱动发展国家战略,推进经济高质量发展,职业教育前途广阔、大有可为。

职业教育是国民教育体系和人力资源开发的重要组成部分,是培养多样化人才、传承技术技能、促进就业创业的重要途径。但应当看到,时代发展对职教教师与高素质"双师型"职教教师队伍提出了更高要求。一是职教教师既要落实好教书育人、立德树人的根本任务,又要推动职业教育改革发展,增强职业教育适应性,为发挥我国超大市场规模的优势贡献力量。二是必须破解制度化、体系化教师培养培训的优质供给相对不足的难题,通过深化改革激发活力,以创新精神推动职业教育教师工作在更高起点上实现更高质量发展。

3. 在信息技术发展中促进职教教师专业发展

信息技术、人工智能作为影响当前发展、引领未来变革的战略性技术,正在融入包括互联网、经济、医疗、交通、家居生活等在内的社会经济生活的方方面面,对职教的教学模式和专业化发展产生重要影响。① 一是信息化时代对教师专业知识结构提出了重要挑战。职业教育相比其他类型的教育有其特殊性,职业教育的培养目标是培养能够满足社会需求的职业劳动者。然而信息技术深刻地改变了传统技术操作与应用,职业发展日益呈现出多样性与复杂性,自动化、智能化乃至智慧化成为职业技术的发展趋势,如工业自动化操作、厨房电器智能化与云技术应用等。这对职业科学知识与实践操作程序提出了重要挑战,信息化专业知识成为职教教师专业发展的重要内容,掌握信息化职业技术知识成为信息时代对职教教师的新要求。②

二是智能时代对职业教育教师的教学能力提出了更高要求。信息技术作为教学工具,深刻地改变着职教教师的教学理念与教学模式,这要求职教教师

---

① 教育部教师工作司. 新时代职业教育教师队伍建设论纲[J]. 教育研究,2022(8):20—30.
② 解月光,褚丹,曲茜茜,赵琳. 职业院校教师信息化专业能力结构模型及发展阶段研究[J]. 中国电化教育,2016(9):1—7,15.

做好专业建设、课程建设与教学改革工作。① 在信息化教学环境中,如何充分利用信息化教学设备与教学工具,进行信息化教学设计,实施全过程网络化教学,将一般信息技术与信息装备应用于教学设计、教学实施、教学评价、教学反思等各个教学环节,是职教教师今后开展教学面临的重要挑战。② 具体而言就是职教教师如何运用大数据、人工智能技术,将信息技术与职业科学知识、技术知识、教育教学法、学生管理等教学管理工作相融合,提高职业教育教学质量。同时,教育评价观和发展观日益多元化,职教教师需要在价值观多元化的基础上获取学生的信息,做好学生评价工作。

三是信息技术对职教教师培养培训提出了更高要求。信息技术对工作、学习产生了前所未有的影响,这对职教教师职前培养与职后培训提出了巨大挑战。一方面,技术的进步加剧了教学方式与学习行为的改变,反过来又对教师的知识结构与教学能力提出了新的要求和挑战,知识更新速度加快,跨职业能力的重要性日益凸显,这要求职教教师职前培养与职后培训课程内容面向未来,既需要将信息化技术融入职教教师培养课程,又需要打造数量众多的、教学效果较好的线上精品教学培训课程,切实提高教师信息技术应用能力。③ 此外,信息技术作为社会环境,极大地改变了职教教师的职业身份,这要求职教教师切实提高自身信息素养和信息技术水平,在教学工作中充分利用信息技术,提高教学质量和教学有效性,做好学生成长成才的引路人。

4. 在乡村振兴进程中提高职教教师的综合能力

在 2020 年绝对贫困消除后,解决相对贫困人口发展问题成为"十四五"期间社会发展的核心挑战。扶贫先扶智,将教育尤其是职业教育作为促进乡村扶贫与振兴的重要发展战略,是巩固脱贫成果的现实选择。习近平总书记在山西考察时指出:要"推动脱贫攻坚和乡村振兴的有机衔接"。职业教育是推动教育扶贫的关键所在,是见效最快、成效最显著的扶贫方式。④ 在乡村振兴

---

① 教育部教师工作司. 新时代职业教育教师队伍建设论纲[J]. 教育研究,2022(8):20—30.
② 唐文晶. 试论信息化教学大赛对职教教师能力提升的拉动作用[J]. 中国职业技术教育,2015(20):52—55.
③ 张建荣,曹凡,冯仰存. 面向未来的职业教育教学与职教师资培养培训——UNESCO-UNEVOC《影响未来职业技术教育教学趋势研究》的启示[J]. 职业技术教育,2022(4):65—72.
④ 高靓. 职业教育:教育扶贫的"排头兵"[N]. 中国教育报,2019-10-17(01).

与服务构建新发展格局中,培育长效脱贫机制,促进农业农村优先发展,推动乡村全面振兴①,既需要提高职教教师乡村振兴的意识和能力,又需要优化职教教师队伍结构。但关键问题在于如何提高职教教师的扶贫意识和能力,如何打造一支能够积极参与乡村振兴的职教教师队伍。

一是提高职教教师教育扶贫的意识。这是发挥职业教育助力乡村振兴的关键所在。为促进乡村振兴和教育扶贫工作,需要做好职教教师发展的顶层设计,为职教教师助力乡村振兴提供制度保障和政策支持。一方面,多元举措鼓励职教教师积极投入到产业、智力、健康、消费等扶贫工作中,通过教育扶贫项目、乡村直接结对、帮扶贫困人群等方式,实现乡村稳步脱贫。②另一方面,涉农相关专业的职教教师要有意识地参与到乡村振兴发展过程中,积极发挥农林教育的辐射作用,形成政府引导、职业院校主导、行业企业积极参与、社会组织紧密联结的"四位一体"产教融合发展格局。

二是实施贫困教育工程,建立公益性农民培训制度,提高职教教师教育扶贫能力。产业升级对劳动密集型产业的排斥和对低技能岗位的淘汰,导致大批人口尤其是农转非人口面临刚需就业和生存问题。③具体表现为:农村转移劳动力人口的综合能力难以适应产业升级加速的内在需求,存在产业升级排斥人口就业的巨大风险。面对城镇化发展与产业升级,教育扶贫与乡村振兴的目标转变为教育扶贫智能化,其中增强职业教育技能扶贫优势,提高职教教师教育扶贫能力成为职业教育发展的重要任务。针对农村转移就业劳动者、贫困劳动力、贫困家庭子女等特殊群体,建立公益性农民培训制度,有针对性地实施职业技能提升计划和贫困户教育培训工程④,大力培养面向时代和面向未来的新型职业农民。譬如旅游专业的职教师生开发贫困地区旅游项目助力乡村振兴,电子商务专业的职教师生助力农副产品推广销售等,是在乡村振兴进程中提高职教教师扶贫能力的典范。

---

① 尉成辉.实现脱贫攻坚与乡村振兴有机衔接[N].经济日报,2020-01-13.
② 李涛,邬志辉,周慧霞,冉淑玲."十四五"时期中国全面建设小康社会后教育扶贫战略研究[J].教育发展研究,2020(23):30—42.
③ 李涛,邬志辉,周慧霞,冉淑玲."十四五"时期中国全面建设小康社会后教育扶贫战略研究[J].教育发展研究,2020(23):30—42.
④ 国务院办公厅.职业技能提升行动方案(2019—2021年)[EB/OL].(2019-05-24)[2022-10-28]. http://www.gov.cn/xinwen/2019-05/24/content_5394473.htm.

四、新时代职业技术教育教师培养培训工作高质量发展的对策建议

职教教师队伍建设是系统工程,也是长远大计。面对中华民族伟大复兴的战略全局和世界百年未有之大变局,职教教师队伍建设迎来了难得的机遇,大有可为。近期,教育部办公厅发布《关于开展职业教育教师队伍能力提升行动的通知》,从完善职业教育教师标准体系、创新职教教师培养培训模式、推进职教教师职前职后一体化改革、建立校企人才双向交流机制等方面提出了对策建议。《国家职业教育改革实施方案》指出,加强职业技术师范院校建设,引导一批高水平工科大学举办职业技术师范教育;探索组建高水平、结构化教师教学创新团队,教师分工协作进行模块化教学;定期组织选派职业院校骨干教师国外研修访学;在职业院校实行高层次、高技能人才以直接考察的方式公开招聘。职业院校专业教师以工作经历和职业技能优先,而不再以学历优先。

(一) 建立健全职教教师标准体系

职教教师标准是职业教育发展的重要基础性制度保障,在高质量职教教师队伍建设中发挥着纲举目张的作用。建立完善职教教师标准体系,加快建设一支结构合理、师德高尚、业务过硬的高素质专业化创新型职教教师队伍,为职业教育高质量发展提供人力资源保障。

一是完善职教教师准入制度。对不同类别的(公共课、专业课)职教教师资格体系框架进行整体设计,突出职业教育的类型特征,并根据职业教育高质量发展要求,适时调整职教教师的准入标准。一方面探索制定职业院校专业课教师在企业工作经历、技能证书获取、技能大赛获奖等方面的新要求,完善专业课教师的职业发展通道。另一方面,完善兼职教师准入制度,鼓励和吸引企业专业技术人员和高技能人才到职业院校任教。

二是修订职教教师专业标准,制定职业院校校长专业标准。首先,修订职教教师标准体系,制定职教教师专业标准。职业教育是跨界教育,教师能力要求比较复杂。职业教育教师不仅需要具备专业理论知识与实践能力,同时也要求具备教育理论与实践方面的知识和能力。因此,结合《中华人民共和国职业分类大典》,适时修订完善《中等职业学校教师职业标准》和《中等职业学校教师专业标准(试行)》,研制《高等职业学校教师职业标准》和《高等职业学校教师专业标准》,逐步建立层次分明,覆盖公共课、专业课、实习实践等各类课程的教师标准体系。其次,制定职业院校校长专业标准,增强岗位的适应能力,引领职业教育高质量发展。

三是完善"双师型"教师考核制度。"坚持兴国必先强师",强化"双师型"教师队伍建设。首先要完善"双师型"教师认定标准及相关管理规定的指导性文件。一方面,分专业大类建立具有鲜明特色的"双师型"教师资格准入、聘用考核制度,通过考核与激励等措施有效落实教师进企业实践和全员轮训制度;明确"双师型"教师基本要求与最低标准,突出资格考试中专业教学和专业实践要求,以促进教师职业资格与能力的全面提升。[①] 另一方面,根据"双师型"教师认定指导意见,指导各地结合实际发展落实"双师型"教师标准,通过国家、省、校三级分工协同,推进"双师型"教师认定工作,促进职教教师的专业发展。

四是完善职教教师评价标准体系。不断完善职业教育教师评价标准体系,探索完善职教教师准入、教师资格、职称评定、教师待遇、奖惩措施等方面的评价标准。一方面,建立能力本位的职教教师评价标准,重点评价职教教师的专业能力、教学能力及实践能力等。另一方面,完善职教教师职务评聘和绩效考核标准,落实立德树人的根本任务。职教教师职务评聘和绩效考核方面应突出职业教育的类型特征,破除"五唯"倾向,强化专业教学和实践创新,重点考核职教教师的师德师风、工匠精神和教育教学实绩,并将其作为职务评聘和绩效考核的主要依据。

[①] 中华人民共和国教育部.聚焦高素质双师型要求 深化新时代职业教育教师队伍建设改革——教育部教育司负责人就《深化新时代职业教育"双师型"教师队伍建设改革实施方案》答记者问[EB/OL]. (2019-10-17) [2022-10-28]. http://www.moe.gov.cn/fbh/live/2019/51475/djzw/201910/t20191017_404115.html.

（二）创新职教教师培养培训模式

1. 增强职教教师培养体系的开放性

职教教师专业发展具有跨界特征，横跨了企业与学校、工作与学习、职业与教育等不同的领域，这决定了单靠高等学校是无法完成职教教师的人才培养目标的。基于此，一是构建以职业技术师范院校为主体、高等学校积极参与的多元办学格局。加强职业技术师范院校和高校职业技术教育（师范）学院建设，支持高水平工科大学举办职业技术师范教育，办好一批一流职业技术师范院校和一流职业技术师范专业。支持地方整合综合（理工科）院校、师范类院校和行业企业优势资源，多主体协同参与职业院校教师培养模式。鼓励高水平学校和具有深厚产教融合基础的专业二级学院与职业技术师范教育学院资源互补、协同育人。支持应用型高校参与到职教教师培养中。

二是健全普通高等学校、地方政府、职业院校、行业企业联合培养教师机制。职教教师培养主体涉及职业技术师范院校、高等学校、职业院校、行业企业等，不同主体承担着不同的培养职责，发挥着不同的功能。在职业教育教师培养过程中，学校的主要功能是传授学科专业知识、教育教学知识和技能，夯实学生专业基础，提高学生教学能力，帮助学生养成基本的职业素质与教学能力。企业在职业教育教师培养过程中发挥着不可替代的作用，为职业教育教师培养提供了实习机会，让教师了解真实工作环境，把握产业行业发展动态，提高职业教育教师的专业实践能力。[1] 这意味着职教教师培养需加强行业企业的参与主体性地位[2]，鼓励行业企业积极参与职教教师培养，为职业院校教师培养提供实践指导教师和工作岗位，保证职教教师在企业的实践质量。

2. 持续创新职教教师培养模式

大力推进职业教育教师培养改革，加快实现职业教育教师培养灵活性、构成多元性、来源多样性的局面。

---

[1] 教育部教师工作司.新时代职业教育教师队伍建设论纲[J].教育研究,2022(08):20—30.
[2] 教育部教师工作司.新时代职业教育教师队伍建设论纲[J].教育研究,2022(08):20—30.

一是升级改造本科职教教师培养模式，培养合格的"双师型"专业教师。对于职业院校专业教师的培养，可以通过升级改造现有职技师范院校职教师范生培养模式来实现，探索构建"4+0.5+1+0.5"本硕连读贯通培养"双师型"专业教师的模式：其中 4 年在大学学习本专业的理论和实践课程，半年在企业实习并取得与专业相关的职业技能等级证书，然后 1 年在大学学习职业教育理论、课程开发技术、专业教学法等，最后半年在职业院校教学实习，在实践中掌握教学方法，提升教育教学能力。在培养过程中，探索实行"三导师"（高校职业教育理论指导教师、企业实践指导教师、职业院校教学指导教师）、"三基地"（高校、企业、职业院校）合作培养"双师型"教师路径，实现作为类型教育的职教教师教育全面转型升级。

二是持续创新职教教师培养模式。其一是实施"技术+教育"模式。按专业技术人才模式来培养职教教师，增加职业教育模块的内容，使培养的研究生具有职业教育教师所应具备的教育教学知识和能力，能胜任职业院校的人才培养工作，达到专业理论知识和专业技术相同专业学位研究生水平。其二是开展"教育+技术"模式。按教育硕士专业学位研究生培养模式，培养具有一定教育研究能力的职教教师，通过加大专业知识和专业能力的模块内容，使培养的教育硕士具有深厚的专业知识和熟练操作技能，达到"双师型"的专业教师要求。这两种人才培养模式的共同特点是突出"技术"，或者说是专业能力的培养，所培养的职教教师能够胜任专业课的教学、学生管理，能带领学生开展课程实践。①

3. 加强研究生层次职教教师的培养力度

一是扩大研究生层次的职业教育教师培养。鼓励高水平应用型高等学校、职业技术师范院校、综合师范类院校等各种类型的高校，扩大硕士研究生层次的职教教师培养力度，尤其是扩大在职专业硕士的招考培养力度。同时，在专业硕士中大力增设职业技术教育方向，大力培养"双师型"职教教师。

二是积极探索博士层次职业教育教师的培养。鼓励引导高水平大学在教育博士、工程博士与其他专业博士中增设职业教育方向，探索构建"1+1"形式

---

① 常小勇. 职业院校的一流职业教师从何而来？职教教师研究生来了[N]. 第一教育，2022-09-06.

的博士层次职教教师培养模式,为高职院校、应用型本科培养"双师型"专业教师。一方面,招聘硕士研究生毕业并具有两年以上本专业相关工作经历或具有相关职业资格证书职教教师,以培养高职高专、应用型本科院校专业教师。另一方面,探索没有企业经历为对象的"2+0.5+1"新模式,实施技职师范大学、双一流高校优势专业与著名企业协同培养博士层次的优秀"双师型"专业教师,为高职高专与应用型本科培养博士层次的"双师型"专业教师。

三是支持职业院校在职教师学历提升。鼓励支持职业院校在职专业课教师报考硕博士研究生,毕业后回原校履约任教。拓展职业院校教师在职提高学历的通道,探索脱产学习与在岗学习相结合的培养形式,学中用、用中学,严格设置准出标准,确保培养质量。

四是拓宽企业技术人员在职攻读教育硕士的通道,让有意从事职业教育的企业技术人员通过系统学习和能力训练等途径,具备胜任职业教育教师的能力素质。具体而言,加大招聘具有两年以上企业相关工作经历并具有相关职业资格证书者的本科学历企业技术人员,探索构建"1+1"两年制专业硕士培养模式,即第一年在大学学习职业教育相关理论、职业师范教育相关理论以及专业教学理论和方法;第二年在职业院校实习,培养其专业教学能力与综合实践能力,完善"教育硕士专业学位"培养模式。

4. 探索中等职教师范生公费定向培养模式

探索职教教师公费师范生制度,培养大批量高水平职教教师,改变以往职教教师重"职后培训",而较少关注"职前培养"的问题。在学位授权点审核和招生计划管理中,对职业技术教育领域特别是长期从事职业技术师范教育的院校给予支持。鼓励具有推免资格的高校推荐优秀应届本科毕业生免试攻读职业技术教育硕士。

(三)推进职教教师职前职后一体化改革

职教教师培养培训是一项系统性工程,推进职教教师职前职后一体化改革,建立职教教师一体化培养培训制度,强化职教教师全员培训,建立特色鲜明的示范培训基地,促进职教教师专业发展,加快建设高质量职教教师队伍。

1. 建立职教教师一体化培养培训制度

一是建立职教教师一体化培养培训制度，根据不同教师诉求开发多元化培训课程。首先，推进"职业教育＋培训"模式，为职业院校培养合格的文化课教师。职业院校文化课（通识课程）教师的培养也要尽可能体现类型教育特色。在进入职业院校教师岗位前，应针对通识文化课教师积极开展职业教育岗前培训，学习职业教育相关理论，深入了解职业院校文化课定位，知道职业院校的学校特点、教学特点、学生的学习基础与认知特点等，明确职业教育文化课与普通文化课在教学目标、内容、方法上的不同，快速成长为一名合格的适应职业院校学生发展特点的文化课教师。其次，工作经历优先而非学历优先，为职业院校培养合格的专业实践指导教师。职业院校专业实践指导教师应强调"工作经历优先而非学历优先"，主要从具有 3 年以上相关企业工作经历并具有高职以上学历的人员中招聘，通过教育教学理论和方法培训后，承担职业院校专业实践课（包括校内实训课）教学任务。

2. 强化职教教师全员培训

一是继续实施"职教国培"示范项目。利用中央部门预算资金，设立"职教国培"示范培训项目，开展培训团队研修、校长培训和教师培训，发挥高端引领和示范带动作用。同时，遴选一批具有职业教育类型特色背景的高校承担"职教国培"项目，吸收具有代表性的行业企业稳定参与本领域专业教师培训。

二是严格落实职业院校教师素质提高计划，提升全体教师专业发展水平。持续完善职业教育教师国家级示范培训项目，支持高水平学校和大中型企业共建双师型教师培养培训基地、企业实践基地。持续抓好全国职教教师创新团队建设工作，适时启动境外培训①，从多方面进一步优化职业教育教师队伍数量与结构。加强对各地和承训机构（单位）实施全国职业院校教师素质提高计划的调研，多渠道组织参训教师匿名评教，强化绩效考核结果在经费拨付、任务调整、考核奖励中的权重。发挥国家级基地在培训团队、资源和条件等方面的优势，加大各地遴选国家级基地承担培训任务的比重，增强素质提高计划的效果。

---

① 教育部教师工作司.教育部教师工作司关于印发《教育部教师工作司 2022 年工作要点》的通知［EB/OL］.（2022－02－24）［2022－10－28］.http://www.moe.gov.cn/s78/A10/tongzhi/202202/t20220225_602341.html.

三是提升职业教育教师培训的实效。研制职业学校教师培训学时学分管理办法,加快推进教师培训工作规范化建设。目前的教师培训仍然以讲座为主要方法。对教师而言,真正有效的培训方法是"做中学",围绕教师实际工作中的困惑来设计培训模块,把要培训的理论知识融入其中。运用"做中学"的方式进行培训,一方面能让教师获得新的能力,另一方面又帮助教师解决实际工作中遇到的问题,这种培训才能让教师真正成长。

3. 建设特色鲜明的示范培训基地

一是加强职教教师发展(培训)中心建设。依托现有教师联盟(组织)、国家级基地、"双高"计划建设单位,发挥职教高地和产教深度融合地区优势,支持分区分片成立职业院校教师发展联盟,带动各地教师发展中心的建设。落实校内教师定期到企业实践制度,支持企业技术骨干到学校从教,推进固定岗与流动岗相结合、校企互聘兼职的教师队伍建设改革。鼓励企业积极参与,推动教师紧盯行业企业开展科学研究、课程开发和实践教学,服务企业技术升级和产品研发。

二是打造高水平职业院校教师培训基地。结合新专业目录调整和国家战略重点领域、紧缺领域和优先发展产业领域相关专业,对现有各类国家级职业院校教师培养培训基地进行调整,定期轮转。培训基地的建设从"大超市"模式,转向按照专业大类的精品"专卖店",打造高水平职业院校教师培训基地,为各地在落实职业院校教师素质提高计划和省、市、县、校培训中提供更多选择和优质资源。

三是调整国家级职业院校校长培训基地布局。统筹考虑职业教育层次、地区经济产业和地域特点、职业教育发展情况,对承担职业院校校长培训任务的单位(机构)进行调整,遴选认定一批"十四五"期间国家级职业院校校长(书记)培训基地,展开梯次迭代培训。启动全国职业院校名校长(书记)培养培育计划,通过定期团队研修、项目研究、行动学习等方式,进行为期3年的分阶段培育。

(四)完善校企技能人才双向流动机制

高技能人才是职业教育教师队伍的重要组成部分。深化产教融合、校企合作,完善校企人员双向流动机制,打通高技能人才进入职业学校任教的通道,形成制度化职业院校教师企业实践机制,是打造高质量"双师型"教师队伍建设的关键举措。

1. 完善校企人员双向流动常态运行机制

校企人员"双向流动"常态运行机制包括协调机制、激励机制和评估机制。企业技术技能人才和职业院校教师之间的合理流动是一个极其复杂的过程,需要政府、行业企业和职业院校的相互合作与支持。首先,完善校企人员"双向流动"协调机制。一方面,政府需制定校企人员"双向流动"实施方案,明确政、企、校在人才流动过程中的权利和义务,形成校企人员"双向流动"长效机制,逐步实现校企人员"双向流动"程序化和规范化。另一方面,职业院校与行业企业根据实施方案,发布校企人员"双向流动"具体实施细则和流动要求,在教师和企业人才自愿原则下共同决定流动人选,落实人员流动全部定岗。

其次,完善校企人员"双向流动"激励机制。首先,明确校企流动人员的工作范围,适当减少流动人员的工作负担,降低人员流动成本,切实提高流动人员的理论知识和实践操作水平。其次,鼓励企业和职业院校将企业技术技能人才和教师在流入单位的工作成果纳入单位绩效考核和评估中,并将半年以上的流动经历作为人员职称晋升的必备条件,保证流动人员职业生涯发展的持续性。

第三,完善校企人员"双向流动"评估机制。企业技术技能人才和职业院校教师"双向流动"是深化校企合作的重要内容,职教教师进企业锻炼、企业高技能人才进学校兼职是职业教育发展的常态。因此,需要不断完善校企人员"双向流动"评估监管机制,并依据工作任务制定具体评估标准。同时,成立流动人员评估小组,定期对流动人员进行评估,并将评估结果计入流动人员的最终绩效考核。①

2. 打通高技能人才进入职业学校任教通道

一是放宽学历要求,拓宽教师来源渠道。首先,实施职业教育银龄讲学计划,吸引企业退休高技能人才到职业院校从教,发挥退休技术技能人才的

---

① 吕玉曼.校企人员"双向流动"的内涵、困境与实践路径[J].教育与职业,2021(24):28—33.

技能优势。其次,探索产业导师特聘制度,支持职业院校设立产业导师特聘岗位,聘请企业工程技术人员、高技能人才兼职到学校承担专业实践课程,开展教育教学工作。

二是完善企业高技能人才到校任教模式,建立兼职教师人才库及联系机制。职教教师队伍建设应重视教师的企业工作经历,并针对企业高技术技能人才建立配套制度机制和支持政策,为实践能力强的高技能人才流动到职业院校提供保障,打通企业高技术技能人才到校任教通道,建立兼职教师人才库及联系机制,保证职业院校招聘到符合专业发展的兼职教师。

三是加强校企合作,推动以用人机制为核心的校企人事制度改革。首先,科学合理任用流动人员,明确流动岗位的具体工作任务和工作职责,并根据流动人员的职业生涯发展需要合理安排具体岗位,保证每位流动人员都能做到人职匹配,深入参与流动岗位的具体工作。同时,成立专门的流动人员管理部门,对流动人员进行统一人事管理,改善校企流动人员无序和低层次流动困境,确保人员有序高效流动。总之,政府、企业、学校等利益相关方应通力合作,逐步建立"双向流动"常态运行机制,为实现人才合理高效流动创造条件。①

(五)提升职教教师信息化素养

一是制定职教教师数字化转型战略实施方案。以职业教育数字学习环境建设为基点,以提升职业院校教师数字素养为核心,以建设全国性的数字教育服务平台为保障,尽快制定职教教师数字化转型的战略实施方案,并启动建设一批国家级"双师型"名师(名匠)工作室和技艺技能传承创新平台,从国家层面整体推进我国职业教育数字化建设。

二是推动职教教师数字化学习平台建设。在国家职业教育智慧教育平台开辟教师学习研修板块,面向所有教师共享共用。每年组织职教国培基地、教师培养(发展)中心更新职教教师培训电子资源,确保国家职业教育智慧教育平台学习资源的时代性。建设服务于全民技术技能终身学习的技术技能培训在线课程平台、资格证书及"1+X"技能等级证书联合申请平台、区域技术技能人

---

① 吕玉曼.校企人员"双向流动"的内涵、困境与实践路径[J].教育与职业,2021(24):28—33.

才需求预测平台等。①

(六) 深化职教教师供给侧改革

深化职教教师供给侧改革,既需要做好国家顶层设计,也需要建立职教教师培养协调机制,还需要根据产业发展需求及时调整培养方向。具体而言,一是做好职教教师培养工作的顶层设计,通过政策引导、国家调控,引导培养大批服务重点产业发展的职教教师。二是建立职业教育工作协调机制,统筹协调全国职教教师培养工作。《职业教育法》明确规定,国务院教育行政部门负责职业教育工作的统筹规划、综合协调、宏观管理,国务院教育行政部门、人力资源和社会保障行政部门与其他有关部门在国务院规定的职责范围内,分别负责有关的职业教育工作。基于此,职教教师培养应建立国家统筹、高校为主、行业指导、校企合作、社会参与的培养机制。三是推进产教融合,根据我国社会经济发展与产业结构调整需求,及时调整职教教师培养的重点,与促进就业创业和推动发展方式转变、技术优化升级等整体部署、统筹实施。此外,要以打造高素质"双师型"职业教育教师为着力点,坚持实践探索和模式创新,推进体系完善和政策改革,特别是围绕职业教育教师发展标准、能力要求、培养机构、培训体系等方面,加大制度供给力度,为打造高质量职业教育教师队伍提供源源不断的制度动能。总而言之,要总结提炼我国职业教育教师队伍建设的制度经验,建立健全具有中国特色职教教师培养培训的制度体系,为世界职业教育教师队伍建设贡献中国智慧、提供中国方案。

---

① 欧娟,焦以璇.九三学社中央:尽快实施职业教育数字化战略[N/OL].(2020-03-04)[2022-10-28]. http://www.moe.gov.cn/jyb_xwfb/xw_zt/moe_357/jjyzt_2022/2022_zt01/lianghuishengyinjy/dangpai/202203/t20220310_605975.html.

第二部分

中国职业技术教育教师发展
　　政策分析

党的十八大以来，党和国家将职业教育发展提升到国家发展战略的层面，职业教育日益在服务现代经济社会、改善民生及促进就业方面扮演着重要角色。缘于此，我国职业技术教育教师发展更是波澜壮阔。回顾近十年来职业技术教育教师发展政策的理路与演进逻辑，对于深入认识中国需要发展一个什么样的职教师资队伍、中国应该怎样发展职业技术教师教育有着重要意义。

一、研究设计

研究设计（Research Design）是根据研究课题所设计的研究方案，是研究质量的保障。美国著名学者戴维·伊斯顿认为，政策是政治系统权威性决定的输出。① 中国职业技术教育教师发展政策是党和政府对职业技术教育教师发展的整体规划，为建设职业教育教学能力和专业实践能力的教师队伍指明方向，为优化专兼职教师队伍结构、大力提升职业院校"双师型"教师队伍建设水平，进而支撑职业教育改革发展提供政策支持。本部分聚焦于中国职业技术教育教师发展高度相关的政策和文件，时间跨度为2012—2022年，综合采用定量与定性相结合的方法，使研究成果既有量化研究的客观也有质性研究的微观，试图弥补以往中国职业技术教育教师发展理论在研究广度和深度上的不足，呈现中国职业技术教育教师发展政策丰富而立体的政策理路与演进逻辑。

---

① David Easton. The Political System: An Inquiry into the State of Political Science [M]. New York: Knopf, 1971:129—134.

（一）数据与方法

我们按照"政策检索与采集—政策筛选—政策分析"的基本步骤对政策文本进行研究。首先，课题组通过国务院官网、教育部官网等检索平台，以"教师""职业教育"作为内容检索自2012年以来所有中央、部委颁布的法规和公开文件，经仔细阅读、谨慎对比和筛选，排除不相关的会议通知等文件，下载了66份作为最初分析的样本。其次，课题组以"双师型教师""职教师资""职业学校教师""职业技术教师教育"为表征的关键词进行手动检索，并经过课题组集体讨论核验，确定了48份政策文件形成研究的最终样本（见附录）。最后，课题组运用词频分析、关键词检索等方法，对这48份政策文件中的政策目标、政策举措等内容进行了特征提取和关联分析，为系统梳理职业技术教育教师政策的理路和变迁逻辑提供思路。

（二）职业技术教育教师政策分析框架

政策分析通常有三种分析模式：麦考尔-韦伯分析模式、沃尔夫的分析模式及邓恩的分析模式，其中邓恩的政策分析模式涵盖面更为广泛，涉及政策分析方法、政策分析内容及政策分析形式三个方面。(1)政策分析方法，邓恩认为策分析基本上要解决三类问题：事实、价值、规范。由此产生了与之相关的经验方法、评价方法和规范方法，经验方法是描述政策的因果关系，评价方法主要是评价政策的价值，规范方法是对所要解决的问题提供引导性的方向。(2)政策分析内容至少包括五个方面：构建问题、描述政策、预测实施效果、评价政策价值、提供有价值的政策信息。在这个分析体系中，构建问题处于核心地位，政策分析不仅要注重以事实为根本，而且还要以价值为基础。(3)政策分析形式至少存在着预测分析、回溯分析和综合集成分析三种主要形式，预测分析涉及政策行为启动和执行之前信息的产生与转变过程；回溯分析主要是限于政策实施后信息的获取和转换上；综合集成分析则是一种全方位的分析形式。[①]

[①]〔美〕威廉·N. 邓恩.《公共政策分析导论》（第二版）[M].谢明，译.北京：中国人民大学出版社，2002.

合理的分析框架是政策分析的基础,虽然邓恩模式的分析框架为本研究的开展提供了重要的分析框架,但是职业教育发展体系不同于普通教育体系,其根植于经济和社会发展。诺贝尔经济学奖获得者 T. W. 舒尔茨曾经指出,传统经济理论中资本的概念仅包含生产资料和货币,而忽视了重要的生产要素——人的能力,难以对经济增长作出合理的解释,人力资本投资与人的经济价值不断提高之间存在着很强的关联,然而,两者之间的制度内涵却远未明确。① 参考邓恩的政策分析模式和舒尔茨人力资本理论,构建如下职业技术教育教师政策分析框架(见图2-1)。

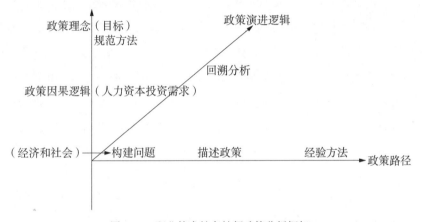

图 2-1 职业技术教育教师政策分析框架

从图2-1可以看出,职业技术教育教师政策分析框架的价值体系植根于经济和社会发展。经济社会学理论和政策分析学科实际上是对政府的选择行为进行系统探索。② 因此,本研究对职业技术教育教师政策的分析试图回答下述问题:职业技术教育教师发展问题是如何进入政策议题成为政策问题的? 职业技术教育教师发展政策问题的基本内容是什么? 职业技术教育教师发展政策方案的目标是什么? 政策是遵循什么理念设计的? 在职业技术教育教师发展政策实施中采取了哪些具体行动措施? 这些具体行动措施按照什么逻辑进行演进?

---

① T. W. 舒尔茨. 制度与人的经济价值的不断提高[C]//R. 科斯,A. 阿尔钦,等. 财产权利与制度变迁——产权学派与新制度学派译文集. 上海:上海人民出版社,1994:251.
② (美)J. 施蒂格利茨. 微观经济学[M]. 张军,等译. 北京:中国人民大学出版社,1997:10.

研究方案中提出的问题较为清晰地揭示了本研究以政府在职业技术教育教师政策上的选择行为为切入点的逻辑框架,以及以职业技术教育教师政策的最终效果和最终归宿为研究目的。与向全社会呼吁关注支持职业教育的情感方式相比,政策因素能够对职教师资规模和质量产生更加稳定的影响,也是国家力图将提升职业教育教师队伍质量从呼吁转向实践的重要举措。

(三) 职业技术教育教师政策分析要素

职业技术教育教师政策分析属于系统分析范畴,但是它主要是分析政府制定、实施与评价职教教师政策的分析,因而与一般系统分析相比,具有其自身的独特性。职业技术教育教师政策框架的要素包括:国培计划政策,即国家示范性培训项目;建设"双师型"队伍政策,即完善职教教师扎实的理论基础和较强的技术应用能力的"双重素质"结构;完善"双师型"教师培养培训体系政策,即改革教师资格和编制制度、改革职业院校用人制度、完善教师培养与培训制度;打造高素质专业化管理队伍政策,即建立分级培训机制,造就高素质专业化管理队伍。

二、中国职业技术教育教师发展政策文本分析

通过对2012—2022年职业技术教育教师发展政策频度、发布政策主体关系、核心要素和颁布年份进行梳理,尝试呈现中国职业技术教育教师发展政策的发展脉络与变化趋势。

(一) 政策频度与关键年度分析:阶段波动与重要节点

从梳理出来的中国职业技术教育教师发展政策年度分布情况来看,职业技术教育教师政策呈现如下特点。(1)政策发布时间具有重要年度节点的特征。通过对48份政策文本语料库的相似性聚类分析,发现2012—2022年职业技术教育教师发展政策有两个时间节点值得关注。第一,2019年,出台政策数量最

多(9份),约占总数的19%。其中,国务院印发的《国家职业教育改革实施方案》(简称"职教20条")开篇就确认了中国职业教育在整个教育体系中的类型身份,即:"职业教育与普通教育是两种不同教育类型,具有同等重要地位",实现了现代意义上职业教育150年历史中所追求的与普通教育平等地位的梦想。① 2019年是我国职业教育史上的重要节点,是职教改革元年,体现十九大后国家对职业教育的重视。"职教20条"是以习近平新时代中国特色社会主义思想为指导,认真贯彻落实党的十九大精神,对新时代职业教育进行了顶层设计的纲领性文件,职教教师肩负着培养技术技能人才的使命,中国职业技术教育教师发展政策要有新定位、新要求、新作为。为解答职业技术教育教师发展的困惑,深入推进"职教20条"中关于职教师资顶层设计的实施,教育部会同有关部门印发了《职业学校兼职教师管理办法》《职业院校教师企业实践规定》等文件,健全职教特色的教师管理制度、加强职业技术师范院校专业建设、开展"双师型"教师国家级培训、打造专兼结合的教师队伍及建设引领教学模式改革的教师创新团队等。教师创新团队的提出传递出这样的明确信号,即由强调个体"双素质"的"双师型"教师向结构化"双师型"团队转变。在此之后的相关职业技术教师教育政策文本中"结构化""教学创新团队"成为政策和研究的高频词。第二,2020年,教育部分别协同山东、甘肃、江西、江苏分别发布《关于整省推进提质培优建设职业教育创新发展高地的意见》《关于整省推进职业教育发展打造"技能甘肃"的意见》《关于整省推进职业教育综合改革提质创优的意见》《关于整体推进苏锡常都市圈职业教育改革创新打造高质量发展样板的实施意见》等省部共建政策,开启省部共建新实践。结合不同省份和城市圈职业教育的发展情况,这些政策体现出不同地域在职业技术教育教师发展方面的针对性和独特性。(2)政策数量总体上呈现波动性态势。教育部协同其他国家行政机构及省份于2020年出台相关职业技术教育教师发展政策6项,在统计频度中排在第三位,政策数量多于2012、2013、2014、2015、2016、2018年等,政策发文数量整体上呈现"下降—上升—下降—上升—下降"的波动性态势,并于2019年达到顶峰(见图2-2)。从政策发文频度和关键年度分析可以清楚地看到,近年来我国尤为重视职业技术教师教育,不仅在于职业技术教师教育是提升职业

---

① 姜大源.职业教育:类型与层次辨[J].中国职业技术教育,2008(1):1,34.

教育质量的核心要素,同时也充分说明了我国进入社会转型新时期,产业升级、创新驱动以及数字经济的发展要求职业学校培养出更高素质的技能人才,国家对职业教育的期待明显提高。

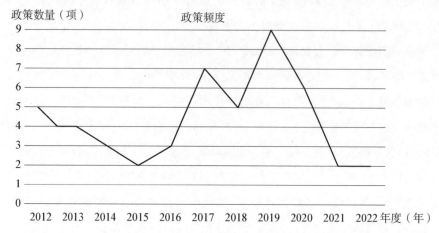

年度(年)	2012	2013	2014	2015	2016	2017	2018	2019	2020	2021	2022
政策数量(项)	5	4	3	2	3	7	5	9	6	2	2

图2-2 中国职业技术教育教师发展政策频度分析

由此可见,十八大以来,特别是国务院印发《国家职业教育改革实施方案》以来,教育部为贯彻落实国家政策,紧密配合经济社会发展的需要和技术技能人才培养的要求,联合国务院相关部门、部委、省级人民政府在建立健全分层分类的职教教师专业标准体系以及职教师资培养新体系方面进行探索、颁布和实施配套政策,在政策频度和关键年度上呈现阶段波动和重要关键年度节点的特征。

(二)政策发文机构分析:强权威与弱协作

政策发文机构,即政策的颁布部门。筛选出来的48项和职业技术教育教师发展紧密相关的政策文本,发文机构主要来自中共中央、国务院、国家发展改革委、教育部、国务院国资委、国家税务总局、国家乡村振兴局(国务院扶贫办)、财政部、工业和信息化部、人力资源和社会保障部、农业农村部、中央编办、山东省人民政府等多个政府机构,其中联合发文26项。教育部是联合发文的核心主体,与15个主体联合发文,其中,与财政部联合发文12次,与国家发展改革委联合发文9次,与人力资源和社会保障部联合发文8次,与工业和信息化部联合发文4次,分别与国家税务总局、农业农村部联合发文3次,分别与国家乡村振兴局(国务院扶贫办)、国务院国有资产监督管理委员会联合发文2次,与中央编办、退役军人部、国务院国资委、山东省人民政府、江苏省人民政府、甘肃省人民政府、江西省人民政府分别联合发文1次,单独发文16项。

从发文主体级别来看,既有国家最高权力机构中共中央、国务院,也有部委级发文主体,如教育部、工业和信息化部、人力资源和社会保障部、国家发展改革委、国家税务总局等,亦有中共中央、国务院下属机构,如中央编办、国家乡村振兴局(国务院扶贫办)、国务院国资委、国务院国有资产监督管理委员会,亦有部委下属机构,如教育部教师工作司、教育部办公厅、财政部办公厅等,亦涉及省政府,如山东人民政府、甘肃人民政府、江苏人民政府、江西人民政府。可见,职业教育既是国民教育体系的重要组成部分,又肩负着人力资源开发的重任,职业教育的跨界属性和类型特征需要各界的协同合作。因此,职业技术教师教育发展不能模仿普教的管理模式,成为普教"衍生品",其发展既离不开教育行政部门的直接领导,也离不开为职教师资建设提供经费支持、编制保障、区域政策扶持以及统筹职业院校、行业企业"两个主体"发展并行、改革并进的国家相关部门。正是在多部门多区域协同合作下,职业技术教师队伍建设才能在团队结构调整和模式创新等方面持续发展。但是,在深入对政策文本进行分析后发现,中共中央、国务院办公厅所颁布的政策大多侧重于宏观层面指导,为职业技术教师教育建设定基调,而各部委以及地方政府所颁布的政策大多是依据实践需要及自身职能,针对职业技术教师教育发展与改革所需而制定的具体措施。此外,虽然职业技术教师教育需要各主体协同治理,然而各主体在政策定位中角色不清晰,协作意识不强。也就是说,虽然发布机构在支持职业技术教师教育方面想力图凸显协同,但实质上操作层面的协同相对较弱。

(三)政策颁布文种分析:体例多样与约束力弱

本研究选取的国家层面2012—2022年之间职业技术教育教师发展相关政策涵盖诸多文种,对职教师资的培养培训、院校用人、教师资格和编制以及专业化管理队伍建设机制等具有很强的宏观指导意义。按照政策文件的约束力和指导性的不同,将这些政策进行分类:第一类是法规;第二类是条例;第三类是规定(暂行规定)、办法(细则);第四类是决定、命令、意见、方案;第五类是通知、公告。五种类型政策文种的约束力依次降低,而政策的指导性依次增强。

在2012—2022年中国职业技术教育教师发展政策中,约束效力最强的法律——《中华人民共和国职业教育法》于2022年4月20日由中华人民共和国第十三届全国人民代表大会常务委员会第三十四次会议修订通过,2022年5月1日开始实施;决定、命令、意见、方案类的政策最多,有24项,占到选取的相关职业技术教育教师发展政策总数的50%;其次是通知、公告类的政策文本,有14项,占比29%;再次是规定(暂行规定)、办法(细则)类政策,占比19%;法规类政策1项,占比2%。从政策文种的视角来看,在中国职业技术教育教师发展政策中,除2022年颁布的《中华人民共和国职业教育法》之外,政策的法律属性和层级不高,就法律效力而言,文件常用"意见""方案"等词汇来表述,说明法律权威性较低,约束力较弱,更倾向于指导性质,这就意味着具有较强约束力高阶位政策文种的不足,这在一定程度上影响了职业技术教育教师政策的效力、稳定性和连续性。

表2-1 中国职业技术教育教师政策文种

政策文种	法规	条例	规定(暂行规定)、办法(细则)	决定、命令、意见、方案	通知、公告
政策数量	1	0	9	24	14
占比	2%	0%	19%	50%	29%

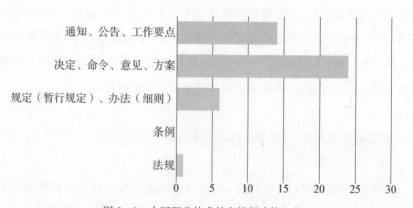

图2-3 中国职业技术教育教师政策文种

三、职业技术教育教师政策的发展过程

近十年,世界科技的发展态势呈现系统性、突破性、叠加式特点,各国社会转型对科学技术的应用性创新的依赖逐步加剧,我国作为世界近代科学革命和工业革命的主要参与者,在全面建设小康的"十四五"时期主动进行经济转型、产业结构调整。随着"一带一路""创新驱动"等重大战略的走深走实,在此背景下,为适应经济发展方式转变和产业结构调整,对提供高素质劳动者和技能型人才需求的职业教育得到国家的高度重视。

党的十九大以来,中共中央、国务院推出了一系列职业教育改革发展的重大举措,主要集中在《国家职业教育改革实施方案》《职业教育提质培优行动计划(2020—2023)》《关于推动现代职业教育高质量发展的意见》这三个文件,文件内在逻辑就是从深化改革到"提质培优",再到高质量发展,既相互衔接,又逐级递进,明确了"十四五"期间职业教育改革发展的政策框架。[①] 国家在推动职业教育高质量发展的同时,通过政策举措推动职业技术教育教师的高质量发展,在职业教育政策框架下,职业技术教育教师发展经过了体系构建、深化发展和法制化三个阶段的政策发展历程。

(一)"双师型"教育体系构建(2012—2015)

2012年,《国务院关于加强教师队伍建设的意见》指出,职业学校教师队伍建设要以"双师型"教师为重点,完善"双师型"教师培养培训体系,健全技能型人才到职业学校从教制。此后,职业技术教师教育的重点任务集中在"双师型"教师教育体系构建。同年,《教育部国家发展改革委财政部关于深化教师教育改革的意见》再次强调构建开放灵活的教师教育体系,依托现有资源,加强职业

[①] 司马屹杰. 教育部举行教育新春系列新闻发布会(第三场)[EB/OL]. (2022-8-30)[2022-7-18]. http://www.scio.gov.cn/xwfbh/gbwxwfbh/xwfbh/jyb/Document/1720728/1720728.htm.

学校教师培养培训基地建设,实行职业学校专业教师每2年不少于2个月的企业实践制度。随后,《教育部办公厅财政部办公厅关于做好2013年"国培计划"实施工作的通知》《职教师资本科专业培养标准、培养方案、核心课程和特色教材开发项目管理办法》《中等职业学校教师专业标准(试行)》《现代职业教育体系建设规划(2014—2020年)》《高等职业教育创新发展行动计划(2015—2018年)》等文件陆续出台,"双师型"教育体系已经初步构建,建立"双师型"职业教育师资培养基地、探索"学历教育+企业实训"的培养办法以完善教师培养制度,建立职业院校教师轮训制度以完善教师培训制度,探索教师资格标准、专业技术职务(职称)评聘办法以改革教师资格和编制制度,落实职业院校用人自主权以改革职业院校用人制度。随着各项制度的出台,较为完善的职业技术教师教育体系已基本形成,改善了职业技术教师教育的质量,促进了职业院校教师的专业化发展水平。

这个时期,国家充分调动行业、企业、学校的力量共建职业学校"双师型"教师培养培训体系,通过建立职业学校教师培养培训基地和教师实践制度确保"双师型"教师培养培训体系的有效实施。由于职业教育的跨界属性,教师培养培训基地和教师企业实践均需横向统筹高校、人社部、发改委、税务、财政等机构关系,纵向协调中央与地方关系。目前,从政策的执行来看,由于政府的监管不到位,治理机制不够健全,利益相关者主体协调度不够等,致使相关部门相互推诿。虽然地方政府能够按照惯例制定实施细则,但是在调研中发现实施细则常常流于形式,存在着没有根据当地实际情况照搬中央政策的现象。另外,对于企业而言,政策虽然发生从使用行政命令到使用利益激励的转变,但是政策内容往往比较模糊,没有清晰明确企业的责任权利,政策吸引力不足,措施可供操作性不强。对于学校而言,保障措施、评价方法不到位致使仅仅把考勤、企业实践证明作为考核依据,过程性考核的缺乏致使教师动力不足、积极性缺乏。

(二)职业技术教师教育体系深化发展(2016—2021)

2015年以来,职业技术教师教育政策目标轮廓日益清晰,内容举措日益丰富有力,逐步从前期培养职教师资"双师"素质明确为以打造"双师结构团队"为目标,政策内容聚焦在整体提升教师队伍"双师"素质。《国家中长期教育改革和发展规划纲要(2010—2020年)》明确提出"加强'双师型'教师队伍和实训基地建设"的十年发展规划①,2014年,《国务院关于加快发展现代职业教育的决定》明确提出"建设'双师型'教师队伍,落实教师企业实践制度,推进高水平学校和大中型企业共建'双师型'培养培训基地"②,2016年,教育部、财政部的《关于实施职业院校教师素质提高计划(2017—2020年)的意见》进一步明确了"双师型"教师队伍的画像:"师德高尚、素质优良、技艺精湛、结构合理、专兼结合的高素质专业化",系统规划"五年一周期的教师全员培训"的目标任务,首次提出"支持开展团队研修和协同创新"的"双师团队"概念③。2019年的《国家职业教育改革实施方案》是关于职业技术教师发展的非常重要的文件,启动了首批国家级职业教育教师教学创新团队的建设。为落实"双师结构"团队,先后印发了《全国职业院校教师教学创新团队建设方案》及"实施国家'工匠之师'创新团队境外培训计划",遴选职业教育教师教学创新团队,推进教师分工协作进行基于职业工作过程的模块化教学改革,学习借鉴德国"双元制"等国际职业教育先进经验并进行本土化改造,提高职业院校教师教育教学能力、实践操作技能和国际视野格局。

  该时期的政策文本,既有中共中央、国务院出台的宏观层面纲领性政策,如《关于深化教育体制机制改革的意见》《关于推动现代职业教育高质量发展的意见》《加快推进教育现代化实施方案(2018—2022年)》《关于全面深化新时代教师队伍建设改革的意见》等政策文本,亦有教育部、财政部、国家发展改革委、工业和信息化部等单独或者联合出台的细则性文件,如《全国职业院校教师教学创新团队建设方案》《高职扩招专项工作实施方案》《职业学校校企合作促进办法》《关于实施职业院校教师素质提高计划(2017—2020年)》《深化新时代职业教育"双师型"教师队伍建设改革实施方案》等政策文本。梳理这些政策发现,

---

① 国家中长期教育改革和发展规划纲要工作小组办公室. 国家中长期教育改革与发展规划纲要(2010—2020年)[EB/OL]. (2010-7-29)[2022-7-18]. http://www.moe.gov.cn/jyb_xwfb/s6052/moe_838/201008/t20100802_93704.html.
② 国务院国务院关于加快发展现代职业教育的决定[EB/OL]. (2014-5-2)[2022-7-18]. https://www.gov.cn/gongbao/contont/2014/content_2711415.htm.
③ 教育部,财政部. 教育部财政部关于实施职业院校教师素质提高计划(2017—2020年)的意见[EB/OL]. (2016-11-03)[2022-7-18]. http://www.gov.cn/srcsite/A10/s7011/201611/t20161115_288823.html.

中共中央和国务院首次针对教师队伍建设颁发文件,教育部、国家发展和改革委员会、财政部、人力资源和社会保障部首次针对"双师型"教师队伍建设联合颁发文件,这些充分体现了党和国家对职业技术教师教育前所未有的重视及体系深化发展的决心。但是,深入调研发现,由于政策一个接一个出台,具体到地方、学校,配套落实政策尚不完善,致使密集型职业技术教师教育政策成为空中楼阁。另外,在培训项目中,一方面是企业积极性不够,由于疫情影响,校企合作流于形式,教师的企业实践难以实现,线上效果难以保障;另一方面,培训以名家政策解读为主,实操性不够,难以对"双师型"教师产生实质性的提高。

(三) 职业技术教师教育体系法制化(2022—至今)

2022年月5月1日实施的《中华人民共和国职业教育法》是近26年来的首次修订,它不仅内容更丰富、体系更完备,更是理念和制度的创新,针对长期以来职业技术教师结构、素质及管理等困境,确立职业技术教师教育制度,支持地方设立职业技术教师培训基地、职业技术师范学院;支持企业参与职业技术教师教育培训;规定职业技术教师应具有相应工作经历或实践经验的准入门槛;鼓励企业管理和技术人员在职业学校以专职或者兼职形式参与职业学校技术工程及人才培养等工作。虽然《中华人民共和国职业教育法》的修订基本属于"好的理念、做法、成功经验"以法律的形式固定下来,但它把提高教学质量作为立法之本,建立健全"双师型"教师引进、培养、使用机制,明确政府的责任,把优化管理体制机制作为职业教育发展的基础①,是职业教育在依法建设上的深入探索。

简言之,从2012—2022年,职业技术教师教育发展经历了"双师型"教育体系构建、深化发展及法制化三个阶段。中职、高职专科、高职本科"双师型"教师分别占比为56%、59%、59%,首次突破50%。三个因素促使这一局面的形成:(1)市场经济的转型,现代化使中国社会、经济发生深刻转型和变迁,产业结构的升级需要高技能人才的供给,职业学校"双师型"教师质量直接关系到高技能型人才培养的质量;(2)从高速度发展到高质量发展的城镇化推动了职业技术

---

① 陈子季. 深入贯彻落实《职业教育法》依法推动职业教育高质量发展[J]. 中国职业技术教育,2022(16):5—12.

教师教育按照市场、产业需求发展;(3)一系列的鼓励政策,如建设"双师型"教师培养培训基地、鼓励企业参与职业技术教师培训、打造"双师结构团队"及落实企业实践制度等,促进职业技术教师教育发展。如果说"十三五"时期是"双师型"教师扩大规模时期,那"十四五"时期便进入提高质量的时期。建设中国特色现代职业教育体系是这一时期的重要任务,而高质量的职业技术教师教育则是其中的关键一环。

四、职业技术教育教师政策的发展理念与路径

职业教育发展质量取决于师资配置、硬件设施、保障措施及政策主体多主体协同机制。近年来,随着我国经济实力崛起和职业教育规模扩张,职业教育的硬件设计、保障措施及政策多主体协同越来越完善。三者对职业教育的促进效用较之以前有所降低,而职业教育作为人力资源开发的重要组成部分,职教师资的关键因素越来越凸显。经过十年探索,在职业教育政策的整体框架下,职业技术教育教师发展的政策目标、政策理念、政策举措发生了一定程度的变化,逐步形成更加完善的职业技术教育教师发展的政策体系。

(一) 政策目标指向"高素质'双师型教师'"

"建设一支什么样的职教师资队伍"是政策制定者的首要关切。为了回答这一问题,需回答发展"什么样的职业教育"。职业教育服务于经济社会发展,不同国家在不同历史阶段定位不同,国务院颁布的《国家职业教育改革实施方案》将职业教育目标定位为"新时代职业教育现代化水平,为社会提供优质人才资源"。因此,职教师资的队伍建设具有基础性、支撑职业教育改革发展的特点。十八大以来,职教师资建设大体经历了两个发展阶段。

第一阶段是建设一支专兼结合、数量足够、素质优良、结构合理、相对稳定的"双师型"教师队伍。进入21世纪,我国经济增长方式发生根本转变,国家发展职业教育的重点是中等职业教育,但是教师队伍数量与快速发展的职业教育

规模不相适应,总量不足和结构性短缺并存,生师比偏高,教育部分别在2001、2006年及2011年连续三次印发《加强中等职业学校教师队伍建设的意见》,《意见》明确指出,中高职教师专业课和实习指导教师数量不足是制约职业教育发展的瓶颈。为了扭转这一局面,教育部对职教师资,特别是中职教师能力素质提升作出重要部署,以期建立一支合格的职业技术教育教师队伍。2013年教育部分别颁发《职教师资本科专业培养标准、培养方案、核心课程和特色教材开发项目管理办法》和《中等职业学校教师专业标准(试行)》,提出"加强'双师型'职教师资培养为目标,支持全国重点建设职教师资培养培训基地,开发100个职教师资本科专业的培养标准、培养方案、核心课程和特色教材"的目标和要求。为了达成这一目标,"专业理论"和"职业实践"相结合的"双师型"教师成为这一阶段的重要议题,教育部在2013年颁发的《"国培计划"实施工作的通知》提出"进一步加大实践性培训比重,切实提高教师教学技能",是这一政策议题在"国培计划"中的具体体现和落实。2013年,在"专业理论"和"职业实践"的基础上,教育部多次在政策文件中提出"师德为先"的目标要求。与此同时,为了提高职教教师的素养,国家还重点强调了职教教师专业标准建设。

第二阶段是建设一支师德高尚、技术精湛、专兼结合、充满活力的高素质"双师型"教师队伍。在第四次工业革命的背景下,科技迭代加速发展,促使经济社会转型与产业升级,但是,普通教育扩招带来了"就业难"与企业"招人难"现象并存。十九大之后,国务院印发的《国家职业教育改革实施方案》(简称"职教20条")指出"职业教育与普通教育是两种不同类型",职业教育格局发生剧烈变化。我国职业教育进入新阶段,职业技术教师队伍建设有了更高的要求。2010年《国家中长期教育改革和发展规划纲要(2010—2020年)》制定了"到2020年,形成适应经济发展方式转变和产业结构调整要求协调发展的现代职业教育体系"的战略目标。为了支撑这一战略目标,国家把"提升职业教育质量"作为职业教育改革发展的核心任务,并在2019年教育部等四部门印发的《深化新时代职业教育"双师型"教师队伍建设改革实施方案》中提出:"经过5—10年时间,基本建成一支师德高尚、技艺精湛、专兼结合、充满活力的高素质'双师型'教师队伍。"同年,国家政策在"双师型"教师标准、数量、结构方面提出要求,教育部财政部《关于实施中国特色高水平高职学校和专业建设计划的意见》提出"以'四有'标准打造数量充足、专兼结合、结构合理的高水平双师队伍"。此后,职业技术教师队伍建设得到空前关注,国家又在 2020 年的《职业教育提质培优行动计划(2020—2023 年)》中提出"实施新一周期全国职业院校教师素质提高计划,2023 年,专业教师中'双师型'教师占比超过 50%,遴选一批国家'万人计划'教学名师、360 个国家级教师教学创新团队",再一次对职业技术教师队伍质量提升建设进行了三年规划,完成了职业技术教师队伍建设目标的有序衔接。至此,我国职业技术教师队伍进入了高质量发展的新阶段。

表 2-2 政策目标(部门重要文件)

年份	文件	目标
2011	《关于加强中等职业学校教师队伍建设的意见》	建设一支专兼结合、数量足够、素质优良、结构合理、相对稳定的职业教育教师队伍
2013	《职教师资本科专业培养标准、培养方案、核心课程和特色教材开发项目管理办法》	以加强"双师型"职教师资培养为目标,突出职业学校对专业师资的能力要求
2019	《深化新时代职业教育"双师型"教师队伍建设改革实施方案》	经过 5—10 年时间,基本建成一支师德高尚、技艺精湛、专兼结合、充满活力的高素质"双师型"教师队伍
2019	《关于实施中国特色高水平高职学校和专业建设计划的意见》	以"四有"标准打造数量充足、专兼结合、结构合理的高水平双师队伍。

(二) 政策理念凸显"三性融合"和"理实一体"

长期以来,无论家长、学生,还是社会大众,都很难跳出职业教育被视为"断头教育""吸引力欠缺"的"低层次教育"的固化歧视和重重链锁,以至于社会陷入"考试—升学—文凭—找工作难"框架下的内卷的窠臼。然而,现代经济发展和产业升级所需的人力资本的各项技能是公共政策的核心要素,职业教育促进了人力资本各项技能的形成。这就意味着,在回答"如何建设职业技术教师队伍"时必然涉及教师所培养的人力资本的各项技能。伴随职业院校的迅速发展,文化理论知识基础较为扎实而专业实践技能和动手能力薄弱,尤其是大量从普通学校转岗构成的师资队伍成为制约职业院校发展的突出障碍。① 如何在

---

① 郭静."双师型"教师政策分析:文本、执行与展望[J].职教论坛,2018(2):64—69.

政策设计时充分考虑教育教学能力、专业实践能力、职业能力这三者的关系将直接决定教师素质的高低。我国职业技术教师队伍建设政策坚持教育性、职业性、专业性的"三性融合"和理论与实践一体化的"理实一体"理念,其实现方式通常包括以下两种类型。

第一,建设"校企实践平台",锤炼"专业实践性"。2017年,国务院发文,决定推动职业学校、应用型本科高校与大中型企业合作建设"双师型"教师培养培训基地。① 政策实施至今,国家已遴选了101家全国职业教育教师企业实践基地,主要承担职业院校、应用型本科高校教师国家级培训任务,接纳教师定期到企业进行工程技术实践、专业技能实训,与合作院校互派人员交流兼职、开展产教研发合作等。② 与此同时,随着1000个面向产业升级、转型及先进制造业国家级"双师型"名师工作和1000个国家级教师技艺技能传承创新平台建设政策的组合叠加,已经基本形成了依托实践平台把企业实践技能转化为教学内容以及"名师工作室"的"传帮带"作用的格局。针对上海近五年来参加企业实践的专任教师的调查显示:通过实践平台,92%的专任教师了解了企业最新生产工艺、岗位技能和职业标准,学习了所教专业面向岗位的新知识、新技能、新工艺、新方法;82%的教师认为企业实践促进了教师的专业成长、改进了课题教学。③ "双师型"教师校企培训基地实践平台的打造,打破了产业的专业壁垒,职业技术教师队伍的专业技能明显改善,提高了教师的专业胜任力,促进了教师个体的专业化发展。

第二,完善职业技术教师标准体系,凸显"教育性、专业性、职业性"。职业技术教师标准体系是确保职业教育"双师型"教师的前提和基础。长期以来,一部分职业学院为了弥补教师缺口在招聘教师时只对学历提出要求,并未对专业方面提出要求。自2019年起,国家推进以"双素质"为导向的新教师准入制度改革,完善职业教育教师资格考试制度,在国家教师资格考试中,强化专业教学

---

① 国务院办公厅.国务院办公厅关于深化产教融合的若干意见(国办发〔2017〕95号)[EB/OL].(2017-12-19)[2022-7-28]http://www.gov.cn/zhengce/content/2017-12/19/content_5248564.html.
② 教育部等四部门.深化新时代职业教育"双师型"教师队伍建设改革实施方案[EB/OL].(2019-09-23)[2019-10-09].http://www.moe.gov.cn/srcsite/A10/s7034/201910/t20191016_403867.html.
③ 胡秀锦.中职教师企业实践政策执行效果分析——基于上海的典型调查[J].职教论坛,2020(4):70—77.

和实践要求，按照专业大类（类）制定考试大纲、建设试题库、开展笔试和结构化面试。同时，2021年教育部、财政部在《关于实施职业院校教师素质提高计划（2021—2025）的通知》中明确要求把职业标准、专业教学标准、职业技能等级证书标准、行业企业先进技术等纳入教师培训必修模块。在新教师准入方面，目前中等职业学校和高等职业院校都严格按照"职教师资12条"的要求"不再从未具备3年以上行业企业工作经历的应届毕业生中招聘"。职业技术教师标准体系的政策从源头上提出职业学校教师所必须具备的"职业标准""专业教学标准""职业技能"等要求，有效引领了职业技术教师的专业发展，规范了职业技术教师的教学行为。

第三，实施教师教育专业认证，提高职业技术教师教育质量。院校开设的职业技术教师教育专业是培养职教师资队伍的关键环节，是职业学校教师专业素质的源头。《国务院关于印发国家职业教育改革实施方案的通知》中明确指出："加强职业技术师范院校建设，优化结构布局，引导一批高水平工科学校举办职业技术师范教育。"[1]按照国家政策的要求，优化结构布局，一方面，要构建以职业技术师范院校为主体的培养培训体系，提升职业技术师范教育质量；另一方面，要适应现代社会转型和技术变革的需要，支持高水平工科大学举办职业技术师范教育，形成产教融合的多元培养培训格局，办好一批一流职业技术师范院校和一流职业技术师范专业。一流职业技术师范院校和一流职业技术师范专业的教师教育是高素质职教师资队伍活的源头，其人才培养培训水平直接决定着职业院校师资队伍的建设。按照教育部教师工作司2019年10月印发的《职业技术师范教育专业认证标准》对职业技术教师教育专业进行认证，其主要目的是提高职业技术教师教育专业准入门槛，规范学校或学院的办学行为。三级认证制度的实施，进一步检测了院校的办学行为、打造了合格专业、树立了专业质量标杆，使职业技术教师教育类毕业生具备专业知识能力、专业实践能力、教学能力及沟通合作能力，使其能够学会教学、学会育人、学会发展，推动了职业技术类专业人才的培养质量。

---

[1] 国务院.国务院关于印发国家职业教育改革实施方案的通知[EB/OL].(2019-02-13)[2022-7-30]. http://www.gov.cn/zhengce/content/2019-02/13/content_5365341.htm.

(三) 政策举措注重系统的"多主体协同"

"如何构建实现政策目标的举措"是政策体系框架建设的落脚点,十八大以后,按照"加快构建高质量现代职业教育体系"的政策思维,因职业教育的跨界属性,教育部门联合其他相关主体出台了诸多职业技术教师教育相关政策。例如,2019年,相关部门按照多主体协同的系统性政策思维逻辑颁布了《教育部等四部门关于印发深化新时代职业教育"双师型"教师队伍建设改革实施方案的通知》等政策文件。

系统的"多主体协同"的政策举措能够有效关联职业技术教师队伍建设的政策目标和保障措施,为协同系统地推进职教师资队伍建设提供了有力的保障。例如,为了确保职教师资跨界协同培养的效果,相关政策明确要求加强组织领导,建立工作联动机制,解决职教师资建设中遇到的重大问题。为了确保职教师资队伍的企业实践质量,相关政策要求深化"放管服"改革,增强学校、企业等主体的积极性和主动性,引导职业院校教师积极参与。为了确保职教师资队伍的吸引力,教育部与国家发展改革委、财政部、人力资源社会保障部等主体联合发布政策文件,将职教师资队伍建设和职业技术教师教育类专业作为财政支持的重点投入项目,鼓励各个区域依据自身经济发展实际情况,适时提高职业技术师范专业生均拨款标准。

五、中国职业技术教育教师政策的演进逻辑

根据世界银行的界定,教师政策包括教师培养补充政策、任职资格政策、教师聘任政策、岗位管理政策、专业发展政策、待遇保障政策、退休政策、教师评价政策、教师权利政策等。① 参照此界定,发现近十年中国职业技术教育教师政策

---

① 李廷洲,吴晶,王秋华. 改革开放40年我国教师政策的变迁历程、主要特征与发展前瞻——基于政策工具理论视角的文本计量研究[J]. 清华大学教育研究,2019(1):103—110.

形成了培养培训从注重"规模"到"规模与质量"并重,任职资格从参照普通教育模式到更加鲜明的类型教育,执行主体从"自上而下"单一化到"上下结合"多主体协同,评价考核从"单一主体"完善为"多元参与",教师权利从注重"社会价值"走向"社会价值"与"个人价值"并重,实施对象从"普适性"到"针对性和独特性"。

(一)培养培训:从注重"规模"到"规模与质量"并重

相对于高等教育体系,职业教育体系于21世纪才初步形成,"十四五"时期,国家将建设高质量教育体系作为战略目标,职业教育是短板,职业技术教育教师质量更是关键。占据高等教育"半壁江山"的职业教育规模发展迅速,如今职业学校招生数量比21世纪初翻一番,但是支撑这"半壁江山"的基石——职教师资数量却依然保持在上世纪末水平,而且专业知识和教学实践能力难以与时代发展相适应。跨入新世纪,教育部分别在"十一五""十二五"期间连续印发《加强中等职业学校教师队伍建设的意见》,指出中等职业学校教师队伍要进一步扩大规模、优化结构、提高素质,加快解决生师比过高、"双师型"教师和兼职教师比例偏低、教师实践教学能力不足的问题。① 2016年,中等职业教育生师比基本达到学校设置的20∶1标准水平,教师数量不足的问题有了明显的好转。② 在习近平总书记对职业教育工作做出重要指示,强调在加快构建现代职业教育体系的时代背景下,由规模向规模和质量并重转变是职业技术教师教育必须面对的现实问题。《国家职业教育改革实施方案》提出的"完善教育教学相关标准""多措并举打造'双师型'教师队伍"都指向职教师资队伍建设的"质量"。追求"规模与质量"并重将是我国职业技术教师队伍建设需要长期坚持的目标。

第一,培养重点:从"中等为主"到"中高本并重"。产业经济的发展升级对职业教育的影响不可小觑,产业技术的不断升级转型,带动职业教育不断改变

---

① 中华人民共和国教育部.教育部关于"十二五"期间加强中等职业学校教师队伍建设的意见[EB/OL].(2011-12-24)[2022-8-14]. http://www.moe.gov.cn/srcsite/A07/moe_950/201112/t20111224_129045.html.
② 李新发.中等职业教育教师培养调查分析与建议——基于全国职教师资培养培训基地2012—2015年数据[J].职教论坛,2018(4):79—87.

发展重点，同时也影响着职业技术教师教育的发展重心。2017年第一产业吸纳的劳动力人口的比例为26.98%，而1978年时高达70.53%。但在1994年，第二产业的劳动力吸纳率被第三产业超越，第三产业的劳动力吸纳率从2012年达到峰值后开始下降，到2017年时其劳动力的吸纳率降到了28.11%，几乎接近第一产业同期劳动力吸纳率26.98%。① 这说明产业开始升级，需要更多高技能人才，职业教育体系升级和结构调整势在必行，正从"中等为主"到"中高本并重"。2014年，《国务院关于加快发展现代职业教育的决定》指出，总体保持中等职业学校和普通高中招生规模大体相当，高等职业教育规模占高等教育的一半以上，到2020年，接受本科层次职业教育的学生达到一定规模，总体教育结构更加合理。同样，职业技术教师教育的发展重点亦由中职教师向高职教师建设过渡。2019年，《高职扩招专项工作实施方案》强调，加强高职院校教师队伍建设，通过资源整合挖潜一批、专项培训培育一批、校企合作解决一批、"银龄讲学"补充一批、社会力量兼职一批，加快补充急需的专业教师。

第二，培养标准：从"双师型教师个体"到"双师结构化团队"。虽然我国"双师型"教师队伍建设历经30余年探索，但是政策和理论研究对"双师型"的表述是建立在个体教师"双重能力"培养上，一定程度上固化和封闭了职业学校办学的范畴。2019年，国务院发布《国家职业教育改革实施方案》（简称"职教20条"），提出分专业建设一批国家级职业教育教师教学创新团队，传递出高职院校"双师型"教师队伍建设从教师个体"双师素质"向结构化"双师型"教师团队转变的强烈信号。在此之后的政策文本语料库中"双师教学创新团队""双师结构化教学团队"成为政策高频词。为了示范引领高素质"双师型"教师队伍建设，教育部印发了《全国职业院校教师教学创新团队建设方案》，遴选公布了首批122家国家级职业教育教师教学创新团队，推进教师分工协作进行基于职业工作过程的模块化教学改革。此外，教育部还组织开展国家"工匠之师"创新团队国外培训，联合科技部实施国家"工匠之师"创新团队境外培训计划，分批次选派创新团队教师成建制地出国进修，学习借鉴德国"双元制"等国际职业教育先进经验并进行本土化改造，提高职业院校教师教育教学能力、实践操作技能

---

① 国家统计局.中华人民共和国国家统计局年度数据[EB/OL].(2019-11-14)[2022-8-14]. http://data.stats.gov.cn/easyquery.htm?cn=C01.

和国际视野格局。

第三,培养形态:从"师范教育"到"教师教育"。"教师教育"是个舶来词汇,我国借鉴国际教师培养培训经历师范学校、教师学院、教师教育大学化三个阶段。① 在 21 世纪初颁发的"十五"期间教育改革与发展相关文件中将"教师教育"界定为"在终身教育思想指导下,按照教师专业发展的不同阶段,对教师的职前培养、入职教育和在职培训的统称"。② 自此,无论是在理论话语体系、实践话语体系,还是政策话语体系中,"师范教育"逐步从教师培养的教育形态逐步演化为教师职前教育。③ 在"师范教育"向"教师教育"过渡中,逐步形成教师专业化和教师专业发展为核心的理念。④ "双师型"教师队伍建设的关键是发展职业技术教师教育,按照新的政策规定,重点提升"双师"素养,针对职教师资队伍依然存在着企业实践经历和教师教育不足的实际情况,探索建立教育见习制度和企业实践制度,多措并举加强"双师型"教师培养培训,建成一支师德高尚、技艺精湛、专兼结合、充满活力的高素质"双师型"教师队伍。

第四,师德建设:从"职业要求"上升到"常态化"。2014 年,《现代职业教育体系建设规划(2014—2020 年)》指出,加强职业教育教师队伍师德建设,增强教师从事职业教育的荣誉感和责任感。随着时代发展,社会对教师的道德修养提出了更高的要求。2018 年,《教育部等五部门关于印发教师教育振兴行动计划(2018—2022 年)的通知》提出,落实师德教育新要求,增强师德教育实效性,细化落实到教师教育课程,将师德教育贯穿教师教育全过程。此后,"师德建设""师德教育"成为各类教师建设政策文件的高频词。2020 年,《教育部等九部门关于印发职业教育提质培优行动计划(2020—2023 年)的通知》要求改革思政课教师考核办法,将政治素质作为教师考核第一标准。2020 年,中共中央、国务院印发《深化新时代教育评价改革总体方案》把师德表现作为教师业绩考核、职称评聘、评优奖励首要要求。2021 年,《教育部财政部关于实施职业院校教师素质

---

① 郭志明.学术课程与专业课程的较量与融合——20 世纪美国教师教育课程改革的历史逻辑[J].教师教育研究,2019(4):111—115.
② 中华人民共和国教育部.教育部关于"十五"期间教师教育改革与发展的意见[EB/OL].(2002-03-01)[2022-7-16].http://www.moe.gov.cn/srcsite/A10/s7058/200203/t20020301_162696.html.
③ 陆道坤.再论"师范教育"与"教师教育"——基于 120 余年中国教师养成史的考察[J].教师教育研究,2019(6):86—91.
④ 钟秉林.大学的走向[M].北京:商务印书馆,2015:311.

提高计划(2021—2025年)的通知》提出,推进理想信念教育常态化,将思想政治和师德师风纳入教师培训必修内容。

第五,教师信息化能力:从"信息应用能力"上升至"信息素养"。《现代职业教育体系建设规划(2014—2020年)》指出,加强对教师信息技术应用能力的培训,将其作为教师评聘考核的重要标准。2015年,教育部编制的《高等职业教育创新发展行动计划(2015—2018年)》提出,将信息技术应用能力作为教师评聘考核的重要依据。随着信息时代的迅猛发展,全球信息化不仅要求职业技术教师具备信息应用能力,还需要敏锐捕捉信息、果断筛选信息、准确评估信息、自如交流信息及独创性应用信息的基本能力,这些基本能力统称信息素养。可见,信息素养比信息应用能力具有更为丰富的涵义。2019年,教育部、财政部《关于实施中国特色高水平高职学校和专业建设计划的意见》采用信息产业协会主席保罗·泽考斯基提出的信息素养理念,明确指出,提升师生信息素养,建设智慧课堂和虚拟工厂,广泛应用线上线下混合教学,促进自主、泛在、个性化学习。为了全面有效地将职教师资信息素养融入教学,国家不断调整政策,选择适合职教师资信息素养和教育教学融合创新发展的政策路径。2021年,《教育部财政部关于实施职业院校教师素质提高计划(2021—2025年)的通知》提出,全面提升教师信息化教学能力、教材开发能力,促进信息技术与教育教学融合创新发展。随着相关政策出台,职教师资的信息素养以及与教育教学融合创新能力得到显著提升。

(二) 任职资格:从参照普通教育模式到更加鲜明的类型教育

自1995年12月开始实行以来,教师资格证成为教师入职的必要条件。但是一直以来,中等职业学校教师准入只对学历提出要求,并没有专业方面的要求。相对于普通中小学的体量而言,中等职业学校体量小,专业目录现有367个专业,即使按照大类计算,也有18个大类,远超普通中学的13个学科。由于专业繁多和个别学科招收教师较少等原因,一直难以形成国家职业教育教师考试标准,部分职业学校教师资格考试形式和内容参照或采用普通中学形式和内容。《国家职业教育改革实施方案》明确提出:实施教师和校长专业标准,提升职业院校教学管理和教学实践能力。为此,自2019年起,除持有相关领域职业技能等级证书的毕业生外,职业学校、应用型本科高校相关专业教师原则上从具有3年以上企业工作经历并具有高职以上学历的人员中公开招聘。自2020年起,除"双师型"职业技术师范专业毕业生外,基本不再从未具备3年以上行业企业工作经历的应届毕业生中招聘,特殊高技能人才可适当放宽学历要求。从事职业教育的教师不同于普通的教师,在教学实践能力方面有着类型教育的特殊性,需要同时具备理论教学和实践教学能力。因此,国家深化以"双师素质"为导向的职业教师标准体系改革,适当放宽学历要求,探索注重企业实践经历和专业技术技能的职业教师标准体系,教育部分别在2013、2015年颁布《中等职业学校教师专业标准(试行)》《中等职业学校校长专业标准》,引领和规范了教师和校长的专业发展、教学行为及治理能力。

(三) 评价考核:从"单一主体"完善为"多元参与"

2012年,《教育部国家发展改革委财政部关于深化教师教育改革的意见》指出,开展师范类专业认证及评估工作,建立高校教师教育自我评估制度。此后,在各类政策文件中,体现自我评估制度的单独评审和分类评价被强调。2015年,教育部编制了《高等职业教育创新发展行动计划(2015—2018年)》,鼓励有条件的地方可以对职称评聘和工作绩效单独评审,并推动教师分类管理、分类评价的人事管理制度改革。该政策随后在各地展开,取得了较为良好的效果,但是为了客观、公平,评价考核向过程性评价、社会评价以及多元评价转变开始被强调。2019年,《教育部等四部门关于印发深化新时代职业教育"双师型"教师队伍建设改革实施方案的通知》要求,建立职业院校、行业企业、培训评价组织多元参与的"双师型"教师评价考核体系。2021年,中共中央、国务院印发的《深化新时代教育评价改革总体方案》指出,健全"双师型"教师认定、聘用、考核等评价标准,突出实践技能水平和专业教学能力。同年,《教育部财政部关于实施职业院校教师素质提高计划(2021—2025年)的通知》要求,成立职业院校教师培训专家工作组,定期组织开展质量监测、视导调研和跟踪问效。随着各项政策的出台,多元参与的过程性评价已基本形成,使得职业技术教师队伍的评价考核得以过程化、细化、量化及科学化。

（四）教师权利：从注重"社会价值"走向"社会价值"与"个人价值"并重

2009年，联合国教科文组织总干事在《关于教科文组织职业技术教育与培训(TVET)战略草案的报告》中指出："在目前的宏观经济和金融形势下，对职业技术教育与培训的投资未尝不是一个加速经济复苏和使之得以持续的措施。"①同样，我国也不例外，2018年，中共中央、国务院《关于全面深化新时代教师队伍建设改革的意见》指出，坚持兴国必先强师，教师是教育发展的第一资源，是国家富强、民族振兴、人民幸福的重要基石。近两年，政策在满足兴国需要的同时兼顾教师群体和教师个体的需要，体现了"社会价值"和"个人价值"并重，"以人为本"正在成为职业技术教师教育政策的价值引导，它要求教师培训的目标、内容以及培训形式等都要考虑到参培教师的切身需要。② 例如，职业技术教师教育政策话语体系更多地出现"提高职业院校和各类办学主体的积极性、主动性，引导广大教师积极参与"这样"以人为本"的价值导向。

（五）执行主体：从"自上而下"单一化到"上下结合"多主体协同

梳理中国职业技术教师教育政策文件发现：随着职业教育治理模式从"政府—学校"二元格局向"政府—学校—市场"多元格局转变③，职业技术教师教育政策逐步由"自上而下"的"政府—学校"执行路径演进为"上下结合"的跨领域、跨机构、多层次、多主体协同执行的综合性政策议题，具有显著的"系统多元""跨界协同"属性。职业技术教师教育政策执行主体也不再只是教育部开展职教师资队伍建设工作的主要领导单位和实际执行机构的单一化模式，而是由教育部牵头，其他政府机构协助支持，发展为多机构联动协同，特别是2020年颁发的《职业教育提质培优行动计划（2020—2023年）》由教育部、国家发展改革委、工业和

---

① 联合国教科文组织.职业技术教育与培训(TVET)战略草案(2016—2021年)[R].巴黎：联合国教科文组织,2009-3-13.
② 翁伟斌.教师培训走向何方——对教师培训的审视[J].上海师范大学学报(哲学社会科学版),2020(3):73—82.
③ 郝永贞."双师型"教师政策执行困境与突破——基于政策网络视角[J].职教论坛,2022(2):83—89.

信息化部、财政部、人力资源社会保障部、农业农村部、国务院国资委、国家税务总局、国家乡村振兴局(国务院扶贫办)九个国家部门联合印发就是印证,其中位于核心层的政策执行主体是以中央政府和教育部、财政部、国家发展改革委、人力资源和社会保障部等相关职能机构为主导;次核心层的政策主体是以工业和信息化部、国家税务总局、国家乡村振兴局(国务院扶贫办)、农业部为中心的国家职能部门;外层政策执行主体是自2020年由政府机构向外延伸至省人民政府层面。多元行动主体之间相互协同,形成职业技术教师教育政策执行主体系,影响着政策的执行成效和目标达成。

(六) 政策实施对象:从"普适性"到"针对性和独特性"

2020年,教育部、山东省人民政府发布《关于整省推进提质培优建设职业教育创新发展高地的意见》,开启了部省共建职教高地的新实践。截至目前,教育部先后与山东、江西、甘肃、河南等7个省份,江苏"苏锡常"、浙江"温台"、广东深圳等城市发布共建职教高地政策。结合不同省份和城市职业教育发展改革的特点,这些政策文本内容表现出高职院校"双师型"教师队伍建设的针对性和独特性。

六、中国职业技术教育教师政策的未来趋势

(一) 树立中国特色专业化、开放性、专业技能及团队合作理念

2012年以来,适应社会、经济转型对新型职业技术人才的需求,我国职教师资队伍规模从小到大,在政策和实践中从边缘走向中心,取得了快速的发展,日益在师资队伍体系中扮演着主流角色,那么,职业技术教师教育政策在从边缘走向中心的过程中需要新的理念作为政策的支撑。建设有中国特色教师教育体系于2002年提出①,尽管职业技术教师教育政策和实践取得了前所未有的成

---

① 江泽民. 在庆祝北京师范大学建校一百周年大会上的讲话[J]. 中国高等教育,2002(18):3—4.

就,但是存在的问题不容忽视,其中最根本的是职业技术教师教育政策理念问题依然存在着按照以往模式来制定职业技术教师教育政策的痕迹,不解决职业技术教师教育政策理念问题,就难以巩固取得的成就,难以保障职业技术教师队伍的高质量持续发展。我们认为职业技术教师教育政策应当树立专业化、开放化、适应科技发展的专业技能和团队合作理念。首先,"双师型"教师的专业化是职业技术教师教育政策不可缺少的基础理念。职业学校教师的专业化意味着教师要经过严格而又持续不断的教育,才能获得并维持其教学与研究所需的专业知识和专业技能。"严格"意味着专业的"双师型"教师的培养和培训,"持续不断"意味着职业技术教师教育要从职前培养向职后培训、学历教育向非学历教育转变的高质量发展。其次,树立开放性的职业技术教师教育理念。联合国教科文组织(United Nations Educational, Scientific and Cultural Organization,简称 UNESCO)一直重视职业教育的跨学科性和多文化性,1974 年的《技术和职业教育建议书(修订版)》中特别强调外语学习中的沟通技能和掌握科技词汇。① 而 2001 年的《技术和职业教育建议书(修订版)》则在此基础上增加了"为国际就业和适应多元文化的工作环境做准备"②,这与中国特色的职业技术教育体系与世界一体化进程开放性是紧密相连的。此外,从国际职业技术教师教育的趋势来看,发达国家已经开始探索开放式的职业技术教师教育模式,职业技术教师教育不再由专门的机构垄断,这样会使职业技术教师教育因为垄断而失去竞争力,开放职业技术教师教育政策建立竞争机制,吸引更多的职业技术教师教育机构加入。最后,树立适应科技发展的专业技能和团队合作理念。在1962 年的《技术和职业教育建议书》和 1989 年的《技术和职业教育公约》中,联合国教科文组织都特别指出职业技术教育必须适应科技的发展。③ 专业技能是职业教育的关键因素,科技越发展,专业分工越细,越需要专业技能和团结合作。正如亚当·斯密所言:"劳动生产力上最大的增进,以及运用劳动时所表现

---

① UNESCO. Revised Recommendation Concerning Technical and Vocational Education [C]// Records of the General Conference of UNESCO, Eighteenth Session, Resolutions. Paris: United Nations Educational, Scientific and Cultural Organization, 1974:154-161.
② UNESCO. Normative Instruments Concerning Technical and Vocational Education [R]. Paris: United Nations Educational, Scientific and Cultural Organization, 2004:7-44.
③ 滕珺,李敏谊.联合国教科文组织职业技术教育政策的话语演变——基于 NVivo 的文本分析[J].教育研究,2013(1):139—147.

的更大的熟练技巧和判断力,似乎都是分工的结果。"①涂尔干更是指出:"事实上,分工所产生的道德影响,要比它的经济作用显得更重要些,在两人或多人之间建立一种团结感,才是它真正的功能。"②未来,中国特色的职业技术教师教育政策理念不仅根据自己的国情,有自身的特色,还需与国际潮流相一致,树立专业化、开放性及适应科技发展的专业技能和团队合作的理念。

(二) 分层分类优化职业技术教师专业标准体系

教育部分别在2013、2015年出台《中等职业学校教师专业标准(试行)》《中等职业学校校长专业标准》,这两个标准有效地引领了教师和校长的专业发展,规范了教师教学行为,提升了校长治校能力。③ 但是作为培养技能人才的职教师资有其自身特色,建立"双师型"教师队伍是职业技术教师队伍区别其他类型教师队伍的显著标志。2019年,教育部等四部门出台的《深化新时代职业教育"双师型"教师队伍建设改革实施方案》明确提出,"推动各地结合实际,制定'双师型'教师认定标准,将体现技能水平和专业教学能力的双师素质纳入教师考核评价体系"。④ 但是在实际的职教师资管理过程中,国家层面于2022年10月25日颁布权威规范的"双师型"教师标准体系《教育部办公厅关于做好职业教育"双师型"教师认定工作的通知》,解决了区域之间甚至学校之间对"双师型"教师的认定标准和程序各自为政,不同学校、不同地区对"双师型"教师认定五花八门,标准各异、认定各异,在实践中存在"双证书"制、"双职称"制、"双身份"制和"双经历"制等不一致的现象⑤;解决了参差不齐的标准不利于职教师资队伍高质量发展的问题,即有的职业学院将有半年企业实践经历的

---

① [英]亚当·斯密.国家财富的性质和原因的研究(上)[M].郭大力,王亚南,译.北京:商务印书馆,1972:5.
② [法]埃米尔·涂尔干.社会分工论[M].渠东,译.北京:生活·读书·新知三联书店,2000:20—24.
③ 曹晔.职业教育"双师型"教师队伍建设:基于治理体系的思考——《深化新时代职业教育"双师型"教师队伍建设改革实施方案》等系列文件解读[J].职教发展研究,2019(3):33—37.
④ 教育部等四部门.深化新时代职业教育"双师型"教师队伍建设改革实施方案[EB/OL].(2019-09-23)[2022-8-30].http://www.moe.gov.cn/srcsite/A10/s7034/201910/t20191016_403867.html.
⑤ 庄榕霞,俞启定.高职院校双师素质教师基本特征及资格标准研究——基于39所国家骨干高职立项建设院校的分析[J].教师教育研究,2014(1):69—74.

教师认定为"双师型"教师，而有的则要求有两年的企业实践经历方可认定为"双师型"教师。未来，按照社会转型、产业升级及技术迭代发展对职业技术教师的要求，不仅要对《中等职业学校教师专业标准（试行）》和《中等职业学校校长专业标准》进行修订，研制高等职业学校、应用型本科高校的教师专业标准，教师专业标准体系应覆盖公共课、专业课、实践课等各类课程教师[①]，而且要分层分类优化职业技术教师专业标准体系。以高素质结构化"双师型"教师团队建设为标准体系导向，依据行业标准、教师标准、科研创新标准等相结合的认定条件筛选、认定"双师型"教师，并合理划分"双师型"（偏）理论教师、"双师型"（偏）实践教师、"双师型"（偏）创新教师类型以及初级、中级、高级"双师型"教师梯队，以产教融合为主线打造"校企互通、专兼结合、动态组合"的高水平结构化教师团队。[②] 自下而上激发教师个体和团队群体提升优化"双师素质"与"双师结构"的内部动力，有效打破"双师型"教师认定标准，自上而下对高职教师进行外在层面的筛选，改变评价与认定的被动认定局面，不断提升高职院校"双师型"教师队伍建设质量。[③] 另外，不容忽视的问题是，职业技术教师教育专业的毕业生往往把企业作为自身择业的首选，然后才会考虑去职业学校教书。针对这种现象，未来应在对职业技术教师教育专业毕业生的认证中，将"职业教育情怀""专业理念与师德"列入毕业要求，甚至可以作为一个维度列入职业技术教师教育的认证标准。教师的教育理念和教育情怀形象的理解就是"善教乐教"，它是判断一位教师是否具有"专业性"的重要标准。[④] 出台《职业技术教师专业认证实施办法》能够将职业技术教师教育类专业纳入质量检测范围内，为打造一支专业过硬、职业教育理念与教育情怀深厚的"双师型"教师营造长期制度供给的质量保障。

---

① 教育部等四部门.深化新时代职业教育"双师型"教师队伍建设改革实施方案（教师〔2019〕6号）[EB/OL].(2019-09-23)[2022-07-30]. http://www.moe.gov.cn/srcsite/A10/s7034/201910/t20191016_403867.html.
② 谌莉,麻克栋,王廷举.协同产业升级发展的专业群建设探析[J].中国职业技术教育,2022(5):38—44.
③ 张红,王海英.我国高职院校"双师型"教师认定标准建设及应用分析——基于全国23个省份153所高职院校的调查分析[J].中国高教研究,2022(7):103—108.
④ 李宜江.党的十八大以来教师政策的内涵阐释[J].教师发展研究,2021(1):1—7.

(三) 完善信息技术影响职业技术教师的专业教学能力的政策路径

2020年,联合国教科文组织、国际技术和职业教育与培训中心(UNESCO-UNEVOC)发布《影响未来职业技术教育教学趋势研究》(以下简称《TVET研究》),提出了影响未来职教师资培养培训的趋势,《TVET研究》指出,新兴技能领域,如可持续发展教育和创业,需要成为TVET教师职前和在职培训计划的一部分。[①] 我国职教师资信息技术应用能力由于区域、学科、学校不同存在着较大的差异,职教师资队伍的信息素养提升有待政策持续完善。第一,支持职业技术教师综合运用多媒体、虚拟技术实验、大数据、人工智能等现代教育技术手段克服传统教学情景单一、固化等弊病,特别是对于疫情突发所造成的学生线上上课,难以进行实训的现实困境而言,教师的虚拟实训能够有效应对这些突发状况。第二,完善国家层面职业技术教师信息技术应用能力标准。参照普通教育教师的信息技术应用能力标准并不能体现出职业教育作为类型教育的特殊性,未来有必要针对职业技术教师专门制定《信息技术应用能力标准》,并根据信息技术与产业技术发展趋势不断进行更新与完善。第三,跟踪并解决职业技术教师队伍信息素养提升的共性问题。如,将教师信息素养培训融合于国培等项目中,并通过相应考核对教师的信息技术能力进行认证,作为获取教师资格证的必备条件之一。[②]

(四) 提升职业技术教师教育行业企业实践质量

行业企业实践经验的获得是职业技术教师教育中的重要模块,是高质量职教师资队伍的重要保障,行业企业是职业技术教师教育必不可少的关键角色。虽然国家政策层面一再对职业学校专业课教师到企业一线实践提出明确要求,但目前我国行业企业参与职业技术教师教育的状况不尽如人意,从试点培养的

---

① UNESCO-UNEVOC. UNESCO-UNEVOC study on the trends shaping the future of TVET teaching [DB/OL]. 2020:[2022-01-10]. https://unevoc.unesco.org/pub/trendsmapping_futureofvetteaching.pdf.
② 梁茜.教师信息技术应用能力国际比较及提升策略——基于TALIS2018上海教师数据[J].开放教育研究,2020(1):50—59.

实际情况看,大部分教师企业实践的时间和质量难以保证。① 调查显示,职业技术教师参与企业实践存在融入行业企业的身份困难、校企定位错位、企业实践流于表面形式以及双方积极性不足、主动性不够等问题。为何企业参与办学的积极性不高?溯源历史就会发现:在新的中国特色的社会主义经济体制下,1995年颁发的《中华人民共和国劳动法》使职业技术学校脱离企业的运营,1996年的《中华人民共和国职业教育法》进一步将中等职业教育与城乡户籍转变脱钩。② 由于这些历史的原因及现实地域竞争加剧等原因,国家虽然非常重视产教融合政策,分别在2017、2018年颁布《关于深化产教融合的若干意见》《职业学校校企合作促进办法》等激励政策,但有限度的政策激励在落地过程中进展缓慢。正如穆勒(Armin Müller)在评价中央政策的实际影响力时所言:"一般来说,政策的影响力相当薄弱。"③

要提升职业技术教师教育企业实践质量,一是要探索互惠互利的"校企双主体办学模式",以校企双方利益契合点为契机,整合企业资源,充分发挥双方在职业技术教师教育中的作用;二是完善校企合作运行机制,激发校企在职业技术教育中办学的主动性和积极性;三是厚植企业、学校在职业技术教师教育中的责任感及情怀,在对内鼓励、对外宣传上打造优秀的校企办学优秀形象;四是通过职称评聘、先进教师表彰、实践创新共同体等多种手段培育职业技术教师持续的专业发展意识及参与企业实践的内驱力;五是对职业技术教师的企业实践进行信息化管理,搭建企业实践中介站,有效对接企业和职业学院,为校企合作提供办学多维度的决策服务,实现资源优化配置。

(五)建立利益相关者协调机制

行业企业在职业技术教师教育中发挥着不可替代的重要作用,其核心作用

---

① 张建荣. 教育硕士(职业技术教育领域)研究生培养调研[J]. 学位与研究生教育,2019(7):13—19.
② 托马斯·雷明顿,杨钋. 中、美、俄职业教育中的校企合作[J]. 北京大学教育评论,2019(4):3—25.
③ Miller A. *Cooperation of vocational colleges and enterprises in China: Institutional foundation so of vocational education and skill formation in nursing and mechanical Engineering-preliminary findings* [J]. Working papers on East Asian Studies, 2017:120.

在于参与职业技术教师教育的全过程,界定职业标准、反馈科技发展新趋势及劳动力需求的信息,并将之融合到资格框架中。但47%的职业技术教师接受调查时表示和行业企业没有互动,40%的职业学校表示,尚未建立鼓励职业技术教学人员参与企业实践的机制。① 未来政策应在机制设计上引导行业、企业以实际可持续的方式主动参与职业技术教师教育。鼓励职业技术教师参与到企业实际运营项目中,与企业员工合作工作,使企业可以在创新合作中受益。从宏观政策层面,需要构建系统的利益相关者协调机制,职业技术教师教育的有效发展不仅取决于职业技术教师教育本身,还需要把职业技术教师教育体系与更广泛的教育和其他部门联系起来。系统的利益相关者协调机制能够敏感把握职业技术教师教育未来技能需求,使利益相关者能够在职业技术教师教育确定目标、实施、检测和评价中跨越不同层次(区域、组织、部门)协调合作,明确各自定位和发挥的作用,以避免职能的重叠或空缺。② 利益相关协调机制的建立可能会包含行业、企业项目实践交流平台的搭建、基于技能认证计划的拟定等,在建立该机制时应树立系统、开放、协同的理念,由国家顶层设计政府、行业、企业、学校、区域之间的联系,实现利益相关者对职业技术教师教育的责任担当与合作对话。

(六) 完善新时代高质量发展的"双师型"教师教育体系政策逻辑与路径

新时代是个时髦的词汇,在国际上泛指与工业革命存在着显著差异的互联网时代,这个时代风起云涌的人工智能、大数据等重大技术不仅颠覆和重构人们生活的方方面面,还颠覆和重构传统的教育理念、教育体系,职业技术教师教育也不例外,职业技术教育理念、职业技术教师培养与培训模式、"双师型"教师与"职业学校教师教学创新团队"等也发生着根本性变革。就我国现阶段而言,"新时代"通常意味着我国社会矛盾的迭代更新,即人民日益增长的美好生活需要与发展不充分不平衡之间的矛盾。体现在职业技术教师教育政策方面就是,人民对高质量的职教师资质量的需求不断提高,而这一需求与职教师资发展不

---

① 张建荣,曹凡,冯仰存. 面向未来的职业教育教学与职教师资培养培训——UNESCO-UNEVOC《影响未来职业技术教育教学趋势研究》的启示[J]. 职业技术教育,2022(4)65—72.
② 李玉静. 走向2030:UNESCO战略框架下全球职业教育发展趋势[J]. 现代教育管理,2017(7):94—100.

充分不平衡之间的矛盾突出。如何培训新时代职教师资,满足新时代人民对职业教育质量的美好向往与需求成为未来职业技术教师教育政策回答的问题。针对传统师范教育整体薄弱、办学定位去"职业技术师范化"、办学水平整体亟待提高、难以吸引优秀人才等传统职业师范教育体系存在的各种问题,2014年,国务院印发的《关于加快发展现代职业教育的决定》指出,要加快构建现代职业教育体系;同年,教育部等六部门印发的《现代职业教育体系建设规(2014—2020年)》对"'双师型'教师培养培训体系进行规划";2022年,教育部办公厅《关于开展职业教育教师队伍能力提升行动的通知》提出健全职教教师培训体系。职教师资质量的提升是个系统工程,不仅需要职业技术教师教育机构的升级换代,还需要职业技术教师教育理念与模式的根本性变革,更需要职教教师培训体系高质量发展的与时俱进。虽然自改革开放以来,我国职业技术教师教育逐步从"职业技术师范教育"向"职业技术教师教育"发展,形成中国特色的职教师资培养特色,无论是独立设置的职业技术师范院校,还是职前职后的职教师资培训,都正从"短平快"的应急式发展走向新时代"系统性"的持续性发展。未来在构建"双师型"教师教育体系政策框架时,应对石伟平教授提出的五个关键问题进行延展性深入思考:职业技术教师教育的来源是学生、职业学校教师还是企业员工?职业技术师范教育的主要层次,定位在本科教育还是研究生教育?职业技术教师教育的办学模式,是封闭式还是开放式?职业技术教师教育的体系,是学校体系还是课程体系?职业技术教师教育,学历优先还是职业资格优先?[①] 新时代职业技术教师教育体系是个系统工程,未来"双师型"政策框架设计应从以下几个方面着手:第一,开发基于"双师型"胜任力模型的多元化的培养课程,这种课程基于中国国情、职业学校教师教学实践所需及新时代国内外科技发展趋势进行多元化的课程开发;第二,实施职业技术教师教育课程制度,区别于学校办教育的课程制度,建立开放性多样化的课程试点项目,鼓励以行业、企业为主体承担职业技术教师教育课程;第三,将研究生层次的职业技术教师教育作为体系发展的重点,探索传统职业技术学校之外的新的培养模式和多主体协同机构及运行机制;第四,进一步健全"双师型"教师激励和评级制度,针对"双师型"教师的专业发展阶段,通过目标激励、绩效激励、精神激励等手

---

① 石伟平,付雪凌. 职教师资培养体系需重新系统设计[N]. 中国教育报,2018-4-24.

段建立"双师型"教师的晋级和动态调整制度;第五,完善督导评估制度,加强政策落实的过程督导,保障职业技术教师教育的应用水准,一方面要对政策的执行情况进行督导,另一方面,还要关注利益相关者的反馈,适时对政策的完善提供有益的建议,使政策能够切实发挥指导实践的效用。

(七) 分析教师需求基础上的多元专业化培训

职业技术教师教育要有针对性,即培养培训应考虑不同阶段职业技术教师专业特点和发展需要。职业技术教师教育的需求分析是职业技术教师教育的逻辑起点,关涉职业技术教师教育的效果。无论政策层面的要求还是学者的研究都指向需求分析的重要性。虽然2016年教育部等七部门发布的《职业学校教师企业实践规定》要求:"职业学校要会同企业结合教师专业水平制订企业实践方案,根据教师教学实践和教研科研需要,确定教师企业实践的重点内容,解决教学和科研中的实际问题。"[①]但是,在国培项目中调研发现:培训内容以解读政策等理论内容为主,不能满足教师实践工作需求;培训方式以专家讲授为主,难以激发教师主观能动性;培训效果未能达到综合提升教师专业发展的目的。在访谈中,有几位教师就培训谈了自己的切身感受。

教师1:"在工作中存在着很多关于学生问题和专业实践问题的困惑,显然,培训中大部分政策宣讲和理论分析对我来说是不实用的,难以解答我在教学实践中存在的困惑。我特别想探讨关于如何帮助学困生的具体方法以及专业操作方面的建议,而不是空洞、距离教学实践很远的海市蜃楼般的理论内容。"

教师2:"我在读书期间已经接受过正规的教育理论训练,对枯燥和机械的政策宣讲并不太感兴趣,我更希望所接受的培训能够解决当前在教育教学中遇到的问题,希望培训项目能够针对具体问题进行讨论,能够学以致用,带着明确的目的性。"

以往职业技术教师教育主要围绕着学历需求设计,安排一些能让教师胜任职业学校工作的教材、教法及文化知识和理论内容作为培训内容,随着我国职

---

① 教育部等七部门. 教育部等七部门关于印发《职业学校教师企业实践规定》的通知[EB/OL].(2019-09-23)[2022-08-25]. http://www.moe.gov.cn/srcsite/A10/s7011/201605/t20160530_246885.html.

教师资培养由补偿教育向素质教育转变，对职业学校教师高质量素养提出了更高的要求，职业技术教师教育的专业化成为未来的发展趋势。为了更好地实现职业技术教师教育的目的，应依据职业技术教师教育对象的需求差异设置多元化的个性课程以及契合实践的教学计划，教育内容更具针对性、教育方式更具适切性，不仅照顾到群体需求，还要满足个性化需求。经过多年发展，未来的职业技术教师教育在追求理论广度的基础上更应体现深度以及实践性、前沿性，从而突破职业技术教师教育单一、课程开发水平不高等瓶颈问题。为此，首先，要明晰职业技术教师教育的目标，改变职业技术教师教育导向的错位现状。只有确立基于职业技术教师需求基础上科学可行的教育目标，回归教师教育的本质，才能达成持续性和有效性的目的。其次，要根据时代，根据社会、地域、职业学校以及教师需求制定合理的培养和培训方案。当前，地域之间、学校之间的差别较大，不能采用一种标准的方案和方法，要特别关注培养和培训后的效果和需求的跟踪调查。最后，健全职业技术教师教育的评价与监督。审视当下的职业技术教师教育政策的决策、制定、发布、组织、执行、监督及评价等过程，可以看出并未真正形成一个完整的系统，而是处于重决策、制定、发布的阶段。近几年可以说文件密集发布，但是执行情况如何？经费是否得以最大效益充分利用？政策是否契合实际？还有哪些地方需要改进？职业技术教师教育评价与监督制度建设的相对缺失，不仅不能达成提升教师专业素养的目的，还对人力、财力及物力造成浪费。目前对职业教师教育机构的效果评价或反馈不管是机构自身的自我评价，还是来自政府的官方评价、第三方评价等，作用都极为弱小。来自教育部门的跟踪监督也不够，只有建立或者加强反馈、监督、评价系统，才能更好地推进职业技术教育目标的实现。这种评价更应关注受教育者学习过程的评价，而不仅仅关注政策的预设结果，在过程评价中，更注重受教育的生成作用，根据受教育的多元变化，动态评价职业技术教育，这样才能发挥政策评价的导向作用，进而促进职业技术教师教育的有效性。

完善的职业技术教师教育政策永远在路上，只有政策设计、制定、实施的起点，没有终点；职业技术教师的质量提升只有相对高度，没有绝对高度。党的十九大之后，在职业技术教师教育政策的引导下，高质量的"双师型"教师队伍建设取得了历史性的成就，以较高素质支撑着职业教育的发展，展现了职业技术教师队伍建设的中国政策智慧和方案。

第三部分

中国职业技术教育教师发展实践探索：
  2012—2022

十八大以来,我国逐步构建起了由政府、大学、职业院校以及企业构成的职教教师培养体系。不同类型的大学在承担职教师资培养任务的同时,也逐步构建了教师发展的聘任、晋升、奖励制度,开发、实施了大量针对不同对象的职教师资培养项目。十年来我国职教教师培养的发展,充分体现了党和国家对于职业教育的重视。

一、实践综述

(一) 中国职教教师培养实践探索

国家大力发展职业教育,培养高水平的职教师资是关键。目前,我国职教师资培养主要由独立的职业技术师范院校和普通高等院校的二级学院来承担,以本科教育为主,最初主要是为了解决中等职业教育发展规模与职业教育教师数量不足的矛盾。经过多年的探索和实践形成了多种成熟的职教师资培养模式。

从层次上来看,2019年以来,本科层次职业教育有了实质性的发展,目前已有27所职业院校独立举办本科层次职业教育。[①] 长远来看,职业教育从本科层次向研究生层次延伸已是不可逆的趋势。从培养类型来看,目前涌现出了诸如改善生源素质培养模式、学制延长或续接培养模式、主辅修制或分流培养模式、分段培养模式、协同培养模式等。[②] 本部分将围绕着培养层次和培养模式进行

---

① 晋浩天. 技术技能筑牢强国基石——我国职业教育改革发展纪实[EB/OL]. (2015-05-12) [2022-08-25]. http://politics.people.com.cn/n/2015/0512/c70731-26987998.html.
② 曹晔,等. 职业教育师资培养模式实践与创新研究[M]. 北京:社会科学文献出版社,2019:137.

梳理。

1. 职教师资培养层次的实践探索

师资队伍的质量是职业教育发展的重要保障。为了提高职业院校教师队伍素质,提高职业教育的专任教师中高学历教师的占比成为改革的必然趋势。为此,开展职业技术师范生研究生教育,成为职教师资培养的重要发展和改革方向。国家围绕职教师资培养层次开展了积极的实践探索,并取得了一定的成效。2012—2022年,职教师资培养围绕着学历层次提升进行了大量探索,目前基本形成了本科、硕士、博士相贯通的学历层次提升培养模式。

本科层面的职教师资培养中,据统计,2015年全国职教师资培养培训基地中共有34个学校参与本科层次的职教师资培养工作,包括8所独立设置的职业技术师范院校、3所教育部直属高校、22所地方综合高校以及1所高职院校联合本科院校。当年招生人数共计17 772人,其中天津职业技术师范大学招生人数为3 139,占总人数的17.7%。① 2012年,全国中等职业学校专任教师共计684 071人,其中本科学历559 588人,占总人数的81.8%;硕士研究生34 425人,占比5.0%;博士研究生792人,占比0.1%。经过8年的发展,2020年全国中等职业学校专任教师共计648 718人,其中本科学历547 527人,占总人数的84.4%;硕士研究生54 815人,占比8.5%,博士研究生431人,占比0.1%。从上述教育统计数据可以看出,目前我国职教师资的培养仍然以本科学历为主。

我国本科层次职教师资培养经过多年的实践探索形成了一些具有中国本土特色的模式,其中天津职业技术师范大学作出了突出贡献,其首创的"双证书"制度为我国本科层次的职教师资培养指明了方向,形成的"一体化"职教师资的培养模式为我国职业院校培养了大量优秀"双师型"教师。"双证书"指的是学生既能取得毕业证书,还能获得国家职业资格证书。"一体化"指的是毕业生既能讲授专业理论课,又能指导专业技能训练。② 为了提高职教师资培养的质量,学校一方面在选拔生源的过程中以技校应届和往届的优秀毕业生为主体,保障生源质量;另一方面,学校针对不同生源,及时调整课程结构,修订教学

---

① 曹晔.中等职业教育教师发展报告[M].北京:高等教育出版社,2018:116.
② 柳翠钦."双证书"一体化人才培养模式的探索与思考[J].职业技术教育,2000(34):12—13.

计划,改革教学内容,并且充分利用社会资源建设实习基地,选拔优秀校内外导师,培养"一体化"职教师资队伍。①

硕士层面的"双师型"职教师资是一种复合型人才,兼具理实一体的职业教育能力和从事职业教育科学研究的科研和实践能力。2015年,经国务院学位委员会审核批准,决定将教育硕士的培养群体扩展到中等职业技术教育教学及管理人员,并对设置方案进行修订。同年,《教育硕士专业学位设置方案(2015年修订)》发布,职业技术教育领域教育硕士专业学位正式设立。与此同时,教育部遴选北京理工大学、天津职业技术师范大学等46所高校启动实施教育硕士专业学位"职业技术教育领域"培养试点,并且确定了13个招生方向,具体包括信息技术、加工制造、文化艺术与体育、财经、学前教育、医药卫生、商贸与旅游、农林、交通运输、土木水利工程、社会公共事务、能源、资源与环境,参照的是国家教育统计对中等职业教育专业群的分类。招生主要面向综合性高校相关专业优秀毕业生和在职骨干教师,开展硕士层次职业教育师资培养工作,为职业院校教师提升学历创造条件。②

在此以广西师范大学教育硕士(职业技术教育)为例。广西师范大学作为首批教育硕士(职业技术教育)专业学位研究生教育试点单位,构建了"培养院校—行业企业—职业院校"三位一体的协同育人平台,基于专业团队指导研究生,探索了研究生培养的"多对一"模式。近年来,广西师范大学教育硕士(职业技术教育)项目为职业院校培养了一定数量的高水平职教师资,这批教师不仅具有行业工作经验,还接受了系统的职业技术教育理论学习,具有较强的理论功底和科研能力,同时还能开展教育教学工作。其培养主要集中在三个方面。一是强调专业技术实践能力培养。学院主要采用专业实习和教育实习"双实习制",依托学院成立的"教育硕士职业技术教学能力培养协同创新基地"和"广西师范大学职业教育师资培养培训集团"等校内外资源,培养研究生的专业技术实践能力。二是强化职业技术教育教学能力培养。学院主要依托"全国重点建设职业教育师资培养培训基地"的教学资源,将中职学校教学成果、行业企业新技术和企业文化转化为课程资源。采用案例教学、项目教学、行动学习、模拟教

---

① 张洪华,曹晔. 职教师资培养40年:从本科到博士——庆祝天津职业技术师范大学建校40周年[J]. 职业教育研究,2019(10):5—12.
② 石伟平,付雪凌. 职教师资培养体系需重新系统设计[J]. 河南教育(职成教),2018(5):2—3.

学等方式,培养高素质双师教师。三是强化职业教育教科研能力培养。学院组建校内学术导师、校外专业导师和行业企业导师的"三导师"团队联合指导培养学生,依托在学院设立的"广西职业学校教师研究中心"平台优势,积极申报职业教育领域相关科研项目,为教育硕士创新研究提供支持。① 总体而言,高校开展职教硕士培养为中高等职业学校提供了师资支持,在很大程度上满足了职教改革背景下我国对高质量职教师资队伍的需求。

博士层面,为了培养高质量"双师型"教师,很多学校构建了博士层次的职业技术师范教育体系。2013年,天津职业技术师范大学申报的"双师型"职教师资人才培养项目正式获得国务院学位委员会批准。作为服务国家特殊需求博士人才培养项目,它致力于培养博士层次卓越的"双师型"教师,结合学校在工学和教育学方面的特点,构建了"四三"育人模式。第一个"三"是三导师,培养院校导师、职业院校导师、企业导师;第二个"三"是三基地,校内基地、企业基地、职业院校基地;第三个"三"是三实践,工程实践、教学实践、创新实践;第四个"三"是三结合,教师教育与专业教育结合、技术创新教育与工程教育结合、职业教育与学术教育结合。②

湖南省基于"2+2"免费职教师资探索以及卓越职教师资培养的初步定位,结合学校开展的职业学校在职攻读硕士学位、教育硕士的实践,构建了"高职—本科—专硕"一体化的职教师资培养模式。首先,该模式在"2+2"免费职教师资培养的基础上,依托湖南师范大学教育硕士(职业技术教育领域)学位点,将培养计划延长了2年,增加教育硕士(职业技术教育领域)的培养内容,并且创新了学生的职业教育学习经历、学士起点、教育专业硕士(职业技术教育领域)的培养方案。③ 其次,接受"高职—本科—专硕"一体化培养的学生,从培养初期就明确职业方向,入学后便确立与专业要求相适应的职业教育教师专业教育,并在不同阶段开设不同的培养课程。其中,专业必修课的部分课程强调教育教学能力的培养,注重学术性、应用性和实践性。还有部分课程兼顾教育类课程、专业类课程与职业类课程,强调对学生综合运用教育理论和方法研究解决职业

---

① 唐瑗彬,田一涵.教育硕士(职业技术教育)专业学位研究生协同培养模式下的导师团队建设与管理——以广西师范大学教育硕士(职业技术教育)为例[J].新疆教育学院学报,2018(1):40—44.
② 曹晔.建设一流职业技术师范大学:回顾与展望[J].职业教育研究,2022(5):10—16.
③ 曹晛俊,李仲阳,唐智彬.职教师资"高职—本科—专硕"一体化培养模式初探[J].中国高教研究,2016(8):106—110.

技术教育教学实际问题能力的培养。专业选修课则包含了"信息技术应用""班主任与班级管理""职业教育政策""行业技术技能"模块和学校自设模块。

2. 多样化职教师资培养模式的实践探索

师资培养模式分为广义和狭义两种模式。广义模式主要包括教师培养的路径模式、教师培养的基本体系模式、教师培养机构设置的基本模式、教师培养机构的内部办学模式。狭义模式主要指的是教师培养机构的内部办学模式(职前)。① 本部分关于职教师资培养实践探索的梳理主要基于狭义的视角,集中于培养学历层次和职前培养模式两个方面。

新中国成立以后,我国职教师资培养经历了恢复与重建期(1978—1989年)、部署与展开期(1990—1998年)、调整与巩固期(1999—2009年)以及提升与国际化(2010年至今)四个阶段,开展了不同的探索实践。在恢复与重建期,职教师资的培养总体上处于恢复与起步阶段,由于职教师资缺口较大,所以此时培养重心集中于选拔和挑选合适的人才补充职教教师队伍,以缓解职教师资严重缺乏的困局。在部署与展开期,职教师资的培养一方面集中于合格教师,其重点仍然是解决师资数量不足的问题;另一方面开始探索培养一支具有"双师型"特点的教师队伍,建设促进符合职业教育发展需求的专业化师资队伍。在调整与巩固期,职教师资培养集中于"双师型"教师专业标准的制定和"双师型"教师的培养。2012—2022年,我国职教师资培养围绕着质量提升与国际化发展方面开展了大量的实践探索,并取得了积极成效。下面将集中围绕这一阶段的实践探索进行梳理。

2011年,国务院学位委员会根据第二十八次会议的决定,部署开展了服务国家特殊需求人才培养试点项目工作,批准了天津职业技术师范大学开展"双师型职教师资"博士人才培养项目,授予"教育学"博士学位。2013年起,"双师型"职教师资博士培养项目开始招生,标志着我国职教师资培养学历层次进入到了质量提升的发展阶段。为了进一步提升职业教育发展质量,积极开展职教师资培养模式改革,职业教育在实践中围绕着办学定位、人才培养目标和改革创新工作实际情况,探索形成了不同的职教师资培养模式。

---

① 赖华清,宋建军,贺文瑾. 职业教育师资培养模式的探析[J]. 黑龙江高教研究,2012(1):77—80.

① 生源选拔培养模式

生源是影响职教师资培养质量的关键性要素。长期以来,职教师资培养由于缺乏优秀生源,导致教师队伍的专业水平难以获得实质性提升。我国职业学校为了促进职教师资培养,在如何选拔具有培养潜力的职教教师生源方面,进行了大量实践探索。

2010年,天津职业技术师范大学发布《关于实施"卓越职教师资培养计划"的决定》,明确指出"学校以机、电两类专业为改革试点,组成机、电各一个实验班,进行深度教学改革,不断总结积累经验,形成特色鲜明、符合职教师资培养规律的人才培养新模式"。①

具体而言,天津职业技术师范大学积极探索,致力于培养优秀师资队伍,通过入口选拔、过程管理、就业评价等全过程培养管理,推动职教师资培养高质量发展。② 首先,选拔优秀生源进行培养。通过报名、初选和面试等综合方式,选拔优秀生源,组建卓越职教师资培养实验班,主要遵循的是"学生自荐、学院推荐、综合测试、择优录取"的基本原则,以培养热爱职业教育,具有良好专业素养的优秀职教教师。

其次,采用多种方式组织教学,强化过程管理,促进对卓越职教师资的专项培养。为了确保教学实践有章可循,2018年天津职业技术师范大学发布《关于印发天津职业技术师范大学卓越职教师资培养实验班管理办法的通知》,明确提出为选拔出来的优秀生源独立组织教学,实行"双导师"制度,构建了兼顾理论学习和专业实践培养的育人体系。③ 与此同时,为了激发学生的学习积极性和主动性,学校实验班的学生采取了"优进劣汰"的管理办法,对累计出现2门(含2门)以上的不及格课程,或者补考以后仍然不及格的学生,转出实验班。

最后,就业评价反映了基于生源选拔的培养模式获得的成功。据统计,天津职业技术师范大学开设实验班的第二年,就得到了学生的认可和青睐,每年

---

① 天津职业技术师范大学. 关于实施"卓越职教师资培养计划"的决定[EB/OL]. (2012-05-30)[2012-08-25]. https://jwc.tute.edu.cn/content.jsp?urltype=news.NewsContentUrl&wbtreeid=1060&wbnewsid=2986.
② 曹晔,等. 职业教育师资培养模式实践与创新研究[M]. 北京:社会科学文献出版社,2019:139—140.
③ 天津职业技术师范大学. 关于印发《天津职业技术师范大学卓越职教师资培养实验班管理办法》的通知[EB/OL]. (2020-01-16)[2022-08-25]. https://jwc.tute.edu.cn/info/1036/4493.htm.

报名实验班的人数持续增加。2014年,由60人组成的第一届实验班学生毕业,并且实现了100%的就业率。其中,很多学生被清华大学、北京理工大学、上海交通大学、西南科技大学等国内一流大学的工程训练中心所招聘。①

还有其他职业学校也基于生源选拔不断创新职教师资的培养模式。例如,广东技术师范学院通过在高职院校选拔出一部分优秀的技术技能型人才,构建了"3+2"专升本职教师资培养模式。这部分被选拔出来的优秀生源通过专升本考试后进入本科院校继续为期2年的学习,培养过程中单独编班,人才培养方案强调职业技能传授与高职课程有效衔接,致力于打造具备"双师型"素质的职教师资人才。②

云南师范大学同样根据"3+2"双专业职教师资培养模式构建了多专业混合编班培养体系,从3年高职高专院校定向选拔出获得专科学历并取得专业职业资格证书的优秀生源,攻读云南师范大学职业技术教育本科专业,基本学制为2年。在本科教育学习阶段,学校重点培养学生掌握职业教育学所涉及的职业教育教学、职业教育课程、职业教育特点、职业教育教师的成长与发展以及职业教育研究等方面的知识和能力。自2017年起,云南师范大学面向全省10所高职院校定向招收优秀应届专科毕业生,通过选拔优秀生源进行"3+2"定向培养,为职教师资队伍输送了大量优秀教师。③

② 学制延长或续接培养模式

为了提高职教师资培养的质量,一些院校采用了学制延长或续接的培养模式。学制延长一般以天津职业技术师范大学采用的五年制培养为代表。天津职业技术师范大学经过多年的实践探索,构建了五年制本科职教师资培养模式。学校通过延长学制,来补习文化基础课,加强专业理论课教育。目前在我国现有的职教师资培养模式中,大多数本科学制都实行的四年制培养。天津职业技术师范大学采用延长学制的培养模式,主要是基于改善生源质量的考量。随着高等教育大众化的到来,越来越多的学校选择普通本科和高职,中等职业学校的招生变得困难,生源素质日益下降。故而,为了提高培养的质量,学校不

---

① 曹晔,等.职业教育师资培养模式实践与创新研究[M].北京:社会科学文献出版社,2019:140.
② 罗平.职教师资培养模式的思考[J].教育与教学研究,2015(2):43—46.
③ 王坤,王胜男,董毅."3+2"双专业职教师资培养模式实证研究[J].教育与职业,2020(5):75—82.

得不采用延长学制的办法。

续接模式一般指的是"3+4"贯通培养。一些学校采用了"3+4"贯通培养，构建了七年一贯制的培养体系，其中前3年注重培养学生基础知识和基本技能，后4年步入本科阶段，注重培养学生更加宽泛的理论知识能力、综合素质以及实践能力。①

③ 主辅修或分流的培养模式

云南师范大学为了提高职教师资培养的有效性，探索并实施了"4+0"为代表的主辅修双学位职教师资培养模式，主要面向的对象是昆明市高校在读的各类非师范专业一年级大学生，实行的是弹性学分制，学制一般为3年，但设定了1—2年的弹性时间。"4+0"指的是在不延长学制的基础上，确保学生能同时获得两个学位，一个是完成学科专业教育获得的主修学位，另一个是完成教育学专业教育获得的辅修学位。其中学科专业教育由学生所在高校负责，解决"教什么"的问题，教育学专业教育由云南师范大学负责，解决"怎么教"的问题。② 学生经过四年的学习，若顺利完成学业并通过考核，将在毕业的时候同时获得专业毕业证、学位证，教育学专业（教师教育方向）学位。其中，专业毕业证和学位证由学生原来所属学校颁发，教育学专业（教师教育方向）学位由云南师范大学颁发。这样培养的学生既能从事所学专业相关领域的工作，也可选择担任职业院校的专业教师。

江西科技师范学院基于自身在职教方面的特色，充分发挥了师范教育办学优势，构建了职教师资"三位一体分流培养"模式。"三位一体"指的是"综合素质、专业能力、职业方向"三位一体，培养"通识教育、学科基础教育、专业知识教育、职业方向教育、综合实践能力"五大模块的知识与能力。在此基础上构建了兼具综合素质和专业能力培养，以及与岗位对接的就业适应能力培养的职教师资培养体系。③

④ 分段培养模式

目前，国内关于职教师资分段培养形成了三种代表性模式，分别是"4+X"

---

① 曹晔.职业教育师资培养模式实践与创新研究[M].北京：社会科学文献出版社，2019：144.
② 伊继东，曾华，陈瑶.以师范院校为依托的双学位职教师资培养模式探索[J].中国高等教育，2012(9)：50—52.
③ 温伯颖.职业技术师范教育"三位一体"人才培养模式改革探讨[J].职教论坛，2012(4)：76—79.

培养模式、"4+1"培养模式、"4+3"培养模式。

"4+X"培养模式指的是在原有4年制培养职业院校专业教师的基础上,增加X年的时间帮助学生获得其他方面的能力。X可以有多种选择,具有较大的弹性。培养时间方面,各学校根据实际情况,分别设置了三个月、半年、一年不等的培养年限。培养内容方面,包括企业实践、师范教育或者兼顾企业实践和师范教育等内容。培养对象方面,包括非师范毕业生、新入职的职业技术师范毕业生、新入职的本科生、新入职的研究生等多个群体。①

"4+1"培养模式指的是在原有4年制培养中职学校专业教师的基础上,增加1年时间培养学生获得教师资格证书和职业技能资格证书,使教师具有"双师型"资格。其中,额外增加的1年时间主要对学生进行职业教育学理论和专业教学法的培养,并通过实习实训加强专业实践能力的培养,其中学员的教育实习回到签约学校进行(未签约的学员由培训学校安排)。②

"4+3"培养模式指的是职教师资培养实行4年学校培养和3年工作经历结合的方式。该模式目前在实践中并不常见,仅在个别省份的政策文件中有提及。2012年,《山东省人民政府关于加快建设适应经济社会发展的现代职业教育体系的意见》指出,中等职业学校新进专业教师一般应具有3年以上所需专业工作经历、三级以上职业资格或助理以上非教师所需系列专业技术职务。高等职业学校半数以上新进专业教师一般应具有3年以上所需专业工作经历、非教师所需系列中级以上专业技术职务或二级以上职业资格(执业资格)。③

上述三种不同类型的培养模式都在不同程度上强调了企业工作经历在职教师资培养过程中的重要性,为今后改革指明了方向。

⑤ 协同培养模式

职教师资的培养离不开多个利益主体的协同合作,一些职业院校经过实践探索,构建了基于"政府、职业技术教育师范院校、高职院校、企业、社会"多方参与的高质量职教师资培养体系。目前具有代表性的有"校政企校多方协同培养模式""校地协同培养模式""'校—企—校'联盟培养培训模式""乡村卓越职教

---

① 曹晔.新时代要全面深化职教师资队伍建设改革——《中共中央国务院关于全面深化新时代教师队伍建设改革的意见》解读[J].江苏教育,2019(4):24—28.
② 黄萍,孟庆国.中等职业学校教师专业标准与职教教师培养培训[J].职教论坛,2014(2):4—8.
③ 曹晔.新时代要全面深化职教师资队伍建设改革——《中共中央国务院关于全面深化新时代教师队伍建设改革的意见》解读[J].江苏教育,2019(4):24—28.

教师'3D'培养模式"。

校政企校多方协同培养模式指的是学校根据职教师资培养的特点,联合政府和企业的力量,探索建立校政企校多方协同培养机制,加大培养职教师资专业能力。这种模式扩大了职教师资培养的主体,改进了传统的课程设置、教育实践、企业实践、教学方式等内容,提高了职教师资培养的质量。例如,湖南人文科技学院信息学院通过校企共建共享教学资源、引导企业参与人才培养全过程、委派教师进入企业挂职锻炼等方式,大力培养"双师型"教师。首先,学院根据行业产业发展的现实情况,组建行业企业专家库,邀请相关专家参与学院人才培养方案修订、教材编写等工作。其次,结合学院专业设置特点,邀请相关企业参与人才培养,为学生提供企业见习、专业实践、专业实训等机会,在此基础上形成了"引企进校"的人才培养模式。该模式一方面帮助学生学习了专业知识和技能,另一方面为学生提供了参与真实项目实践的机会,培养了学生的工程素养,促进了"双师型"教师的培养。①

校地协同培养模式是基于国家实行师范生免费教育政策形成的,能够为培养大批优秀中小学教师和教育家奠定基础,促进教育公平。师范生免费教育政策实施以来,师范专业的吸引力不断增加,生源质量也在逐年提升。随着全国各地、各校不断创新培养模式,人才培养质量得到明显提升。总体来说,师范生免费教育政策发挥了良好的引领与示范作用。② 在此背景下,一些职业院校受到免费师范生政策的启发,主动与跨省(区、市)地方政府对接,寻求职教师资培养的新途径。例如,天津职业技术师范大学参照教育部免费师范生培养办法,与海南省人民政府签订了《关于加强职教师资队伍建设合作的框架协议》,每年为海南省培养30名定向免费中职师范生,构建了校地协同培养职教师资的新模式。虽然每年培养的师资规模有限,但提高了职教师范生对口就业问题,而且也在一定程度上缓解了经济欠发达地区职教师资短缺问题。③

"校—企—校"联盟培养培训模式指的是"依托相关高等学校和大中型企业,共建'双师型'教师培养培训基地"要求,积极探索职教师资培养新模式,打

---

① 黄诠,刘浩.基于工程教育背景的"四阶段"实践教学平台建设探索——以湖南人文科技学院信息学院为例[J].湖南人文科技学院学报,2021(2):125—128.
② 张翔.师范生免费教育政策的十年回顾与展望[J].国家教育行政学院学报,2017(8):21—27.
③ 曹晔,等.职业教育师资培养模式实践与创新研究[M].北京:社会科学文献出版社,2019:162.

造职教教师教育联盟("校—企—校"联盟)。① 例如,广东技术师范大学为了培养高素质"双师型"职教师资,基于校企校合作,开展了关于职教专硕财经商贸方向人才培养的探索与实践。为了提高人才培养的针对性和有效性,广东技术师范大学联合了广东省贸易职业技术学校、广州市财经商贸职业学校、广州市黄埔职业技术学校、广州民间金融街、广东中职信会计师事务所、立信会计师事务所广东分所、广东金穗红日会计师事务所、谢诺投资等省内知名企业和职业院校建立了多个省级、校级校外实践基地。另外,还建立了广东省互联网金融工程技术研究中心、广东省民间金融标准化委员会和职业教育师范技能中心、财务共享实验室、金融综合实验室等多个校内实验实训场所,为研究生层次的职教师资培养提供了优越的条件。②

乡村卓越职教教师"3D"培养模式指的是湖南农业大学为了培养乡村卓越职教师资构建的"3D"培养模式,具体包括"三界(Demarcation)协同"+"三双(Double)共生"+"三维(Dimension)递进"。其中,"三界协同"指的是政界(县乡政府)、学界(本科院校和中职校)和业界(产业界)三者之间的协同,其协同方式主要由政府根据当地社会经济需求,规定乡村职教师资需求数量和结构,明确招生计划和指标;然后产业界根据市场需求提出专业设置建议,并为职教师资培养配备相关专业的兼职教师,提供一定的实习基地;最后是职教师资培养单位根据人才成长需求,面向中职校招收学生,并与中职校、企业联合制定培养方案和计划。"三双共生"指的是"双导师、双基地、双证书"。其中,校内学术导师和校外专业导师组成的双导师分别负责理论指导和实践指导;校内理论教学基地和校外专业教学基地分别服务于学生的理论学习和实践锻炼;最后帮助学生获得"学历证书"和"职业资格证书",使学生成为兼顾理论基础和实践能力的"双师"人才。③

⑥ 其他模式

除了上述培养模式之外,还有一些学校探索了新型的职教师资培养模式。

---

① 曹晔,等. 职业教育师资培养模式实践与创新研究[M]. 北京:社会科学文献出版社,2019:163.
② 广东技术师范大学. 服务行业需求,校企校合作,打造高素质"双师型"职教师资——广东技术师范大学职教专硕财经商贸方向人才培养探索与实践[J]. 广东技术师范大学学报,2020(6):2.
③ 陈岳堂,温晓琼. 乡村卓越职教师资培育的实践与反思——以湖南农业大学"3D"模式为例[J]. 江苏教育,2017(52):37—40.

如上海第二工业大学构建的"技术+教育"职教师资培养模式，华南师范大学构建的卓越职教师资专本硕博"5G"贯通培养模式。

为了贯彻落实习近平总书记关于职业教育的重要指示、全国职业教育大会精神和中办国办《关于推动现代职业教育高质量发展的意见》的重要举措，上海市探索职教师资培养模式创新，构建世界一流职教体系，于2021年10月25日，成立了"上海市职业技术教师教育学院"。学院坚持高起点定位、以精见强，培养研究生层次的职教师资，同时还坚持需求导向、任务驱动、产教融合，围绕国家重大战略，瞄准上海市重点领域（产业类）紧缺的一线技术技能型人才，跟踪产业升级和技术变革趋势，聚焦高端装备业、新一代信息技术、现代服务业等领域产业需求，精准对接职业院校师资需求，开展定制化人才培养。目前，学院在人才培养过程中突出"技术+教育""高校+企业"，采用模块化和项目化教学，引入"1+X"证书，既重视学生专业知识与技能的持续提升，又强调教育教学能力的养成。为此，学院构建了专业导师、教育导师、职校名师、企业导师组成的"四导师制"，从四个不同维度助力职教师资培养，使得毕业生具有相关行业知识和解决问题的综合技能，同时掌握现代教育理论、技术和方法，成为具有开展专业教育教学及研究能力的高素质职业院校专业教师。学院与大中型企业签约共建双师型教师培养基地，为每位学生提供企业实践岗位；与职业院校签约共建职教师资培养基地，为每位学生提供课堂教学实践；与海外高校签订交流协议，为每位学生提供海外交流学习的机会，确保人才培养的高水准和国际化视野。学院整合校内外优质智力资源，打造一支高素质、专业化、国家化、成长性、充满活力的教师队伍，致力于培养一流双师型职教师资。

华南师范大学针对当前研究生层次职业教育培养的现状，依托本校"教育学"国家A类学科和一级学科博士学位授权点，探索职业院校与本科院校专业型研究生培养的有效衔接，打通从专科到本科再到研究生多层次的人才培养体系，通过培养理念、类型层次、课程教学、师资队伍、运行机制的"5G"贯通，建成"专—本—硕—博"相互衔接的卓越职教师资培养体系，构建了具有广东特色、普职沟通并能向上延伸至专业学位研究生教育阶段的现代职业教育师资培养模式。2012年，时任广东省副省长陈云贤视察华南师范大学，作出"充分发挥师范大学优势，大力推进中职、高职师资培养工作，为全面提高我省职业教育发展水平作出贡献"的指示。为此，2013年，学校在南海校区新组建设立职业教育学院,并于2014年启动招生,开辟职教师资培养改革创新试验区,开展本科层次职教师资培养,在此期间,探索实践多种招生培养模式,并实施"3+2"专插本职教师资培养模式。2016年,学校开展职教专硕培养试点,构建了专—本—硕—博的多层次职教师资培养体系。其中,专科阶段以工作过程导向课程为主,重点培养学生"技术技能";本科职教师资将采取"三二分段"培养方式;职教专业硕士培养强调"四对应"与"四结合",注重专业和能力对应与结合;博士采用"理论+实践"培养模式,注重教育理论与职教管理岗位能力培养。另外,师资队伍采取的是"理论教师+专业教师+行业专家+实践指导教师"的融合型师资队伍培养模式:大学的理论教师和专业教师进行理论教学、科研指导,行业企业专家进行专业技能训练,职业院校的一线专业骨干教师进行实践实习指导。

(二) 中国职教教师培训实践探索

我国已经建成了世界上最大规模的职业教育体系。截至2021年底的数据显示,我国有9068所职业院校,中等职业学校专任教师69.54万人,高等职业院校专任教师57.02万人,本科层次职业学校专任教师2.56万人,这三支队伍的质量水平直接影响着我国整体职业教育体系的质量水平。[1] 教师培训是打造高水平职教师资队伍的重要手段。《国家中长期教育改革和发展规划纲要(2010—2020年)》提出要完善教师培养培训体系,做好培养培训规划,优化队伍结构,提高教师专业水平和教学能力。[2] 我国每年都有很多职教师资培训基地举行各类培训活动,加强职教师资队伍的建设。据统计,仅国家级基地就完成培训50多万人次。目前国内职教师资培训已经构建了以校企合作为平台,以专业骨干教师国培省培和青年教师企业实践为重点的培训体系,覆盖了不同层级、不同专业、不同区域的教师,并且与不同产业实现了有机融合。[3]

---

[1] 2021年全国教育事业发展统计公报[Z]. http://www.moe.gov.cn/jyb_sjzl/sjzl_fztjgb/202209/t20220914_660850.html.
[2] 国家中长期教育改革和发展规划纲要工作小组办公室.《国家中长期教育改革和发展规划纲要(2010—2020年)》[EB/OL]. (2010-07-29)[2022-08-25]. http://www.moe.gov.cn/srcsite/A01/s7048/201007/t20100729_171904.html.
[3] 李梦卿,万娥."双师型"视阈下职教师资培训工作发展研究[J]. 教育发展研究,2014(5):26—32.

1. 加大职教师资培训基地建设，发挥培训组织功能

党的十八大以来，职业教育师资培训体系不断完善。据统计，教育部、财政部联合实施全国职业院校教师素质提高计划，中央财政累计投入培训经费53亿元，带动省级财政投入43亿元，推动了"国家示范引领、省级统筹实施、市县联动保障、校本特色研修"的四级培训体系建设，打造了一批国家级职业院校校长、教师培养培训基地，有效支撑了5年一周期的职业教育教师全员培训工作。① 2019年，教育部等四部门印发《深化新时代职业教育"双师型"教师队伍建设改革实施方案》，明确提出"建设'国家工匠之师'引领的高层次人才队伍"。为此，教育部通过建设1 000个国家级"双师型"名师工作室和1 000个国家级教师技艺技能传承创新平台支持教师队伍建设。同时，启动了国家"工匠之师"创新团队国外培训，主要面向战略性新兴产业和先进制造业人才需要，打造一批覆盖重点专业领域的"国家工匠之师"。②

目前，国家层面已经建立了比较完善的职业教育教师培训体系，近些年实施的"职教国培"示范项目发挥了国家级职业教育教师培训的高端引领和示范带动作用，相关基地在提升职业院校教师队伍质量方面发挥了重要作用。2022年2月，教育部印发了《教育部教师工作司2022年工作要点》，明确提出要打造高水平职业教育教师培训基地，当前正在围绕中职"三科"在内的公共基础课、中职、高职（含职教本科）新专业目录，以及国家级基地进行调整补充，已经形成"十四五"期间国家级职业院校教师培训基地名单。为了提高职教师资培训基地的建设实效，教育部门正在牵头建立基地管理机制，让19个专业大类中各自最好的学校承担更多同类专业教师的培训任务，实现教师培训从"大超市"向"专卖店"转型。

2. 创新职教师资培训内容，提高项目化培训成效

职教师资培训经过多年的发展，其培训内容在原有以理论为主转向追求"双师"能力素质，目前已经突破了培训内容单一、缺乏针对性、成效不高等问

---

① 教育部教师工作司. 新时代职业教育教师队伍建设论纲[J]. 教育研究，2022(8)：20—30.
② 教育部等四部门. 深化新时代职业教育"双师型"教师队伍建设改革实施方案(教师[2019]6号)[EB/OL]. (2019 - 09 - 23)[2022 - 07 - 30]. http://www.moe.gov.cn/srcsite/A10/ST034/201910/t20191016_403867.html.

题。为此,职教师资培训需要回归职业教育的本源,结合当前职教改革的方向,赋予职教师资培训以新的时代特点。2014年和2018年教育部组织实施卓越教师培养计划1.0和2.0,引领中等职业学校的师资培养,提出建立模块化的职教师资培养课程体系,将"双师型"教师纳入培养体系之中,突出实践导向的职教师资培养课程内容改革。同时,充分融入优秀职业教育教学案例,实现教育实践与培训过程相融合,切实提升培训质量。另外,教育部还启动了师资培训标准建设工作,构建了诸如教师专业标准体系、职业技术师范教育专业认证、"双师型"教师标准、职业院校教师资格准入与考核评价、教师实践基地和平台建设标准等,为职教师资培训的规范化和制度化发展奠定了基础。

2006年,教育部、财政部发布《关于实施中等职业学校教师素质提高计划的意见》,明确提出"中央财政重点支持3万名中职专业骨干教师参加国家级培训,并从中遴选1000名中职教师到国外进修"。① 2011年,教育部、财政部发布《关于实施职业院校教师素质提高计划的意见》,提出"中央财政共支持5万名中职专业骨干教师、2.25万名高职专业骨干教师参加国家级培训,并从中遴选2000名中职教师、2500名高职教师到国外进修,同时还支持2万名中职教师、2.5万名高职教师到企业实践"。② 2020年,教育部等九部门发布《职业教育提质培优行动计划(2020—2023年)》,次年教育部和财政部联合发布《关于实施职业院校教师素质提高计划(2021—2025年)的通知》,明确提出要重点支持骨干教师、专业带头人、名师、名校长和培训者等的能力素质提升。③ 在此背景下,各职业院校面向骨干教师、专业负责人、名师、名校长等群体开启了教师素质提高计划。

3. 加大培训资源供给力度,着力建设数字化培训资源

在职教师资培训寻求模式创新的过程中,数字化培训成为了培训转型的必由之路。通过数字化赋能职教师资培训指的是把最先进的数字化的技术与职教师资培训进行融合,以最大程度提升培训的针对性和实效性。要达到该目标

---

① 教育部财政部. 关于实施中等职业学校教师素质提高计划的意见[Z].(教职成[2006]13号).
② 教育部财政部. 关于实施职业院校教师素质提高计划的意见[Z].(教职成[2011]14号).
③ 教育部财政部. 关于实施职业院校教师素质提高计划(2021—2025年)的通知[EB/OL].(2021-08-04)[2022-07-30]. http://www-moe-gov-cn.vpn.sdnu.edu.cn/srcsite/A10/s7034/202108/t20210817_551814.html.

一方面是通过数字化的技术,更精准、更有效地设计培训学习内容,做到因材施教。另一方面,通过数字化技术重构培训的对象、课程、场地等。2012年颁布的《教育信息化十年规划(2011—2020年)》提出,通过优质数字化教育资源共建共享、信息技术与教育全面深度融合、促进教育教学和管理创新,助力破解教育改革和发展的难点问题,促进教育公平、提高教育质量、建设学习型社会。2021年国家发布的《中华人民共和国国民经济和社会发展第十四个五年规划和2035年远景目标纲要》要求"加快数字化发展建设数字中国",随着数字技术在教育领域的广泛应用,职教教师培训也在探索利用数字化资源进行模式变革。2022年全国教育工作会议明确提出"实施教育数字化战略行动",为探索职教教师培训管理模式、提高教师培训成效提供了新动能,助力职教教师培训高质量发展不断提速。

4. 加强实训基地建设,提高教师队伍的专业水平

2018年《职业学校校企合作促进办法》①,2019年《国家职业教育改革实施方案》《建设产教融合型企业实施办法(试行)》《国家产教融合建设试点实施方案》等系列政策措施相继发布。2019年9月,教育部等四部门发布《关于公布首批全国职业教育教师企业实践基地名单的通知》。这标志着教师企业实践体系基本建立起来,职业院校可以在此基础上整合校内外企业资源,建设具备生产能力的校级企业实践基地,一方面,提升教师企业实践培养水平,提高教师队伍的专业水平;另一方面,借助于实训基地提升培养学生的职业技能、帮助学生养成良好的职业态度,提高职业素养,为学生获得必备的岗位能力奠定基础。因此,实训基地的建设对于人才培养和教师队伍建设均具有重要意义。近几年,全国各地的职业院校在国家政策的引导下,陆续开启了实训基地的建设工作。例如,深圳职业技术学院立足自身办学定位,在校企合作方面开展了许多积极的探索。2011年起,深圳职业技术学院联合华为技术有限公司针对信息与通信技术产业链人才急缺的难题,联合共建了信息与通信技术专业,企业充分参与了学院人才培养的各个环节,与学院共建了华为信息与通信技术学院、华为鲲鹏中心、华为5G实训基地等多个项目。近年来,社会对于深圳职业技术学院的

---

① 教育部等六部门. 关于印发《职业学校校企合作促进办法》的通知[Z]. (教职成[2018]1号).

人才培养质量给予了极高的评价,很大程度上就得益于其实训基地在人才培养过程中发挥的作用。① 黑龙江省教育厅结合本省实际情况,将职业教育与实现巩固拓展脱贫攻坚成果和乡村振兴战略紧密结合,以职业教育服务乡村振兴战略创新发展示范区建设为牵引,探索打造政产学研用紧密结合、农教科多位一体的新型农业推广服务模式。建设依安"紫砂陶艺"、拜泉"电商直播"等特色培训基地,形成讷河"亮心大姐"、甘南"人才大集"等劳务输出平台以及"同城甘南"等助农科技服务平台,先后培训 10.5 万人次,带动农户实现户均创业增收1.2 万元,直接拉动就业 4.3 万人。②

当前,进一步落实好实训基地在人才培养方面的职能,积极推进实训基地建设,对于新时代职业教育高质量发展具有重大意义。"十四五"期间,国家发展和改革委员会积极安排教育领域中央预算内投资,支持各地符合条件的职业院校面向经济社会发展需求,建设一批高水平、专业化、开放型产教融合实训基地。

(三) 构建中国职教教师治理体系实践探索

当前,我国职业教育改革的新征程已经全面开启,我国职业教育已经由高速增长阶段转向高质量发展阶段,推动高质量发展是当前和今后一个时期职业教育发展的根本要求,加快形成推动高质量发展的治理体系是现代职业教育体系建设的重要内容。一方面,建设高质量的现代职业教育体系是职业教育发展的需要,另一方面,建设高质量的现代职业教育体系也是培养高素质技术技能人才,提升国家竞争力以促进经济发展的需要。

1. 推进制度体系建设,明确职业教育的类型特征

十八大以来,在党中央的高度重视下,我国职业教育迎来了大发展。现代职业教育在结构变迁、制度变革和体制机制创新过程中获得了发展动力,形成了新的制度结构,促进了职业教育师资队伍的进一步发展。2018 年,中共中央、

---

① 靳晓燕,刘茜. 职业教育:培养出更多高素质技术技能人才[N]. 光明日报,2022 - 08 - 26(8).
② 教育部. 黑龙江省发挥高校科教人才优势 助力乡村全面振兴[EB/OL]. (2022 - 09 - 05)[2022 - 08 - 25]. http://www.moe.gov.cn/jyb_sjzl/s3165/202209/t20220922_663659.html.

国务院印发《关于全面深化新时代教师队伍建设改革的意见》,对新时代职业教育教师队伍建设作出顶层设计。2019年,国务院发布《国家职业教育改革实施方案》,将党和国家的顶层设计在实践中进行了转化与落实,开宗明义地提出"职业教育与普通教育是两种不同教育类型,具有同等重要地位"。① 同年,教育部等四部门印发《深化新时代职业教育"双师型"教师队伍建设改革实施方案》,对职业教育教师队伍建设工作进行了全面部署。2022年,最新修订的《职业教育法》正式颁布,明确"职业教育是与普通教育具有同等重要地位的教育类型,是国民教育体系和人力资源开发的重要组成部分,是培养多样化人才、传承技术技能、促进就业创业的重要途径"。相比原来的《职业教育法》,新修订的职业教育法明确了职业教育的类型特征。作为一种类型教育,职业教育以造就立志为实现社会主义现代化强国事业奋斗终身的时代新人为目标指向,而这需要借助于现代化的治理方式和治理形式才能实现。②

职业教育教师培养培训主体涉及职业技术师范院校、职业院校、行业企业等,为了推进制度体系建设,明确职业教育的类型特征,教育部门要求切实发挥不同角色在师资培养培训方面的作用。对于职业教育教师的培养而言,职业技术师范院校和普通高等学校主要承担职前阶段的培养任务,重点传授教育教学知识和技能,帮助学生养成基本素质与能力,同时要为学生提供实习场所,提高教育教学实践能力;企业在职前培养阶段主要为其提供真实工作环境的实习机会,帮助其把握行业、企业最新发展动态,提高专业实践能力。③

2. 构建职教标准体系,推进治理能力水平迈向新台阶

标准化在推进国家治理体系和治理能力现代化中发挥着基础性、引领性作用。职教师资队伍建设离不开标准化引领,在职业教育领域,要加快形成推动高质量发展的治理体系,应当构建相应的标准体系,标准水平决定着质量的高低。但标准体系的构建在职教师资队伍建设过程中不是稳固不变的,而是处于一种持续发展的状态。十八大以来,教育部积极推进职业教育标准体系建设,先后发布了包括专业目录、专业教学标准、公共基础课程标准、顶岗实习标准、

---

① 国务院. 国家职业教育改革实施方案[Z]. (国发[2019]4号).
② 王明志. 职业教育治理现代化:内涵、困境及应对路径[J]. 中国职业技术教育,2022(7):61—66.
③ 教育部教师工作司. 新时代职业教育教师队伍建设论纲[J]. 教育研究,2022,43(8):20—30.

专业仪器设备装备规范等在内的国家教学标准,这些标准与中等职业学校设置标准、教师专业标准、校长专业标准、高等职业学校设置标准等共同组成了较为完善的国家职业教育标准体系,涵盖了学校设置、专业教学、教师队伍、学生实习等多个方面。

2020年,教育部等九部门联合颁布《职业教育提质培优行动计划(2020—2023年)》,作为推进我国职业教育高质量发展、提高治理能力水平的纲领性文件。其中,明确提出"构建国家、省、校三级专业教学标准体系",国家面向产业急需领域和量大面广的专业,修(制)订国家标准;各地根据经济社会发展需要和有关技术规范,补充制定区域性标准;职业学校全面落实国标和省标,开发具有校本特色的更高标准。① 目前,国家层面正在启动职业学校教师、校长专业标准、"双师型"教师认定标准等制订和修订工作,为构建现代职业教育治理体系奠定了基础。全国各地职业院校积极探索构建从开发、修订、实施到监督、评价的标准师资培养、培训管理机制,作为提高师资队伍建设质量的重要实践。

3. 压实责任强化举措,彰显共建共享的治理特征

《职业教育提质培优行动计划(2020—2023年)》提出"通过国家、省、市三级推动,建设10个左右国家职业教育改革市域试点"。② 教育部门支持地市政府把握功能定位,加强市场化资源配置,率先建成与城市经济和民生相适应的现代职业教育体系,具体通过以下举措予支持地方政府构建共建共享的职业教育体系:一是支持地方政府完善教育与培训并重的职业教育体系,构建中等职业教育、专科职业教育、本科职业教育相衔接的学校体系,为技术技能人才提供多样化的通道;二是支持地方政府建设职业教育研学基地、职业院校思政教育基地和社会实践基地,服务于职业教育的课程建设工作;三是围绕产业转型升级、职业教育布局、校企合作创新模式等方面开展研究。

在此背景下,教育部在与山东、江西、甘肃共建的省级职业教育创新发展高地建设中建立了部省协调推进机制,共建共享改革成效初显。江西在高地建设文件中明确要求各市县政府和省级部门协同落实职业院校教师绩效工资改革

---

① 周汉民. 2021上海职业教育事业蓝皮书[M].上海:上海科学技术文献出版社,2021:68.
② 教育部等九部门.关于印发《职业教育提质培优行动计划(2020—2023年)》的通知[Z].(教职成〔2020〕7号).

制度,提出院校通过校企合作、技术服务、社会培训、自办企业等项目所得扣除必要成本外的净收入可提取60%用于劳动报酬,教师根据相关规定取得的科技成果转让费,计入当年本单位绩效工资总量,但不受总量控制,不作为调控基数。① 上述举措体现了教育部和地方政府在共建共享中努力使改革成果成为职教师资队伍建设治理效能提升的重要理念。

4. 提升产教融合实效,多元参与促进师资培养

职业教育与产业、企业有着天然的联系,产教融合是我国职业教育治理现代化建设过程中必不可少的一个环节,也是促进职教师资培养的主线。十八大以来,国家出台了一系列政策支持产教融合,为职教师资培养提供了保障。教育部门牵头实施产教融合型企业培育、现代学徒制试点、示范性职业教育集团遴选、"1+X"证书制度试点等项目,很大程度上促进了职教师资培养向深度和广度发展。10年来,校企合作已呈现出多样化格局,主要表现在两个方面:一是联合企业资源拓展职教师资培养新路径;二是引进学科教授、产业导师,组建多元融合的教师团队,提升教师专业水平。

一方面,据统计,目前全国已经组建1500多个职业教育集团(联盟),涵盖企业、学校、行业、科研机构在内的4.5万余家成员单位,形成了资源共享、责任共担、合作发展的具有中国特色的职业教育办学模式。目前全国共培育了3000多家产教融合型企业、试点建设了21个产教融合型城市,构建起以城市为节点、行业为支点、企业为重点的产教融合新模式。在"土地+财政+税收"政策激励下,职业学校与企业共建实习实训基地2.49万个,年均增幅达8.6%,现代学徒制试点覆盖1000多个专业点,惠及10万余学生,逐步形成专业共建、人才共育、过程共管、资源共享、责任共担的校企合作新局面。② 以华为技术有限公司参与产教融合为例,2013年启动校企合作计划以来,华为联合教育部计算机类专业教学指导委员会开展师资培训,截至目前,已经完成3000多名教师

---

① 教育部,江西省人民政府.教育部江西省人民政府关于整省推进职业教育综合改革提质创优的意见[EB/OL].(2020-07-30)[2022-09-27].http://www.jiangxi.gov.cn/art/2020/8/25/art_4975_2691352.html.
② 曹建.教育部:职教全面深化产教融合 校企合作呈多样化格局[EB/OL].(2022-05-24)[2022-08-25].http://www.moe.gov.cn/fbh/live/2022/54487/mtbd/202205/t20220524_630031.html.

的现场培训,以及上万名教师的在线培训。华为还支持设立优秀教师奖励计划,对职教师资培养和培训作出了重要的贡献。另外,华为还在72所高校建成了教学实践平台,在1500门次课程中融入最新产业技术,教师的实践教学能力由此得到锻炼和提升。

另一方面,为了充分发挥产教融合在职教师资培养方面的作用,教育部门要求职业院校积极引进学科教授、产业导师。《国家职业教育改革实施方案》《职业教育提质培优行动计划(2020—2023年)》《教育部财政部关于实施职业院校教师素质提高计划(2021—2025年)的通知》《职业院校教师素质提高计划指导方案》等多个政策文件中均提到了要加强职业教育产业导师队伍建设,制定现代产业导师资源库建设方案,打造高水平"双师型"师资队伍。学科教授、产业导师能够充分发挥企业在高素质技术技能人才培养中的主体作用,是培养高素质技术技能人才创新能力和实践动手能力的重要途径。

从实践情况来看,全国各地的职业院校都采取了不同的措施,涌现出了许多典型做法和案例。例如,深圳职业技术学院以特色产业学院为平台深化产教融合,通过校企合作促进职教师资队伍建设,具体围绕着"九个共同"(共同开展党建和思政教育、共同开发专业与课程标准、共同打造高水平教学团队、共同攻克"卡脖子"技术和工艺、共同制定行业标准、共同开发职业资格证书、共同开展创新创业教育、共同开展现代学徒制、共同开展国际产能合作),产业学院多次组织企业专业技术人员参与学校教材开发、课程建设、学生实训、教师培训等活动,推动了学校内部专业发展与师资队伍建设高质量发展。①

二、典型案例

(一) 职技高师改革

目前,我国专门为职业教育培养师资的院校包括八所独立设置的职技高

---

① 王波,卞飞,巫忆苏,张雷.校企"九个共同"合力推动"双高"建设[N].中国教育报,2022-08-10(4).

师院校,分别是天津职业技术师范大学、江西科技师范大学、河北科技师范学院、江苏理工学院、广东技术师范学院、河南科技学院、安徽科技学院、吉林工程技术师范学院。多年来,八所独立设置的职技高师积极探索职教师资培养模式,积累了丰富的经验,涌现出许多关于职教师资培养和教师发展的典型案例。

1. 天津职业技术师范大学:开展卓越中职教师培养,打造新时代卓越师资队伍

1.1 实施背景

教师培养质量决定了我国职教发展的整体水平。为了推动职教综合改革,全面提升职教师资队伍的质量,2014年起,国家发起了卓越教师培养计划的实施行动,涉及中学教师、小学教师、幼儿园教师、中等职业学校教师和特殊教育教师等五个群体。[①] 在职教领域,卓越中等职业学校教师的培养,对于落实培养卓越教师的根本任务,提高教育质量具有重要意义。2014年,《教育部关于实施卓越教师培养计划的意见》发布不久,《教育部办公厅关于公布卓越教师培养计划改革项目的通知》也正式发布,天津职业技术师范大学(以下简称学校)获得了卓越教师培养计划改革项目的承担资格。[②] 随后,学校发起了卓越中职教师培养改革,构建并完善了职教师资培养体系。

1.2 实施目标

学校将卓越中职教师培养作为学校构建新时代职教师资培养体系的重要任务之一,通过卓越中职教师培养计划,持续提升职教师资培养水平,培养"热爱职教、师德高尚、基础扎实、技能突出、教学过硬、创新能力强"的高素质职教师资。

1.3 实施过程

1.3.1 基于产教融合构建协同育人机制

为了落实教育部关于卓越中职教师培养计划要求,学校打造了一支具有本校特色的教师队伍,根据卓越中职职教师资培养的要求和岗位需求特点,充分

[①] 教育部. 教育部关于实施卓越教师培养计划的意见[Z].(教师[2014]5号).
[②] 教育部办公厅. 教育部办公厅关于公布卓越教师培养计划改革项目的通知[EB/OL].(2014-12-09)http://www.moe.gov.cn/srcsite/A10/s7011/201412/t20141209_182218.html.

运用工程实训中心的平台优势,选拔世界技能大赛选手的指导教师或教练担任指导教师。

1.3.2 创新培养方案,健全课程体系

学校以卓越中职教师培养为核心,充分挖掘和充实各类专业课程的教育资源,在课程环节融入能够体现专业性、职业性、师范性的"三性"特色,并且深入推进"三性"与教材、课堂以及学生的发展相结合。学校自行开发建设以项目教学为主的理实一体化课程、工科类专业教学法课程,还积极开设与专业相结合的创新创业课程,具体体现在专业方向课或专业选修课之中。

1.3.3 合作教育,打造实践教学共同体

学校依托企业项目和卓越教师培养要求,以实践育人为导向,通过联合企业共同实施项目化教学,构建有利于培养卓越"双师型"教师的实践育人体系。通过观摩见习、模拟教学、专项技能训练、集体实习等多种形式,强化人才培养。目前,基本形成了以"教育见习—微格教学—教育实习—实践反思"为特点的实践教学共同体,在卓越中职教师培养方面起到了引领作用。

2. 江西科技师范大学:"三位一体分流培养"模式的实践

2.1 实践背景

江西科技师范大学(以下简称学校)在改革开放的浪潮中走出了一条具有时代特点和中国特色的职教教师培养之路。40年来,学校坚持"以教师教育为优势,以职教师资培养为特色,以应用型人才培养为宗旨"的办学思路,坚守"立足职教、服务职教、引领职教"的初心,构建了"三位一体分流培养"的人才培养模式,建立了"校企合作协同育人""创新创业教育与专业教育相融合""全员参与、分级递进、以赛促学、以赛促教"三大培养路径,为新时代职教师资培养提供了实践方案。

2.2 主要目标

在"三位一体分流培养"模式下,一方面,强调培养师范生的"综合素质、专业能力、职业方向",打破传统师范院校培养的单一性,构建具有特色的职教师资培养,培养高水平、有特色的职教师资队伍。另一方面,建立多方协同的职教师资培养机制,将职教师资培养与应用型人才相互融合,搭建共建共享的培养平台,对接多方资源,提高职教师资培养水平。

2.3 实施过程

2.3.1 构建"三位一体"课程体系

课程是职教师资培养的基本途径,它以特定的目标为导向。学校根据职教师资培养的要求构建了"三位一体"的课程体系。其中,"三位一体"指的是综合素质、专业能力、职业方向三个方面走向统一体,主要是依托"通识教育、学科基础教育、专业知识教育、职业方向教育、综合实践能力"五大模块,实现对师范生从事职教所需能力与素质的培养。具体而言,五大模块分别对应"通识教育课、学科基础课、专业核心课、职业方向课、综合实践课"五大课程,每门课程的占比并不相同,分别为36%、17%、20%、15%、12%。其中,通识教育课的占比最大,它与学科基础课致力于培养学生的基础知识和综合素质,两类课程占比合计为53%;学科基础课、专业核心课、职业方向课和综合实践课强调培养学生的专业能力,四类课程占比合计为64%;职业方向课和综合实践课强调培养学生的职业方向和就业,两类课程占比合计为27%。综上,不同模块的课程代表不同的课程类型,还代表了不同的人才培养目标,"三位一体"课程体系的构建意味着不同人才培养目标的融合,体现了人才培养既要强调综合素质、专业能力,又要紧跟时代特点和市场需求,以职业为方向。

表3-1 "三位一体"课程体系模块构成

	第一模块	第二模块	第三模块	第四模块	第五模块
课程类型	通识教育课	学科基础课	专业核心课	职业方向课	综合实践课
占比	36%	17%	20%	15%	12%
培养目标	学生的基础知识和综合素质				
		学生的专业能力			
				学生的职业方向和就业	

2.3.2 制定"三类分流"培养模式

学校制定了"三类分流"培养模式,主要面向职教类、普教类和应用类三类专业进行分流培养。不同专业的师资培养目标存在一定差异,因此学校根据不同专业对于人才培养的不同需求,设置了职教类、普教类和应用类职教师资培养方向,实现多方向有针对性的职教师资培养。分流培养的目的是让师资培养更具专业性,一方面通过专业理论知识学习,培养职教师范生的理论素养;另一方面,分流学习对应不同的职业方向模块,与就业岗位直接对接,培养职教师资适应就业岗位的能力。

2.3.3　发挥行业第一动力作用

职教师资的培养不能脱离行业的要求,为此学校在师资培养过程中专门邀请行业、企业单位的专家参与,依据市场需求明确职教师资培养的重点方向,提高师资培养的适用性和有效性。具体而言,学校明确要求各专业所开设的课程中,至少有一门要与企业单位合作共同完成,其中学分不得低于6分,相关课程的授课工作除由校内专业教师担任之外,还要聘请校外企事业单位具有相关资历的人员担任合作教师。在此基础上,向学生传授来自行业的一手信息和实用技能,提高职教师资培养的实用性。

2.3.4　搭建综合实践平台

为了提高职教师资培养的质量,学校不断创新人才培养模式。学校对应职教师资培养的要求,以实际行动推进校企合作,利用企业在实践方面的优势,搭建综合实践平台。2011年,学校与浙江亚龙教育装备股份有限公司(以下简称亚龙)签署合作举办职教师资培养改革亚龙实验班。开班之初,亚龙就投入了100多万元用于建设师资培养实训室,包括制冷与空调设备实训室、单片机控制装备实训室、机电一体化设备实训室、电子产品装配实训室等。通过十余年的实践和探索,学校开创了具有理论学习、专业实践和校企合作三者融合的人才培养模式。学校与亚龙搭建的师资培养实践平台获得了良好的成效,充分发挥了校企合作的优势,以做、学、教结合的形式,培养了大量优秀的师资。与此同时,优秀的师资走上讲台后为亚龙、华为、中国电信等公司输送了大量优秀人才。

3. 河北科技师范学院:农科专业双"三三四"模式的实践

3.1　实施背景

河北科技师范学院(以下简称学院)是一所以农科为背景的职业技术师范院校。在以农科为特色的背景下,学院加快职教师资培养,以培养优秀职教师资的方式为职业教育发展提供支持,积极探索基于农科专业的师资培养模式。

一方面,学院基于教学总体思路构建了以办学特色、办学模式和教学内容为框架的师资培养模式,其中,办学特色包含技术型、师范性和学术性;办学模式包含校场结合、校校结合、做学结合;教学内容包含实用性、实践性、职业性、社会性。

另一方面,学院还基于实践教学的特点构建了以综合实践、专业实践和基础实践为框架的师资培养模式。其中,综合实践包含教学实践、场站实践、课题实践;专业实践包含教学技能训练、专业技能训练、科研技能训练;基础实践包含教师基本功、职业认知、专业认知、专业基础技能。根据以上两个不同方面所涵盖的内容个数,学院将其称之为双"三三四"模式。该模式开发了职教师资培养方案、计划、教材课件等,为我国职业院校培养了一批兼具理论素养和实践教学能力的教师队伍。

3.2 主要做法

3.2.1 构建三大技能训练体系

学院为了促进职教师资的技能水平,构建了基于专业技能、教学技能和科研技能为核心的训练体系。其中,专业技能训练的目的是帮助学生掌握本专业领域内的基本技能,培养学生对于专业知识的理解和应用能力。教学技能训练的目的是培养师范生作为学生应该掌握的基本能力,帮助其练就扎实的基本功,提高其在教学实践方面的能力和素养。科研技能训练的目的是培养学生在教研方面的能力,确保其既能有效地开展日常的教学工作,又能结合自己的工作特点和专业实际情况,运用科学的研究方法有针对性地进行实践探索和科学研究,运用研究成果不断改进教学实践。

3.2.2 搭建三大实践平台

学院为了提高职教师资的实践水平,构建了基于基础实践、专业实践、和综合实践的实践平台。其中,基础实践重在培育师范生的专业基本技能,既要确保学生掌握必要的理论知识,还要结合专业特点和职业教育特征,培养学生的实操能力,比如部分专业需要操作仪器设备,故而学院专门为此类专业搭建了实践平台,帮助师范生具备仪器设备操作能力。

3.2.3 实行四年不断线

传统职教师资培养多遵循"专业基础—专业理论—专业实践"的路径,这样的培养容易导致专业知识和专业实践相互分离。学院为了帮助师范生实现专业知识和专业实践的融合,对传统职教师资培养模式进行了改进,实行了四年不断线的实践教学模式,将专业实践学习与专业基础、专业理论的学习结合起来。学院结合农科类专业的特点,制定了有针对性的四年不断线师资培养计划,明确指出大学生从入学开始除了专业理论知识的学习,还要接受农科实践教学培养。理论和实践教学主要是依据农时、季节和学科等实际情况来进行。表3-2是不同年级在读期间培养的主要内容和方向,反映出实践教学贯穿于师资培养的全过程。

表3-2 农科类职教师资培养重点内容

	大学一年级	大学二年级	大学三年级	大学四年级
培养重点	实验操作能力和基本生产技能训练	农事操作训练和专业劳动	深层次专业技能训练、专业课实验学习、科研技能训练	综合性专业实践、生产学习、科研、教育实习（仅面向师范生）

3.3 实践成效

目前,学院获批2批国家级新农科项目和教育部首批卓越农林人才教育培养计划改革试点,成立了1个国家级现代产业学院。近年来,学院人才培养质量不断得到提升,就业率均达到95％以上,对口就业率超过80％,毕业生受到用人单位的欢迎。学院培养的职教师资为兄弟院校的发展树立了良好的示范,其培养模式也受到同类院校的借鉴学习。

4. 江苏理工学院:卓越职教师资"六·三"培养模式的实践

4.1 实施背景

江苏理工学院(原江苏技术师范学院,以下简称学院)是在国家大力发展职业教育背景下而建立的高校,学院始终坚守"立足职教、服务职教、引领职教"的办学使命,致力于为中等职业教育培养专业师资。经过近四十年的办学实践,积累了丰富的培养经验和典型案例。近些年来,在卓越职教教师培养计划改革的背景下,学院也积极开展卓越职教师资培养探索与改革,构建了卓越职教师资"六·三"培养体系,为中等职业教育输送了大量优秀师资。[①] 据不完全统计,江苏省中职校30％的中层以上干部、40％的专业骨干教师均毕业于

---

① 葛宏伟,王志华.卓越职教师资"六·三"培养体系构建与实施——以江苏理工学院为例[J].职业技术教育,2021(2):48—52.

江苏理工学院。①

4.2 主要做法

4.2.1 培养"三能"兼具的卓越职教师资

学院以培养"三能"兼具的卓越职教师资为目标，其一是培养学生从事理论教学的能力，其二是培养学生开展实践教学的能力，其三是培养学生开展创新创业的能力。"三能"为培养卓越的"双师型"教师奠定了基础。

4.2.2 制定"三证"兼具的毕业制度

学院为了在职教师资培养环节体现"学术性""技术性"和"师范性"的特点，构建了毕业证书、专业技术等级证书、教师职业基本技能证书"三证"兼具的毕业制度。其中，职教师资培养的"学术性"通过本科毕业证书予以体现，"技术性"通过专业技术等级证书予以体现，"师范性"通过教师职业基本技能证书予以体现。"三证"制度自1996年实施以来，对中职校教师队伍的发展发挥着巨大作用。近几年，随着卓越职教师资培养计划改革的实施和推进，学院构建的"三证"兼具毕业制度也发挥了优势，为职教师资培养奠定了基础。

4.2.3 构建"三元"协同的育人路径

学院联合企业、中等职业学校等多方利益主体，聚合重点企业、职业学校等各方优势资源，聚焦职教师资培养模式创新、体制机制完善、评价方式改进等方面，构建了具有"三元"特点的协同育人路径，为全国职教师资培养提供了可资借鉴的"江苏范式"。

4.3 实践成效

学校实施的"六·三"培养模式取得的成效主要表现在以下三个方面。

第一，"双师"教师具备较高水平的实践创新能力。在此以江苏省重点学科——机械设计制造及其自动化专业为例予以说明。学院基于长期的实践探索构建了以"543"为典型特点的工程职教师资实践教学体系。其中，"5"代表5大模块，包括职教师资培养整个过程涉及的基础实验、课程设计、综合实践、教育及企业实习、技能培训。"4"代表4个层次，包括基础实践技能、专业实践与

---

① 苏雁，吴婷. 如何培养高水平"工匠之师"——江苏理工学院构建培养、培训、研究"三位一体"职教教师教育体系[N]. 光明日报，2019-10-30(8).

教学技能、综合实践技能、创新实践技能。"3"代表3级提升,分别代表从中级工到高级工再到卓越工程师的提升、从教师基本技能到双师教师技能再到管理班级能力的提升。①

第二,用人单位对学院培养的教师给予了较高评价。实践表明,学院实行的"六·三"培养模式全面提升了师资队伍的培养质量。统计数据显示,学院培养的师资初次就业率和满意率均达到95%以上。2012年9月,学院开始招收硕士专业学位研究生,同年11月,学院正式更名为江苏理工学院。在此背景下,学院专门制定了基于新时代特点的培养规格和学制模式,在原有四年制本科职教师资培养基础上,新增了两年制教育硕士的培养,硕士师资的培养强调具备高水平开展理实一体化教学的能力、一定的专业管理能力与课程管理能力和一定的技术研发能力②。从近几年硕士师资用人单位的反馈来看,培养规格的提高和学制模式的改变获得了良好的成效。

第三,形成一批优质的职教师资教学资源与成果,产生较好的辐射效应。2017年,学院的两门职教师资培养课程获批国家级精品资源共享课,分别是"职业教育学"和"职业教育心理学"。同年,学院开设的"江苏创新现代职教体系、系统化培养高素质技术技能人才的研究与实践"课程荣获国家级教学成果二等奖。另外,学院还有5项教学成果在江苏省的评比中荣获江苏省教学成果二等奖,分别是"中职教师培养模式以及教学内容和课程体系改革的研究与实践""高等职业技术师范院校教师教育课程建设的研究与实践""职技高师人才培养系统大众化改造的研究与实践""高等技术师范院校电气信息类人才分型培养的研究与实践""基于现代教师教育理念的职业教育师资培养课程体系设计与实践"。上述优秀教学成果既是对内师资培养模式的总结和提炼,也是对外的展示与宣传,为全国职教师资培养提供了可供学习借鉴的"江苏范式",形成了较好的辐射效应,带动了其他地区(学校)职教师资培养向着更高水平的方向改进和发展。③

---

① 张维玺.职技高师电气信息类专业的实践教学体系建设[J].江苏技术师范学院学报(职教通讯),2008(6):58—59.
② 朱林生."新职师"带领职教师资建设走入新阶段[N].中国教育报,2019-10-22(9).
③ 葛宏伟,王志华.卓越职教师资"六·三"培养体系构建与实施——以江苏理工学院为例[J].职业技术教育,2021(2):48—52.

5. 吉林工程技术师范学院:"一导双驱"模式的实践

5.1 实施背景

吉林工程技术师范学院根据职教师资对于人才培养的示范性,将职教本身作为专业教育所具有的技术类型,构建了一个基于"校—企—校"多维度、多层次、立体化的职教师资培养模式。

5.2 主要做法

5.2.1 搭建"校—企—校"开放教育平台

为了与行业相互配套,同时兼顾已有的专业门类,学校联合政府、企业和社会共同举办职教师资培养活动。2010年,学校在吉林省教育厅支持下,牵头组建由吉林工程技术师范学院(职教师资培养单位)、行业企业(职校学生用人单位)、职业学校(职教师资用人单位)组成的职教师资培养共同体。"校—企—校"教育平台集合多方力量,遵循"合作发展、合作育人、合作就业,共同组织、共同管理、共享资源"的基本原则,打破了传统意义上依托学校培养职教师资的单一模式,以多方合作的方式培养符合社会、行业企业以及职业教育发展需要的"双师型"职教师资。① 2016年,学校发布《吉林工程技术师范学院关于进一步加强实践教学工作的意见(试行)》,明确指出学校要进一步增加对实习基地和实习环节的投入,不断加强与地方政府、行业、企业合作,探索校企合作的新模式、新机制。通过校企合作、订单培养、成立股份制二级学院、建设校外实践基地,为师资培养打通实践渠道。②

5.2.2 构建"平台+模式"式理实一体化课程体系

近年来,学校为了提高职教师资培养的有效性,从课程设置、教学方式等方面推进课程体系改革,结合职教师资培养的特点,构建了"平台+模式"式理实一体化的课程体系。其中,"平台"指的是充分利用企业资源建设教师队伍,最大程度挖掘教学资源,围绕着行业需求、企业资源开设课程,打造合作育人的平台。"模式"指的是将课堂学习、企业工作实践和职业学校教学实践有机结合起

---

① 刘君义,甄国红,王硕.职教师资人才培养课程体系的构建——基于校—企—校开放的教育平台[J].黑龙江高教研究,2013(2):145—147.
② 吉林工程技术师范学院.关于印发《吉林工程技术师范学院关于进一步加强实践教学工作的意见(试行)》的通知[EB/OL].(2016-12-14)[2022-08-25]. http://jwcsys.jlenu.edu.cn/info/2012/4208.htm.

来,实行项目驱动、做学合一的教学模式。[1]

5.3 实践成效

学校基于实践探索形成的"一导双驱"模式成效显著,得到教育部门的充分肯定和社会各界的广泛关注。2012年4月,教育部鲁昕副部长来校考察,并亲自为"校企校"揭牌,对学校创建的职教师资培养模式给予了极大肯定。2013年3月,由教育部办公厅发布的《教育部简报》中详细介绍了吉林工程技术师范学院构建的创新人才培养模式,并展示了"校—企—校"开放教育平台建设的成果。另外,学校在职教师资培养方面的系列成果还得到光明日报、中国教育报、吉林日报等媒体的报道和介绍,获得了良好的社会影响力。[2] 2014年,学校创办的"校—企—校"职教师资培养模式创新与实践获得吉林教学成果奖、吉林省高等教育教学成果奖,其中一等奖2项、二等奖4项、三等奖1项;获吉林省首届职业教育与成人教育教学成果奖7项,其中特等奖1项、一等奖2项、二等奖2项、三等奖2项。[3]

6. 河南科技学院:"双岗实习、置换培训"和农科类卓越中职教师培养模式实践

6.1 实施背景

河南科技学院(以下简称学院)是全国首批独立设置的高等职业技术师范院校之一。近年来,学院依托良好的职业教育师资培养基础,利用传统农学学科专业方面的优势,培养了大量的优秀职教师资,在职教师资培养实践方面积累了十分丰富的经验。

6.2 典型做法

6.2.1 "双岗实习、置换培训"的职教师资培养模式

学院按照"双师型"职教师资培养目标,探索出了"双岗实习、置换培训"的职教师资培养模式,取得了显著成效。其中,"双岗实习"指的是组织学生到职业学校顶岗进行教育教学实习,到生产企业顶岗进行专业生产实习。"置换培训"指的是组织学生到职业学校和生产企业进行顶岗教育实习与生产实习培训

---

[1] 甄国红,王硕. 基于"校企校"联盟的职教师资培养培训模式创新实践[J]. 职业技术教育,2015(5):70—73.
[2] 甄国红,王硕. 基于"校企校"联盟的职教师资培养培训模式创新实践[J]. 职业技术教育,2015(5):70—73.
[3] 吉林工程技术师范学院. 学校简介[EB/OL]. http://www.jlenu.cn/xxgk/xxjj.htm.

的同时,被暂时顶替的职业学校教师和生产企业的设备操作人员或技术人员到学院"全国重点建设职教师资培训基地"和"全国高职高专师资培训(河南)基地"进行相关培训。①

6.2.2 农科类卓越中职教师培养模式实践

十九大确立了"乡村振兴"战略的发展方向。乡村振兴战略的提出使得农村地区对高素质劳动者和技术技能型人才的需求明显增加。学院根据国家战略和职业教育的发展趋势,结合河南省实际情况,针对农科类职教师资培养进行了改革和探索。

2013年,教育部制定了《中等职业学校教师专业标准(试行)》(以下简称《专业标准》)明确指出:"中等职业学校要将《专业标准》作为自身专业发展的基本依据。"学院根据《专业标准》和农林职教师资培养的现实情况,制定了"双师型"卓越农林职教师资培养标准。②

学院秉持了"崇德尚能,知行合一"的校训,提出卓越教师"221"培养标准,其中,"德"与"能"是培养的"2"个基础,"知"与"行"是培养的"2"个核心,最终"德""能""知""行"实现四位一体,标志着培养成为"1"个卓越中职教师。③ 2014年,教育部等三部委开始实施卓越农林人才培养改革试点项目。学院根据农学专业特色和优势,申报并获批国家"实用技能型"卓越农林人才培养改革项目,围绕培养具有较高实践能力的职教师资进行了大量实践探索。④

与此同时,为了实现卓越中职教师的培养,学院还联合地方政府、行业企业以及高校构建了"四位一体"的协同育人机制。⑤ 具体是以学院牵头组建了由地方教育行政部门、农业职业学校、行业企业共同参与的教学指导委员会或校企联合理事会,共同搭建了多方利益主体共同培育职教师资的平台。平台搭建以来,各地教育行政部门、地方职业教育中心联合与地方职业中等专业学校签订

---

① 陈强,宋艳丽. 保证"双岗实习"强化"置换培训"[N]. 中国教育报,2009-01-22(3).
② 赵新亮,冯启高,朱启迪. 农科类卓越中职教师培养模式研究与实践[J]. 河南科技学院学报,2019(10):65—69.
③ 郑树景,杜晓华,刘会超,赵新亮. 矛盾与创新:种植类卓越中职教师培养模式研究[J]. 教育信息化论坛,2019(1):43—45.
④ 刘明久,赵新亮. 校企协同培养实用技能型卓越农学专业人才的实践与探索[J]. 河南科技学院学报,2018(10):60—63.
⑤ 赵新亮,冯启高,朱启迪. 农科类卓越中职教师培养模式研究与实践[J]. 河南科技学院学报,2019(10):65—69.

卓越中职教师培养协议，还专门为学校建立教学实习基地，与学校共同开展"协同制定培养方案、协同开发课程、协同建设实践平台、协同开展教学活动、协同开展教育教学研究、协同开展人才质量评价"等"六协同"育人活动。

6.3 实践成效

全国职教师资培养院校青年教师教学基本功竞赛是职教师资培养院校教学竞赛的最高级别比赛。2016年，学院在参赛的八支代表队中脱颖而出，5位教师代表学校获得了团体第一名，荣获特等奖[①]。近几年，学院根据学科发展的现实情况和国家改革趋势，创建了农业物联网、农作物大数据分析与应用及河南省工程实验室，提升了农学学科研究层次，将学科建设成果融于职教师资培养的全过程。同时，学院还积极探索并构建了卓越农林人才和卓越工程师培养模式、农科类卓越中职教师培养模式、"嵌入式"定向培养模式等多样化人才培养模式，提高了职教师资培养的针对性。这些都在很大程度上体现了学校在职教师资培养方面取得的成效。

（二）地方政府和职业院校实践

2022年5月22日，全国职业教育教师队伍建设工作调度会议召开。其中，山东、广东、浙江、河北省教育厅以及天津轻工职业技术学院和甘肃酒泉职业技术学院等六个单位作为代表进行了汇报，内容涉及职业院校教师队伍建设情况及如何贯彻落实职业院校教师能力提升行动的初步方案、职业院校教师教学创新团队、共同体建设经验做法等事项。地方政府和部分职业院校的典型做法代表了目前我国职教师资队伍改革的重要方向，为其他地方职业院校改革与发展提供了经验与启示。

1. 山东省职教改革实践典型案例

山东省混合所有制改革一直走在全国前面。经过梳理发现，2015年山东省

---

① 史俊婷．牛艳芳．河南科技学院获青年教师教学竞赛特等奖[EB/OL]．(2016-11-21)[2022-08-25]．https://news.sciencenet.cn/htmlnews/2016/11/361533.shtm．

率先以省为单位开展混合所有制办学改革试点,目前已成为全国混合所有制改革的"策源地",探索建立"职教高考"制度,实现职教、普教并行双轨道。

1.1 解决职教教师队伍数量不足、质量不高的问题

山东省人民政府在教育部相关政策的引导下,发布了《关于整省推进提质培优建设职业教育创新发展高地的意见》。山东省人社厅、教育厅发布了《关于进一步优化职业院校公开招聘工作有关问题的通知》,明确了职业院校可自主编制公开招聘方案并组织招聘,以"干什么,考什么"的原则设置专业课教师招聘考试内容,以测试专业技能和执教能力为主;对技术能手、高技能人才适当放宽工作经历限制;对业界优秀人才,可以采用直接考察的方式进行招聘,开辟了引进高技能人才的"绿色通道"。

1.2 解决"双师型"师资不足和教师队伍质量不高的问题

山东省组织开展教师企业实践。比如,通过选派青年骨干教师到国家级教师企业实践基地开展产学研训一体化岗位实践,帮助教师通过跟岗实践了解企业的生产组织方式等,学习所教专业在生产实践中的应用。

1.3 解决校企合作成效不高,改善"学校热、企业冷"的现象

山东省政府和教育行政部门联合企业开展集团化办学,依托集团企业为教师提供相应的实践岗位,要求企业介入人才培养,以稳定的办公点、团队及其管理制度解决教师的实践难题,帮助教师接触核心技术岗位和真实项目,提高实践教学能力。

1.4 解决职教教师培训成效不高的问题

山东省聚焦教师的职后培养,以"职业院校教师素质提高计划"为抓手,以双师素养为核心,在职业院校开展全员培训。与此同时,院校也相继出台面向新教师的"导师制",面向骨干教师、专业带头人、教学名师的分层培训计划等。比如,威海职业学院还启动了"教练型"名师培养工程,引进与专业结合紧密的科技创新平台、真实工程项目和生产性实训载体,利用校内生产性教学工厂开展生产性实训,让教师理实融通。山东外国语职业技术大学联合企业探索教材和教法改革,通过开发活页式教材、工作手册式教材,融入新的理念、技术、工艺,契合了《"十四五"职业教育规划教材建设实施方案》鼓励职业院校与龙头企业联合开发教材的要求。在产教融合的视野下进行教法改革,深化校企合作,将真实项目融入教学,开展案例式、情境式实践,实行模块化教学,紧密融合生

产和教学过程。

2. 广东省职教改革实践典型案例

广东省现有93所专科层次职业学校，在校生超125万人，分别比2011年增长19.2%、83.1%；本科层次职业学校从无到有，2所学校在校生1.9万人。过去十年间，广东职业教育向产业输送约769万名高素质人才，也涌现出了大量实践探索的案例。

2.1 实现21个地区高职院校全覆盖

高职扩招政策发布后，广东省整合资源、优化布局，以超常规的力度加大学位供给，目前已投入94亿元，入驻10所学校，在校生约11万人。为根植产业扩资源，广东省将区域经济社会发展的所急所需，作为布局、建设高职的重要"坐标系"。

茂名作为广东省首个农业总产值超千亿元的地级市，以"五棵树一条鱼一桌菜"为抓手，推动农业优质高效发展。目前，茂名地区的农林渔产业依托于广东茂名农林科技职业学院，已经发展成为当地产业升级发展的支撑性力量。近3年，广东省新增12.6万个高职学位，新建8所高职院校，其中广东梅州职业技术学院、潮州卫生健康职业学院均为所在地市首所高职院校。广东省历史性实现21个地市高职院校全覆盖。

2.2 建设产业学院破解校企合作难题

粤港澳大湾区产业土壤丰沃，广东省通过推进"1+X"证书制度试点等做法，引导高职院校通过与企业共建产业学院等方式，根植产业、服务产业。广东省现已设立146所高职产业学院。此外，华为在广东协同高职院校建立15所ICT产业学院。校企通过共同开发专业与课程标准、共同打造高水平教学团队、共同制定行业标准等"九个共同"，打造互利共赢的校企命运共同体。

目前，广东省立项建设了311个定位准确、特色鲜明、校企合作共生、培养质量高、综合实力强的高水平高职专业群；创建了298个省级中职教育"双精准"示范专业，专业设置覆盖全省现代产业体系。2021年，高职院校为广东新一代电子信息等10个战略性支柱产业集群、半导体及集成电路等10个战略性新兴产业集群培养了13.1万名技术技能人才，占毕业生人数的45%。

另外，广东省还出台产教融合建设试点实施方案，建设10个产教融合试点市，牵头成立了粤港澳大湾区职业教育产教联盟等合作平台。省内产学合作企业达 8 万家,培育产教融合型企业 1 223 家。截至 2021 年底,广东省多个高职院校协同企业共建了 580 个省级校外实践教学基地。

3. 浙江省职教改革实践典型案例

"十三五"期间,浙江省重点实施职业教育"三名工程"(名校、名师、名专业),遴选建设 20 所优质高职院校(其中 5 所为省重点建设高职院校)、50 所省级中职名校,着力培养培育 100 名中职教学名师、100 名中职技能大师及 100 个"名师工作室"和 100 个"大师工作室";扶持建设 200 个中职名专业(100 个品牌专业和 100 个优势特色专业);研究制定"三名工程"项目管理办法和项目动态调整机制实施办法,形成竞争淘汰机制,有力地提高项目建设质量;进一步完善"十三五"期间市县职业教育发展考核办法,以市县职业教育和成人教育总体发展状况、年度进步率、财政教育投入、"中职教育质量提升行动计划"实施等为主要依据,评定市县职业教育发展绩效。通过项目引领和考核引导,有力地推动了浙江各地加快推进职成教现代化的步伐。

浙江省着力完善职业教育体系,加强普职协调发展,实施普职同平台同批次同步招生和普职学生的有序流转,探索课程共通、专业体验、生涯指导等多样化融通模式改革。加强中高职在人才培养目标、教学方案、课程体系、教学过程等方面的有机衔接,积极探索构建多元一体化培养技术技能人才途径。完善"3 + 2"、五年一贯制培养,探索中职与应用型本科院校一体化人才培养,推进依托高职、联合本科的 4 年制本科职业人才培养试点。实施面向中职学生的多元化招生改革,在不断完善高职单考单招制度的基础上,逐步扩大高职院校面向中职毕业生的自主招生规模,鼓励高职院校以"三位一体"或"单考 + 校考"等自主招生方式,开展考生职业技能测试,推行职业技能知识面试,引导中职学校加强学生专业实践和技能训练。2017 年,浙江省中职学生升入高校的比例达 30%,目前已接近 50%,说明职业教育的竞争力和吸引力不断增强。

产教融合:浙江省大力推行职业教育集团化办学,鼓励各地建立以区域或专业为纽带、地方政府(或行业)为主导、高职院校为龙头、中职学校和企业共同参与的职教集团或联盟。目前,全省各地已组建了 100 多个职教集团,与近 7000 多家企业结成紧密合作关系,为推进校企合作搭建了有效平台。"十三五"期间,将建成 20 个具有较大影响力的省级示范性职教集团,同时重点扶持建设100个依托中职学校、整合行业企业资源的省级校企合作共同体,使之成为区域校企合作典型和样板。积极推进现代学徒制试点工作,目前全省共有教育部现代学徒制试点18个,省级试点90个,有179所中职学校参与现代学徒制试点工作,参与试点专业点数381个,参与学生数3.95万人,参与大中型企业1634家,保障体系和双元育人机制初步形成。积极鼓励各地建立校企合作奖补机制,如嘉兴市为支持鼓励区域骨干龙头企业积极参与职业教育,制定出台了《嘉兴市教育型企业认定与管理办法(试行)》,对获得"教育型企业"资格的企业,予以经费奖补。

育人:浙江省中职教育以"中职学生核心素养提升工程"为抓手,坚持德育为先、素养为重,强化中职学校育人工作,全面提升中职学生核心素养。"十三五"期间,全省重点培育100个省级中职学校德育品牌、100个中职学生创新创业教育实验室,评选宣传100个中职优秀毕业生典型,每年举办一届全省中职学生职业能力大赛、面向人人职业能力大赛、全省职教活动周,开展"阳光学生、最美教师、美丽校园"系列推行活动,"三美"人物(即劳模、成长导师、优秀毕业生)进校园巡讲活动等,全方位提升中职学生技术技能水平,充分展示中职学生良好精神风貌和综合素养。2017年,浙江省教育厅出台了《关于加强培育中职学生核心素养的指导意见》,提出浙江省中职学生核心素养的基本内涵是:品德优良、人文扎实、技能精湛、身心健康,在全省职业教育系统形成共识,并予以积极推广。此外,继续深化选择性课程改革,全面实施中职学校质量年度报告制度,全面推进实施教学诊断与改进工作,扎实做好中职招生、就业、实习管理等工作,2017年,全省中职招生204 979人,继续保持普职大体相当。在全国职业院校技能大赛中浙江省中职代表队共荣获63个一等奖、108个二等奖、49个三等奖,获奖率高达96.49%,一等奖获奖率为27.63%,成绩居全国前列。

师资建设:实施重点扶持学校师资提升计划,制定名校与重点扶持薄弱学校骨干教师培训、交流管理办法,每年遴选100名重点扶持学校骨干管理干部和骨干专业课教师与发达地区示范学校进行对等互派交流挂职。研究制订职业院校教师素质提高计划,加强对卓越教师、校长、专业带头人、优秀青年教师等培养,开展中等职业学校非师范类专业新教师入职培训,建设一支能引领全省职业教育高水平发展的名师和骨干教师队伍;支持开展中职、高职、应用型本科高校教师团队研修和协同创新,创建一批中高职教师专业技能创新示范团队；推进教师和企业人员双向交流合作，建立教师到企业实践和企业人才到学校兼职任教常态化机制，分层分类组织，有计划、分步骤地开展教师全员培训，全面提升职业院校教师的"双师"素质和校长的办学治校能力。目前，全省双师型教师占专业课教师和实习指导教师比例达85%，兼职教师占专任教师比例15.6%。下一步将重点贯彻落实《中共中央国务院关于全面深化新时代教师队伍建设改革的意见》，进一步加大中职师资培养力度，完善人才引进制度，在职称评聘、待遇保障等方面有所突破。

4. 河北省职教改革实践典型案例

河北省实行分层分类培训，包括国家级培训和省级培训两大类。

国家级培训涉及专业带头人领军能力研修项目、"双师型"教师专业技能培训项目、优秀青年教师跟岗访学项目、卓越校长专题研修项目、教师企业实践项目、创新项目、"'1+X'证书制度"专项、中高职衔接专业技能标准研修项目、省级职教教师教学创新团队培训、骨干培训专家团队建设项目、网络研修。

省级培训包括习近平新时代中国特色社会主义思想"进教材、进课堂、进头脑"工作系列培训、推进中等职业学校教学诊断与改进系列培训、职业院校教师教学能力大赛系列培训、"双师型"教师能力提升培训、教辅人员能力提升培训、管理干部领导力提升培训、中高职衔接文化课标准研修项目、中高职衔接专业技能标准研修项目、骨干培训专家团队建设培训、职业院校技能大赛系列培训。

5. 天津轻工职业技术学院典型案例

天津轻工职业技术学院（以下简称学院）在坚持产教融合、校企合作培养高素质技术技能人才，主动服务经济社会发展方面勇于创新实践，在国内首次提出并建立了"三级贯通"校企合作办学体制机制，成为高职院校建立校企合作长效机制的典范。通过校企共建技能人才储备中心、技术与产品推广中心、协同创新中心、员工培训中心，在专业规划中融入行业龙头企业发展战略需求的"四中心一融入"模式，赢得行业龙头企业的支持，形成了校企协同育人的良好格局，为学生成长成才构筑了参与行业前沿技术应用实践和先进企业文化熏陶的平台。学院与瑞士GF集团、德国卡尔蔡司、西班牙歌美飒、三菱电梯、中国英利等11家世界知名或行业龙头企业共建校内实训中心11个，拥有校外实习基地

165 个。校企共建了国内高职院校首个精密模具智能制造生产线并成立协同创新中心。学院被教育部批准为工业机器人领域职业教育合作项目建设单位和现代学徒制试点项目建设单位,并牵头组建了京津冀模具现代职教集团、全国新能源类专业共建共享联盟。2018 年 4 月,学院在教育部新闻发布会上作为全国职业院校唯一代表介绍产教深度融合、校企协同创新典型经验,示范效应显著。

自 2008 年以来,学院连续 11 年承办全国职业院校技能大赛相关赛项;主持完成了国家级新能源类专业教学资源库建设;累计获得国家级和市级教学成果奖 13 项,在高职院校中的引领示范作用日益彰显。学院将创新创业教育纳入教学,举办创新创业大赛,成立了轻职众创空间,连续两年被天津市教委认定为天津市 A 级(优秀)高校众创空间,打造了面向天津市职业院校的创新创业服务平台,针对职业院校学生创新创业给予帮扶。

学院积极开展国际合作交流,实施"引进来"与"走出去"并举的战略,与新西兰、德国、瑞士、瑞典、英国、美国、韩国、印度等国家的 43 家国(境)外教育机构、高校或国际知名企业建立国际合作关系,开展师生交流、合作办学、师资培训、学术文化交流等多种形式的国际交流与合作,近年选派了 137 名教师及多批学生赴德国、奥地利、美国、澳大利亚、新西兰、瑞士、印度和韩国等国家和地区开展研修学习,接待了国(境)外代表团 58 个,共计 500 余人次。学院是中国轻工国际产能合作企业联盟副理事长单位,并加入了"一带一路"产教协同联盟。学院主动服务国家"一带一路"倡议,联合兄弟院校支持中国企业和产品"走出去",启动运营了印度鲁班工坊,实现了职业教育服务国际产能合作的重大突破。2018 年 5 月,天津鲁班工坊建设体验馆在学校落成开馆,全面展示了鲁班工坊建设历程与成果,获得中共中央政治局委员、国务院副总理孙春兰的高度评价。

6. 甘肃酒泉职业技术学院典型案例

根据《教育部甘肃省人民政府关于整省推进职业教育发展打造"技能甘肃"的意见》,结合《酒泉市推进职业教育提质培优打造"技能甘肃·匠心酒泉"行动方案(2020—2023)》,甘肃酒泉职业技术学院(以下简称学院)谋划了"三大工程"支撑"技能甘肃"。

一是以国家和甘肃省"双高计划"建设任务为牵引,着力实施"一加强、四打造、五提升"十大重点任务。学院以国家"双高"和省级"双高"建设为抓手,组建了契合河西走廊产业、市场、行业发展需求的风力发电工程、旅游管理、现代农业技术三大专业群。

二是投资11.1亿元打造以学院为核心的酒泉市职业教育产教融合示范区,并计划争创省级产教融合型试点城市,目前已经完成占地6 500亩的规划,并投入资金4.5亿元,项目进展顺利。

三是积极创建职业技术大学,整合市域内三所中职学校,形成中职、高职、职业本科贯通培养,构建完整的职业教育与培训体系,增强服务区域经济社会发展能力,实现学院的高质量发展。

比如,近年来,学院深入贯彻习近平总书记关于保护传承非物质文化遗产的重要指示精神和全国职业教育大会精神,依托酒泉丰富的非物质文化遗产资源和敦煌文化的独特魅力,通过校企合作、内外联动,牵头成立了甘肃省非遗职业教育集团,打造了"平台、课程、双创、研学、培训"五位一体的非遗和职业教育相互融合、相互赋能的"酒职模式"。

酒泉职业技术学院还利用大学科技园和科技企业孵化器的平台优势,先后研发了《敦煌艺术剪纸册页》《敦煌艺术手绘》《戈壁石艺画》等16项文创产品,孵化了敦煌手绘工坊等14支创业团队,参加各级创新创业大赛获奖26项,《敦煌壁画文创系列》《敦煌彩塑文创系列》《敦煌面塑》等非遗作品参加"黄炎培杯"中华职业教育非遗创新大赛获奖9项,荣获"非遗特殊贡献奖"。

(三) 卓越职教教师培养计划

2014年,教育部办公厅发布《关于公布卓越教师培养计划改革项目的通知》,幼儿园、小学、中学、中等职业学校、特殊教育五种类型师范教育共设立80个改革项目,由64所院校承担。其中,卓越中等学校教师培养计划改革项目共10项,由9所院校承担,其中8项为本科层次人才培养,2项为硕士层次职教师资培养。①

---

① 教育部办公厅.《教育部办公厅关于公布卓越教师培养计划改革项目的通知》[EB/OL].(2014-12-09)[2022-08-25]. http://www.moe.gov.cn/srcsite/A10/s7011/201412/t20141209_182218.html.

次年,教育部教师工作司发布《关于推进卓越教师培养计划改革项目实施工作的通知》,要求项目学校高度重视卓越教师培养计划改革项目实施工作。各项目承担单位经过几年的探索和实践,在职教师资培养方面取得了一定成效。

本小节重点围绕湖南师范大学职业技术学院、吉林工程技术师范学院开展的卓越职教师资人才培养实践案例进行梳理。

1. 湖南师范大学职业技术学院:"本硕一体化"职教师资培养实践探索

1988年,湖南师范大学职业技术学院(以下简称学院)在世界银行贷款支持下予以成立,成为我国职业院校中培养"双师型"教师的实体型二级学院。学院开设了机械、电子、服装与艺术设计四个专业,构建了本科、硕士、博士三级培养体系。近些年,在教育行政部门和湖南师范大学的大力支持下,学院构建了多个国家级、省部级职教师资培训基地,在职教师资培养培训方面积累了大量的实践经验。

1.1 实施背景

2014年,湖南师范大学申报的"卓越中职服装设计与工艺教育专业教师本硕一体化培养模式的探索"项目经教育部审批通过,2016年该项目成功招收第一批学生。因此,培养"卓越中职服装设计与工艺教育专业教师"成为湖南师范大学实施卓越职教师资培养计划改革的重要代表。

1.2 典型做法

学院为了创新职教师资培养模式,提高卓越职教师资培养水平,将已有的"职教师资免费培养计划""卓越职教师资培养计划""职教师资特岗教师计划""职教师资专本硕一体化培养计划"等多个项目进行了整合,通过"4+2"本硕连通培养、基于高职学生的"2+2+2"本硕连通培养等方式录取优秀生源实施卓越师资培养计划。[①] 具体梳理如下。

一是通过"4+2"本硕连通培养,选取中职对口升学的前30%实施卓越职教师资培养计划。"4+2"本硕连通培养具体指的是"3.5+0.5+2"本硕一体化,其中"3.5"是本科阶段前3.5年在原专业的学习;"0.5"是本科第四年第二个学

---

① 曹晔.职业教育师资培养模式实践与创新研究[M].北京:社会科学文献出版社,2019:180.

期正式组班学习硕士阶段教育学课程并参加教育实践;"2"是教育硕士第一年第一期,参加学校硕士阶段公共课学习并进入实习基地见习,第一年第二期至第二年第一期进入实习基地开展为期1年的实习工作,在相关实习单位主要采用"一带一"师徒制培养。①

二是湖南师范大学在"2+2"免费职教师资培养的基础上,依托卓越职教师资培养计划,将培养时间延长了2年,增加了教育硕士(职业技术教育领域)培养内容。具体是从免费定向师资班中录取30%为卓越职教硕士生,培养完成后授予教育硕士学位。在此期间,免费职教师范生采用的是分段培养的方式:前两年将在6所高职院校进行专业基础理论与实践操作方面的培养,旨在培养职教师资的实操技能;中间两年学生将进入本科高校继续学习,此阶段重点学习相关专业理论知识和职教理论,为"双师"教师的培养奠定基础;最后两年将进入教育硕士阶段的学习,此阶段进一步强化专业教育与教师教育的培养,旨在抓好专业教育的基础上,进一步提高学生对职业教育的理解和认同。

1.3 实践成效

实践成效主要体现在三个方面:一是经过实践探索形成"校—企—校"协同培养的教学模式,促使职教师资培养更具有"实践性",职教师资实践能力的培养也符合卓越职教师资的基本要求。二是强化了职教师资培养的专业性。为期六年的一体化培养既发挥了职教师资本科院校的主体作用,也充分与行业企业建立了联合培养机制,为卓越职教师资的专业化培养开辟了通道。三是提高了职教师资的职业水平。为期六年的培养被均分为三个阶段,不同阶段培养的侧重点各有不同,为学生胜任职教岗位提供了保障。

2. 吉林工程技术师范学院:卓越职教师资培养创新与实践

2.1 实施背景

吉林工程技术师范学院(以下简称学院)是国家重点建设的职业教育师资培训基地,也是吉林省卓越职教师资保障体系建设的牵头学校。多年来围绕着卓越职教师资培养培训进行了诸多探索实践,构建了"校—企—校"协同育人机

---

① 湖南师范大学.《关于做好2021年推荐优秀应届本科毕业生免试攻读湖南师范大学"卓越教师计划"研究生相关工作的通知》[EB/OL].(2020-09-11)[2022-08-25]. https://jsjy.hunnu.edu.cn/info/2051/5682.htm.

制,设计"一、二、三课堂"卓越职教师资人才培养培训模式。① 近年来,为了提高卓越职教师资培养的针对性和实效性,学院依托自动化专业特色,使职教师资培养与专业发展方向相适应,开展了卓越职教师资自动化专业人才培养模式创新实践。

2.2 典型做法

学院将中职校对于"双师型"职教师资的需求和自动化专业特点结合起来,构建了"345"实践教学体系,其中"3"代表3个平台,"4"代表4个层次,"5"代表5证一体。②

3个平台指的是学院为培养职教师资掌握专业基本原理与方法、基本专业操作技能和基本教学技能而搭建的校内实践平台,培养职教师资以具备现代实用工程技术、创新能力和专业素质为目标的"校—企"实践平台,培养职教师资以掌握现代职业教育理念、专业教学方法和技能为目标的"校—校"实践平台。

4个层次指的是学院依托上述3个平台,构建了基础实践、专业提高实践、专业综合实践、创新实践四个实践教学层次,包括实验、实习、实训、课程设计、毕业设计、社会实践、学科竞赛、科技制作、职业资格认证和技术交流等十大环节,确保了理论教学与实践教学紧密结合。

5证一体指的是学院一方面鼓励学生在完成专业教学内容的基础上,积极报考维修电工资格证和中等职业学校教师资格证书,另一方面为了提高职教师资的综合素质,学院还鼓励学生积极参与各项技能大赛以获得各项竞赛证,连同在校期间取得的毕业证和学位证,最终构建"5证一体"化的培养模式。

2.3 实践成效

学院实施的卓越职教师资培养计划改革项目充分体现了职教师资培养的专业性、师范性和技术性,取得了良好的实践成效,主要体现在以下三个方面。

第一,创建了"校企校"互融、"教工学"结合的实践教学体系。职业技术师范学院、行业企业、中职学校三方共同参与卓越职教师资培养的全过程,凸显了职教师资培养的特色。与此同时,"教工学"的培养模式也提高了职教培养的针

---

① 张鹏,方健,董鹏中. 卓越职教师资人才培养培训体系创新与实践——以吉林工程技术师范学院为例[J]. 职业技术教育,2017(8):72—76.
② 刘君义,方健. "双师型"职教师资人才培养实践教学体系改革实践——以吉林工程技术师范学院自动化专业为例[J]. 职业技术教育,2013(2):10—13.

对性,使得学院培养的卓越职教师资能够提升中职校师资队伍的质量。

第二,为中职校培养了具有"双师型"教师潜质的毕业生。学院为了提高卓越职教师资培养质量,组织专业团队指导学生参与国内外各项技能大赛,不断提高职教师资的实践能力和水平。学院师生也因此而获得多项国家级比赛奖励,积累了丰富的实践经历。调查研究显示,用人单位(中职校)对于学院培养的毕业生的满意度超过90%,给予"双师型"教师较高的评价。①

第三,组建了专兼结合的"双师型"教学团队。学院为了优化教师结构,通过兼职、引进、送培等方式,积极引进行业企业高层次人才,聘请高层次人才担任校外专业带头人、骨干教师,指导职教师资培养,提高培养的专业性和技术性水平。

(四)职教教师教学创新团队建设

2022年,教育部教师工作司发布《教育部教师工作司关于公布职教教师队伍建设经验做法和创新团队建设典型案例的通知》后,一些职业院校在教师教学创新团队建设过程中涌现出许多典型案例。

1. 财经商贸大类职业教育教师教学创新团队建设典型案例

2022年,入选财经商贸大类的职业教育教师教学创新团队建设典型案例共有6个,其中,3个属于物流类典型案例,分别是浙江经济职业技术学院"现代物流管理创新团队"、河北交通职业技术学院"物流管理创新团队"以及湖南现代物流职业技术学院"现代物流管理创新团队"。

其他3个属于电子商务类典型案例,分别是浙江经贸职业技术学院"电子商务创新团队"、浙江金融职业学院"跨境电商创新团队"以及江苏经贸职业技术学院"电子商务创新团队"。

1.1 物流类职业教育教师教学创新团队建设典型案例

1.1.1 河北交通职业技术学院:物流管理创新团队

河北交通职业技术学院(以下简称学院)基于学院专业特色和发展定位,组

---

① 刘君义,方健."双师型"职教师资人才培养实践教学体系改革实践——以吉林工程技术师范学院自动化专业为例[J].职业技术教育,2013(2):10—13.

建了现代物流管理专业国家级职业教育教师教学创新团队。截至2022年的统计数据显示,创新团队共有35位教师(包括专职和兼职教师)。其中,专职教师18人,占比51.43%;兼职教师17人,占比48.57%;高级教师22人,占比62.86%。29名教师拥有硕博学历,占比82.85%。团队中拥有1名国家级职业教育专业带头人,3名全国专业教育教学指导委员会成员,1名全国优秀科普专家,1名省级教学名师。

1.1.1.1 典型做法

河北交通职业技术学院创建的物流管理创新团队自2019年起,利用物流管理的专业特点,注重开展社会服务,通过校企搭建的合作平台,创新团队在提高教师自身专业技能、职能素质的同时,也培养了社会服务与交流合作的能力。

其中,典型做法集中于两个方面。一是校企共建师资基地,保障教师企业实践顺利进行。创新团队打通了面向行业、职业要求的全面培训渠道,构建了双元育人模式,并且聘请企业技术专家共建双元课程标准,全面提升团队教师的实践能力。二是教师分类分层培养,切实提高"双师素质",加强"双师型"教师队伍建设。物流管理创新团队按照"教练型"和"工匠型"两条轨道实施了双轨式"双师型"团队建设规划,将教师的培养分为"岗位适应""锻炼成长""创新发展"三个阶段,将教师发展分为五个梯次。学院为了提高教师专业水平,构建了"三阶段五级制阶梯式双型、双师"培育新体系。与此同时,为了提高职教师资培养的针对性,学院还依托"共建基地""共建师资""共同培养""共同培训""共同研发"构建了具有校企研融合特点的师资培养机制,为"三教"改革和高素质"双师型"教师队伍建设提供了支持,并且取得了良好的成效。

1.1.1.2 实践成效

一方面,创新团队积极落实教师下企业制度,拓宽教师实践能力提升路径。2020年,创新团队借助校企融合平台与企业建成教师下企业实践流动站,为教师下企业挂职提供了便利。截至2021年11月统计数据显示,企业实践流动站已为56位教师提供了企业挂职锻炼的机会,包括中外运河北公司、京东物流集团、中关村产业研究院等国内知名企业和平台。

另一方面,创新团队基于国培、省培和校培项目,围绕三教改革目标要求、教师职业技能、专业教学等标准,制定了教师培养培训规划。通过组团参与专项、专题培训等方式,完善了教师轮训制度。2019年8月创新团队组建以来,团队成员参加国内外不同层次培训累计超过1000人次。

1.1.2 浙江经济职业技术学院:现代物流管理创新团队

浙江经济职业技术学院建立了基于校企双向动态循环的教师素质与能力提升机制;推进协作共同体建设,带领协作共同体院校在专业调研、资源共享、协作研究、课程开发等方面开展深度协作。目前,团队成员中有1名全国物流行指委副主任、1名报关委员、3名分委主任,1名教育部高职专业目录修订专家。

1.1.2.1 典型做法

浙江经济职业技术学院为了建设高水平创新团队,基于本校在现代物理管理专业方面的特色和优势,组建了现代物流管理创新团队。2019年,现代物流管理创新团队成为首批国家职业教育教师教学创新团队中的一员,自名单公布以来,团队以打造体现物流职业教育类型特点的一流教师教学创新团队为目标,采取了一系列建设和改革举措。

具体做法包括以下几个方面。

第一,基于"专业+教学",打造一流"双师型"团队。2020年,创新团队根据人社部颁布的18个国家职业技能标准,组织人员参与供应链管理师、物流服务师和冷藏工等三项国家职业技能标准的开发和审定工作,体现了创新团队的高水平专业素养。创新团队以此为契机,结合学校人才培养目标,通过"以赛促教、以赛促建、以赛促改"等多种方式,完善人才培养供应链,打造一流"双师型"团队。

第二,基于"实训基地+社会服务",构建校企融合"双向流动"平台。创新团队联合学校和社会等多方资源,建成了聚焦于物流与供应链产业生态,对接物流、商流、信息流和资金流等的国家级生产性实训基地,并且与物产中大、阿里巴巴、京东集团、顺丰速运等多家知名企业合作建设国家级生产性实训基地、省级实训基地和产教融合实训基地,目前实训基地建设个数已经达到6个。在此基础上,创新团队进一步引进多个校企合作项目,一方面用于学徒制和订单班人才培养,另一方面用于开展社会服务工作。

第三,基于"主课题+校校联合"打造创新团队样板。2021年创新团队作为首批国家职业教育"现代物流管理领域"教师教学创新团队主课题单位,在教育部教师工作司、全国职业教育师资培训基地的指导下,成立了"现代物流管理领域"教师教学创新团队协作共同体。接下来,创新团队将依托共同体的力量,在专业调研、资源共享、协作研究以及课程开发等方面进行持续的探索,提高创新团队建设成效。

1.1.2.2 实践成效

创新团队建设期间,荣获全国职教先进单位。创新团队牵头申报的教学成果荣获1项国家级一等奖和5项国家级二等奖。创新团队还充分发挥了国家骨干校重点建设专业、浙江省优势专业和合作本科专业方面师资的优势,近三年在全国技能大赛中荣获2项一等奖和5项二等奖。2020年,团队教师获人社部职业技能国赛(二类)2项一等奖、1项三等奖。在浙江省人社厅省赛(二类)中荣获1项一等奖。另外,创新团队所在党支部获物产中大集团基层先进党组织,10人荣获物产中大集团优秀党员,2人荣获省级教学名师,4人荣获省级专业带头人,6人荣获校级德艺双馨教师称号。①

1.1.3 湖南现代物流职业技术学院:现代物流管理创新团队

2015年,湖南现代物流职业技术学院(以下简称学院)成功立项湖南省示范特色专业群——物流管理专业群,彰显了学院在物流管理方面的特色。2019年学院按照教育部相关要求,基于学校与企业结合、专业与思政结合、专职与兼职结合的原则,组建了现代物流管理创新团队。目前,团队由20人组成,其中,学校专业教师18人,企业导师2人;专职教师16人,兼职教师4人;高级职称15人,初级和中级职称5人;博士学位4人,硕士学位14人,学士学位2人;45岁以上的9人,35岁以下的11人。

1.1.3.1 典型做法

创新团队根据教师成长和发展的规律将职教教师划分为四个梯队,分别是合格型教师、成长型教师、骨干型教师和标兵型教师。通过收集教师课堂教学相关数据,对教师的课堂教学质量进行"画像",通过量化的方式对不同教师的课堂进行诊断和测评,分数在70分以下认定为合格型教师、70—80分的认定为成长型教师、80—90分认定为骨干型教师、90分以上的认定为标兵型教师。在此基础上,通过教学测评对教师课堂教学质量进行有效监测,并提出精准的改

---

① 国家职业教育智慧教育平台.首批国家职业教育"现代物流管理专业领域"教师教学创新团队工作案例——浙江经济职业技术学院[EB/OL].(2022-05-07)[2022-08-25]. https://teacher.vocational.smartedu.cn/h/subject/jxcxtd/aljx/2022-05-07/231.html.

进意见。

学院对分数位于不同测评区间的教师采取了精准帮扶策略,低层级的教师以高层级教师的发展特征为参照,通过听评课、观摩学习、精准培训等方式提高自己。比如,学院对测评分数在70分以下的教师,以合格型教师的特征为参照,通过听评课、导师指导、精准培训等方式明确课堂基本规范与把控等基本教学能力,帮助教师快速站上讲台,适应教育教学工作对教师的胜任要求。通过这种精准培训的方式,教师的教育教学能力得到有效提升,促进了教师队伍整体建设水平的提升。

1.1.3.2 实践成效

2019—2022年,创新团队建设成效显著,取得各类国家级荣誉和奖项50余项,其中获批国家示范性职教集团等国家级项目29项,立项国家级科研课题3项,教师参与全国教学能力竞赛获奖6项,团队成员获"国家教材二等奖""全国物流先进工作者"等国家级荣誉和奖励6项。各种国家级、省级奖励反映出教师职业能力显著提升,也是学院课堂教学质量提升的结果。[①]

1.2 电子商务类职业教育教师教学创新团队建设典型案例

1.2.1 浙江经贸职业技术学院:电子商务创新团队

浙江经贸职业技术学院(以下简称学院)成立的电子商务创新团队早在2007年就以电子商务专业团队的身份入选浙江省教学团队。目前创新团队由25人组成,其中教授2人,副教授5人,省级专业带头人1人,省高校教坛新秀1人,省访问学者1人,省访问工程师2人,博士1人,硕士12人。

1.2.1.1 典型做法

电子商务创新团队依托电子商务国家双高专业群建设项目,采用了基于专业群课程体系建设推进团队建设全体系改革、分层分类规划专业群课程、开展模块化混合式教学改革、创新结构化团队工作机制等做法,打造高水平结构化电子商务创新团队。典型做法有以下几个方面。

一是基于专业群课程体系建设推进团队建设全体系改革。创新团队根据专业群在数字化运营及其关键支撑技术领域的特点,确立了"运营+技术"相融

---

① 邓德艾,冯梅,龙雯.物流管理专业基于"岗课赛证"的人才培养模式——以湖南现代物流职业技术学院为例[J].大视野,2021(5):40—45.

合的综合技能与职业素养的人才培养框架,在此基础上构建了"底层共享、中层互选、高层互融"的专业群课程体系。学院对创新团队制定了项目全员化参与的制度,并且采用了全过程监控的管理办法,深入推进团队建设全体系改革。

二是分层分类规划专业群课程。创新团队将专业群的课程体系按照高、中、低三个层次进行划分,划分标准的制定遵循的是课程分类建设的思路。学院在此基础上,发起了"8845"团队建设工程的实施计划,其中第一个"8"代表8个模块化课程开发团队,第二个"8"代表8个项目化课程开发团队,"4"代表4个X证书融通课程团队,"5"代表5个教学研究创新团队。

三是开展模块化混合式教学改革。创新团队基于模块化的教改理念,围绕着专业培养目标,开展教学改革。其间,创新团队对部分具有代表性的课程进行了课程重构,涉及《电子商务概论》《电子商务运营》《Java语言程序设计》等不同层次的课程。具体而言,创新团队对《电子商务概论》等4门底层共享平台课程的模块化教学改革是基于"平台+模块"的结构进行的,对《电子商务运营》等8门中层互融特色课程的模块化教学改革是结合"1+X"证书标准进行的,对《Java语言程序设计》等组群专业核心课程的教学改革是依托国省级在线开放课程、虚拟仿真实训云系统等资源进行的。

四是创新结构化团队工作机制。浙江经贸职业技术学院的电子商务创新团队是由国家教学创新团队的平台牵头发起组建,由9个学校创新团队共同组成的团队协作共同体,实现了资源共享。为了进一步提高创新团队的带头作用,团队建设实施"领导小组+1级项目团队+2级任务小组"的三级联动内部管理机制。其中,"领导小组"由学院领导班子和专业群负责人组成,1级项目团队由专业带头人和1名班子成员联合负责跨专业选拔业务骨干组建项目团队,2级任务小组由教研室主任负责分类定责推进小组任务。

1.2.1.2 实践成效

目前,创新团队基于电子商务主要岗位构建了强大的师资生态链。团队中20人均有出国进修经历,占团队总数的80%。23位教师有指导学生荣获省级奖励的经历,占总数的90%。近几年,团队获得多项国家级、省级教学成果奖,主持教育部、省自然科学基金等多项课题,开设了多门省级精品课程。2019—2022年,电子商务创新团队依托双高专业群建设,围绕课程体系建设、课程团队、教材和教法的团队建设等议题进行了大量探索,建设期内累计获得国家级成果 18 项。①

1.2.2 浙江金融职业学院：跨境电商创新团队

浙江金融职业学院（以下简称学院）根据国家级别教师教学创新团队建设要求，结合学院办学定位和实际情况，构建了跨境电商创新团队。创新团队将建设任务集中在七个方面：形成高水平、结构化教师教学创新的浙江金融职业学院"三双"团队建设模式；创新"双元育人、书证融通"的跨境电商人才培养模式；开发跨境电商岗位标准和 X 证书职业技能标准；重构课程体系，建设专业标准、课程标准、顶岗实习标准、实训条件标准；建设核心课程的新形态系列教材和教学资源；实施模块化教学改革；以协作共同体微平台，打造高水平教师教学创新团队。② 具体实践如下。

1.2.2.1 典型做法

创新团队通过实施"一把手工程"健全团队组织管理，完善团队的制度和机制建设，健全团队的师资和经费等保障机制，健全团队建设成效的报告反馈机制，不断创新团队运行模式。在此基础上，创新团队构建了国家级教学创新团队"三双"模式，一是围绕着跨境电商 B2C 方向、跨境电商 B2B 方向、跨境电商客服方向，构建了"校内专业带头人+行业名师兼职专业带头人"为主的双专业带头人团队；二是构建了"校内课程负责人+行业专家课程负责人"为主的双课程负责人团队；三是构建了"校内学业导师+行业创业导师"为主的双导师育人团队。

其中，"双专业带头人"领跑岗标专标开发。创新团队通过深入一线进行调研，按照专业群对接产业链、专业标准对接职业能力标准、课程标准对接岗位标准的思路，完成了《跨境电子商务专业人才培养社会调研报告》，出台了《跨境电商人才培养教学指导方案》、行业团体标准《跨境电子商务从业人员岗位划分及职业能力要求》等 9 项标准，完善了国内本专业职业标准和培养标准，为职教师资培养和教师队伍建设指明了方向，也为教师的培养、准入、培训和考核等工作提供了基本依据。

"双课程负责人"领衔开发了系列课程教材资源。创新团队联合国内知名

---

① 国家职业教育智慧教育平台.以课程建设为载体 创新团队建设机制 打造高水平结构化电子商务教学创新团队——浙江经贸职业技术学院［EB/OL］.（2022－05－07）［2022－08－25］. https://teacher.vocational.smartedu.cn/h/subject/jxcxtd/aljx/2022-05-07/219.html.

② 戴小红,郑亚莉,章安平,肖旭.勇担使命执业棒 躬耕新业创特色——浙江金融职业学院首批国家级别跨境电商教师教学创新团队"三双"模式实践［N］.中国教育报,2022－03－15(07).

出版社共同探讨开发了项目化、活页式、工作手册式的课程教材。一方面,创新团队组织专业力量开发了9门核心课程标准,对课程性质、设计思路、教学目标、教材编写要求等方面做了具体规定,为教师开展模块化教学提供了依据。另一方面,创新团队积极构建开放课程和教材资源体系。目前经过团队成员的努力,已经建成了国家、省级、行业和校级培训的四级教学资源体系,包括精品在线开放课程和新形态教材。教材资源是教师专业发展的重要载体,对教师队伍整体素质的提升起到了积极的促进作用。

"双导师负责人"创新"双元育人、书证融通"人才培养模式。创新团队组建阿里巴巴数字贸易班,近几年,在课程共建、基地共建、专业共建方面取得突出成效。基于"学历证书(1)+职业技能等级证书(X)"实现融通培养,并且依托阿里巴巴国际站真实账号实践教学。在这个过程中,创新团队的准入教师与企业导师共同备课、授课、命题、指导学生实践,突破了教师个体指导带来的局限性,教师团队的力量得以发挥,教学成效明显。

1.2.2.2 实践成效

跨境电商创新团队在师资队伍建设方面取得的成效主要体现在以下几个方面:第一,创新团队借助于共同体平台,已经培育了一批在业界具有影响力的专业带头人,包括全国人大代表、万人教学名师、教育部教指委委员、省教学名师、省黄炎培职业教育奖杰出教师等。

第二,创新团队培育了一批校内课程开发与授课教师,相关负责人引导团队成员围绕着学校的育人目标,开发了一系列课程标准、模块化教学标准等,并积极申报参与国家职业院校技能大赛,最终荣获全国职业院校技能大赛教学能力比赛二等奖1项,省级一等奖1项。

第三,创新团队通过项目席位、开发标准、编写教材、考评培训、"1+X证书"深度融入师资工程。其中,3位教师担任"跨境电商B2B数据运营职业技能等级证书专家委员会"委员、"跨境电商B2C数据运营职业技能等级证书专家委员会"副主任、副秘书长、委员。5位教师获跨境电商B2B数据运营考评员证书,13位教师获跨境电商B2C数据运营考评员证书。

1.2.3 江苏经贸职业技术学院:电子商务创新团队

江苏经贸职业技术学院(以下简称学院)组建的电子商务创新团队是以江苏省高职高水平专业群电子商务专业群为基础,整合1个江苏高校品牌专业、3

个江苏省高水平骨干专业的优秀教师成员,形成了以高学历、高职称教师为骨干,企业一线研发专家为补充的学科交叉、校内外混编的职业教育教师教学创新团队。目前创新团队成员中具有正高职称3人,副高职称11人,省级教学名师1人,江苏省省级产业教授3人。专任教师中4人拥有博士学位。

1.2.3.1 典型做法

学院采取多种举措加强创新团队师资队伍建设。

一是为了提高电商的师资水平,团队负责人利用多方资源与农业企业进行深入合作,通过顶岗、企业内训等多种方式,培养团队成员的专业实践能力。二是创新团队充分发挥行业协会和企业的作用,与农业企业、农村电商平台、电商行业协会等搭建校企合作平台,在此基础上建立农村电商实训基地,构建"全域+全程"培养体系,让教师全程参与到人才培养的过程中,其自身的教学水平也可以得到锻炼和提升。三是创新团队为了提高团队成员的综合素质,专门构建了"校企共研、教服双岗"的教师综合素质能力提升模式。创新团队通过参与主持全国电商行指委的专业师资能力课题,开发并构建了教师BPD能力模型,围绕企业技术骨干、教师、学生组建团队并进行攻关。教服双岗开展项目研发、课程教材开发,构建了教师综合素质能力提升模式。[①] 四是利用师资力量服务乡村振兴战略,既服务于国家战略发展需要,又以"乡村振兴"为契机,提高教师对乡村振兴发展的服务能力和专业实践水平。

1.2.3.2 实践成效

创新团队建设期间,利用国家"双高计划"高水平电子商务专业群建设的平台和优势,取得了一系列成效。2021年,创新团队入选江苏省商务厅2021—2022年度"江苏省电子商务示范基地",完成江苏省省级产教融合集成平台——现代商贸数字港建设任务。科研项目方面,团队成员联合完成了"江苏高校优秀创新团队——基于物联网的智慧商业技术应用及仿真"项目,"国家职业教育'一带一路'贸易文化传承与创新教学资源库建设任务"项目以及"江苏省农村商业建设的路径研究"项目。专业实践方面,创新团队组织和实施了全国乡村振兴职业技能大赛"电子商务师"赛项,探索并实践农村电子商务人才培养体

---

① 吴红贵,罗晓东,冯宪伟,等.紧握创新之笔 培养电子商务优秀人才——聚焦江苏经贸职业技术学院"三维度递进、三生态聚合"电子商务专业建设发展[N].中国教育报,2022-03-30(07).

系,构建了"三维度递进、三生态聚合"电子商务专业发展模式。

2. 装备制造大类职业教育教师教学创新团队建设典型案例

2.1 自动化类职业教育教师教学创新团队建设典型案例

2.1.1 浙江机电职业学院:工业机器人应用与维护创新

近些年,浙江机电职业技术学院(以下简称学院)在"双师"培养方面进行了大量探索,积累了十分丰富的实践经验。目前学院已构建起了以国家、省、校为代表的三级教师团队培养体系,在加强职教师资培养和教师队伍建设,构建职教教师共同体等方面取得了显著成效。[①] 目前,学院共建有全国高校黄大年式教师团队 2 个、国家级职业教育教师教学创新团队 2 个,教师团队建设成果梳理如下。

2019 年,学院机电一体化技术教师团队首次获批立项。目前,创新团队由 20 人组成,汇集了控制科学与工程、机械电子工程、计算机应用技术、机器人、网络控制、数学、思政等专业领域。团队以"四有""三能"为目标,以智能制造控制领域,学生个性化发展的"双重"需求为源动力,探索与实践"四创"特色的"双层次多方向+X 个职业技能等级能力"人才培养模式,开发可选择、融入 X 证书的模块化课程体系。学院基于实际项目,开展并实施了模块化教学模式,通过技

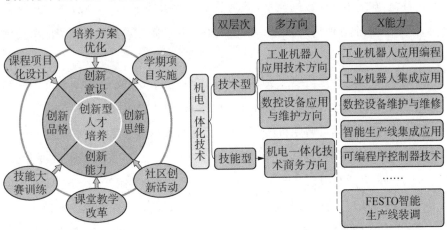

图 3-1 浙江机电职业技术学院机电一体化技术教师团队师资培养路径

---

① 姜洋,易烨. 高职院校专业群与产业群协同发展的角色互动模型及实践取向——以浙江机电职业技术学院为例[J]. 职教通讯,2021(5):38—43.

术服务、企业锻炼、访学进修等方式,提升教师实践能力。

2.1.2 北京工业职业技术学院:工业机器人应用与维护创新团队

北京工业职业技术学院基于学校发展的实际情况,构建了机电一体化技术专业教学团队。2019—2022年,团队围绕工业机器人应用与维护领域,优化师资结构、聚智赋能,构建了"二五四"教学创新团队建设模式。目前,在团队领军人才培育、团队教师能力素质提升、科研成果转化、社会服务等方面取得了突出成效。

2.2 航空装备类职业教育教师教学创新团队建设典型案例

2.2.1 长沙航空职业技术学院:飞行器维修技术创新团队

多年来,长沙航空职业技术学院(以下简称学院)一直坚持"大师引领,双师培育",努力打造一支"上得了讲台、下得了车间"的高素质、强动手能力的"双师型"教师团队,为培养德智体美劳全面发展的新生代航空工匠保驾护航。

飞行器维修技术专业是学院的特色专业,在此基础上,学院专门组建了以飞行器维修技术为核心的创新团队。2017年,学院为了激发教师团队的活力,提升教师的专业技术水平,专门聘任了首批高级技术技能大师,并成立了大师工作室,由此拉开了以技术技能大师为引领建设高水平师资队伍的序幕。2020年,学院专门引进了"大国工匠"孙红梅、原火箭军"兵王"魏印红等业界知名大师。截至2021年统计数据显示,学院已从企业引进了11名高级技术技能大师,聘请了40名客座讲授和205名兼职教师,为学院建设高水平师资队伍提供了重要支撑。①

近几年,学院经过持续探索实践,通过加强团队教师能力建设、建立团队建设协作共同体、构建对接职业标准的课程体系、创新团队协作的模块化教学模式等方式,在职教师资培养和教师队伍建设等方面取得了良好的成效。

加强团队教师能力建设方面,学院通过制定《"三高"人才引进管理办法》《兼职教师聘任管理办法》《产业导师聘任及管理办法》等制度,引进企业知名技术专家、技能大师,与国内大型企业建立合作关系,聘请企业专业技术骨干进校任教或担任产业导师。通过修订《大师(名师)工作室管理办法》《专业带头人选

---

① 中国教育新闻网.这所职院有何魅力,引得"大国工匠""兵王"联袂而来?[EB/OL].(2020-09-14)[2022-08-25]. http://www.jyb.cn/rmtxwwyyq/jyxx1306/202009/t20200914_358584.html.

拔与管理办法》《课程带头人选拔与管理办法》，遴选校内中青年教师进行培养。同时，在教学团队中开展初、中、高三级"双师素质"教师资格分级评聘，确保"双师素质"不断提升。

建立团队建设协作共同体方面，学院依托航空职业教育与技术协同创新中心，构建了"专业实训+工程训练"人才培养模式，通过聘请企业、行业领域专家担任实训教师，指导校内实训工作有序开展。学院教师队伍在校企协同育人的基础上也得到快速发展。目前，学院教师同行业、企业的专业技术人员指导学院学生完成科技创新创业项目20多个，培育具有推广应用价值的技术成果12余项，彰显出学院与企业共同育人的成果，形成了良好的协作共同体。

构建对接职业标准的课程体系方面，学院紧密对接飞机维修行业企业的岗位能力需求，构建了基于"职业素质+职业基础+职业综合能力+职业拓展能力"的模块化专业课程体系。

创新团队协作的模块化教学模式方面，学院基于不同专业、学科教师组建了结构化、模块化的教学团队，建立了分工协作的教学模式，发挥了不同教师的特长。同时，根据飞行器维修技术技能人才培养需求，实行小班化、俱乐部、选课制、走班制教学。

总体而言，学院依托飞行器维修技术创新团队既培养了"上得了讲台、下得了车间的'双师型'队伍"，又为我国航空行业培养了大量优秀人才。

3. 土木建筑大类职业教育教师教学创新团队建设典型案例

3.1 土建施工类职业教育教师教学创新团队建设典型案例

3.1.1 广西建设职业技术学院：建筑工程技术创新团队

广西建设职业技术学院（以下简称学院）构建的建筑工程技术创新团队目前由23人构成，职称方面，教授10人，占比43.5%，副教授13人，占比56.5%；学历方面，博士研究生3人，占比13%；企业工作经历方面，具有5年以上相关工作经验且具有高级专业技术职称的产业导师7人，占比30.4%；"双师"教师方面，17人被教育厅认定为"双师"教师，占比73.9%。

2019年，学院组建了"双师型"建筑工程技术专业教师教学创新团队。近三年，创新团队师资队伍建设工作进展顺利，取得了丰硕成果，一些典型做法得到有关部门肯定，被同类学校所效仿。

3.1.1.1 典型做法

学院分类别、分批次实施教师教学能力专项培训,全面提升团队成员的综合能力。学院组织专业团队重构了教师的培养和培训体系,将教师的发展划分为四个阶段,分别是新入职教师、中青年教师、骨干教师、教学名师。一方面按照学校、专业、教师个人三个层面进行针对性培养,另一方面结合建筑信息模型技术特点,围绕教学方法、课程开发、信息技术应用及专业教学标准、职业技能等级标准等核心内容,组织教师及产业导师参加专项培训。①

学院组织创新团队成员到企业实践,提升成员实习实训指导能力、技术技能创新能力及社会服务能力。学院积极响应国家政策号召,搭建校企合作平台,与广西建工集团、香港互联立方、广西三建云享、广西建筑科学研究院、华业建筑设计有限公司等国内知名企业共建协同育人平台,成立"双师教师企业实践基地"。另外,依托企业的优势资源,创新团队还创建了驻企教师工作室、建筑技术协同创新中心、建筑信息模型(BIM)技能等级证书培训全国示范基地。

团队负责人牵头发起模块化教学改革,培养教师形成特色化教学风格。创新团队深入课堂进行调查研究发现,当前学科教学模式及课程体系存在着许多有待改进的地方。团队成员经过反复论证和研讨,最终基于职业工作过程构建了服务于"1+X"制度的课程体系,打破了传统的学科教学模式,以专项内容的授课取而代之,后者由若干模块构成,形成了诸如"1+BIM课程魔方""大模块中小模块"的课程结构。另外,为了推进模块化教学改革的有效实施,团队成员积极探索"行动导向"教学、项目化教学、情景式教学、工作过程导向教学等新教法,推动教学改革。教师专注专项模块教学及研究,打造特色教学品牌,形成特色教学风格。

3.1.1.2 实践成效

2019—2022年间,创新团队教师参与多项(国家级、自治区级)教学能力大赛,其中,荣获1项国家级教学能力大赛奖和7项自治区级教学能力大赛奖。创新团队教师指导学生参加全国职业院校技能大赛,并且荣获1项一等奖,填

---

① 广西职业技术学院.建筑工程技术专业首批国家级职业教育教师教学创新团队建设总结——广西建设职业技术学校[EB/OL].(2022-05-09)[2022-08-25]. https://org.teacher.vocational.smartedu.cn/571990892413784064/column?5860760691031736326&navId=572230196075909120.

补了广西职业院校在该项赛事上的空白。

2019年创新团队成立以来,科研实践方面,团队成员参与的科研项目(已结题)共计8个,其中2项为省部级课题。论文发表方面,公开发表了21篇科研论文。著作方面,公开出版了12本著作,包括课程教材、教师专著和专业标准等。专利方面,团队成员获得专利授权及计算机软件著作权登记共计16项。

3.1.2 石家庄职业技术学院:建筑工程技术创新团队

石家庄职业技术学院(以下简称学院)创建的建筑工程技术创新团队由22人组成,涉及土木工程、结构工程、建筑设备等多个专业。其中骨干教师15人,占比68.18%。学历方面,博士2人,占比9%,硕士18人,占比81.8%。职称方面,高级职称(包括正高级职称)教师共有18人,占比81.8%。"双师型"教师19人,占比86.36%。整个创新团队中9人有超过5年的行业企业工作经历,占总人数的40.9%。

3.1.2.1 典型做法

学院以建筑工程技术专业国家级高水平专业建设项目为助手,围绕三教改革、"1+X证书"制度试点等方面采取一系列举措,打造结构化、高水平的教学创新团队。典型做法表现在以下几个方面。[①]

一是构建校企人才双向流动双岗互聘机制,提升团队教师社会服务能力。创新团队为了提升团队社会服务能力,构建了"教产岗位互通、专兼教师互聘"的教学团队培养模式,在校企合作的基础上建立了双师培育基地,为团队教师参与社会服务开辟了路径。

二是分层培养教师,提高团队教师综合素质。创新团队注重教师的专业成长,通过多渠道、多举措助力教师成长,根据教师年龄结构和发展特征将教师分为专业带头人、骨干教师、企业兼职教师进行分层培养。

三是打造结构化教学团队,创新模块化教学模式。学院按照国家"1+X证书"制度的要求,以培养专业群典型工作岗位所要求的职业能力为目标,构建了不同来源、专长、分工,构成合理、专兼结合、校企互聘的双师型结构化教学团队。为了团队教师在教学和社会服务方面的能力能够持续提升,创新团队制定

---

① 石家庄职业技术学院. 国家职业教育教师教学创新团队——建筑工程技术专业建设情况报告[EB/OL]. (2022-05-09)[2022-08-25]. https://org.teacher.vocational.smartedu.cn/571990892413784064/column?5860462193265049608&navId=572230196075909120.

了专门的工作细则、发展规划、考核办法等,确保团队有章可循,同时依托校企合作的平台,充分发挥企业在教师队伍建设过程中的重要作用,利用企业资源拓宽教学场地,基于任务驱动调动教师和学生的积极性。

3.1.2.2 实践成效

创新团队在学院和社会各方的大力支持下,在专业负责人和团队成员的集体努力下取得了突出成效。主要表现在以下方面。

《科研创新引领产教融合 校企协同共攀育人高峰》入选2021年产教融合校企合作典型案例名单,向社会展示了创新团队在促进教育链、人才链与产业链、创新链有机衔接方面取得的成果。① 《以"雄安质量"为内核的建筑类教师教学创新团队建设与实践》获得河北省第十届高等职业教育教学成果奖二等奖。创新团队成员参与河北省教学大赛,荣获一、二、三等奖。团队共同开发3个省级教学资源库,开设5门省级在线精品课程。团队负责人组织相关人员完成2019年首批省级高职教师教学创新团队国培项目、2020年建筑工程识图国培项目。

3.2 建筑设计类职业教育教师教学创新团队建设典型案例

3.2.1 四川建筑职业技术学院:建筑信息模型制作与应用创新团队

四川建筑职业技术学院(以下简称学院)围绕着行业需要和职业教育发展的方向,结合学院的特点,组建了建筑信息模型制作与应用创新团队。目前创新团队由20名成员组成,包括公共基础课、专业基础课、专业核心课等不同类型的专任教师,"双师型"教师占比82.17%,高级职称(包括正高职称)教师占比46.96%。

3.2.1.1 典型做法

创新团队建设期间,以"1+建筑信息模型(BIM)"教育教学和培训需求为导向,开展了一系列师资队伍建设工作,目前典型做法主要涉及以下几个方面。

一是构建高职"双师"素质标准。创新团队依据稳定性、发展性、实践性和可操作性4条原则构建了"双师型"教师能力标准指标体系,将"双师型"教师能力划分为基本能力、专业能力和职业发展能力,基本能力涉及德育、教学、教育

---

① 石家庄职业技术学院. 我院三个案例入选教育部"2021年产教融合校企合作典型案例"[EB/OL].(2022-03-26)[2022-08-25]. https://www.sjzpt.edu.cn/info/1049/7400.htm.

评价、信息技术应用、管理、协调六个方面,专业能力涉及实践操作、课程开发、职业指导三个方面,职业发展能力涉及科研能力和终身学习能力两个方面。创新团队通过对各项指标的结构化分析,引导"双师型"教师朝着专业化发展的方向努力。①

二是发挥创新团队引领作用。创新团队在学院的支持下,构建了名师工作室和创新平台,切实发挥团队在教师发展方面的引领作用。创新团队通过创建大师工作室、省级"双师型"名师工作室发挥优秀教师的"以点带面"效应,通过建立省级紧缺领域教师技艺技能传承创新平台为提高相关专业教师技艺技能水平创造条件。

三是提高了团队教师"1+X"教育教学能力。创新团队按照分层的方法对团队成员开展不同类型的专业培训。建筑信息模型制作与应用涉及建筑过程技术、道路桥梁工程技术、建筑装饰工程技术、建筑设备工程技术、铁道工程技术等专业领域,创新团队基于相关专业教学标准和BIM职业技能等级标准对教师进行针对性培训。除此之外,创新团队还围绕着职业教育教学的特点,开展了教学设计、教学法、课程开发技术、信息技术应用等专题培训。

3.2.1.2 实践成效

创新团队建设期间,受疫情影响,除了团队教师海外送培、海外培训相关任务没有完成,其余任务均顺利完成。目前创新团队依托川渝建设职教联盟、四川建设职教集团,已经构建起多元共建协同合作运行机制。根据专业特点对于职教师资的要求,制定了《建设类高职教育"双师"素质标准(初稿)》。"双师型"教师建设成效明显。

创新团队还承办了2020年"川建工"职业技能竞赛BIM建模、装配式施工、砌筑项目等项目比赛。联合组织开展科研课题、教研课题和社会服务项目合作。据统计,2019—2022年,创新团队牵头成功申报科研项目13项,教改项目15项,其中省部级6项,国家级课题2项。目前创新团队创建的信息化平台已经成功与企业智慧工地实现对接。创新团队基于BIM技术全过程、全生命周期创建的云平台信息资源库,也已多次用于教学与培训实践,与之前学校内部

---

① 黄琪.高职院校"双师型"教师能力提升实践路径探索——以四川建筑职业技术学院为例[J].教学与科研,2021(35):10—11.

开展的培训相比，成效十分明显。

（五）产业导师特聘计划

浙江省探索现代产业导师特聘计划，设置一定比例的特聘岗位，畅通行业企业高层次技术技能人才从教渠道，推动企业工程技术人员、高技能人才与职业学校教师双向流动。

广西壮族自治区实行产业导师特聘项目。支持职业院校设立一批产业导师特聘岗，聘请企业工程技术人员、高技能人才、工程管理人员、能工巧匠等到学校工作。采取兼职任教、合作研究、参与项目等方式，进行不少于半年的服务，工作内容主要包括承担不少于80学时/学期的教学工作，参与学校专业建设、课程建设，参与"双师型"名师工作室建设、校本研修、产学研合作研究等。

新疆农业职业技术学院聘任一批企业家、企业技术专家、行业专家、高技能人才、能工巧匠担任学院产业导师。在全疆设立首批产业导师特聘岗，聘请企业工程技术人员、高技能人才、管理人员、能工巧匠等到学校工作。采取兼职任教、合作研究、参与项目等方式发挥产业导师特长，整合产业资源，指导参与产业学院、技术技能创新平台、专业群、名师工作室等高质量建设。

新疆农业职业技术学院通过产业导师队伍建设，充分发挥产业导师影响力，汇集产业科技和职教资源，加快产业学院、技术技能创新平台和专业群建设。将生产一线的前沿技术、现实问题及时转化为教学科研内容，提高广大青年学生的职业能力、动手能力和创新创业能力。同时，通过加强学院高素质"双师型"教师队伍建设，服务"双高计划"项目建设，促进教育教学高质量发展。

贵州省根据省教育厅、省委组织部、省科技厅、省财政厅、省人社厅等部门《关于印发的通知》（黔教发〔2020〕70号）和《省教育厅办公室关于开展2020年贵州省产业导师（研究生导师类）选聘工作的通知》要求，将在2020年选聘首批100名贵州省高校"产业导师"。参与此次选聘的学校包括贵州大学、贵州师范大学、贵州财经大学、贵州医科大学和遵义医科大学等8所高校。此次选聘通过高校自主确定岗位需求，共设立"产业导师"工作岗位55个。产业导师将从农业、医药、金融、食品等领域开展选聘工作，在科研院所、大型国有企业、大型民营企业、工程技术在国内外有影响的企业等选聘产生。

第四部分

中国职业技术教育教师发展研究综述：
2012—2022

"强国先强教,强教必先强师",没有高水平的教师队伍,就没有高质量的职业教育,就没有高素质的高技术技能人才。十八大以来,我国职教师资在规模、结构、质量、布局上都获得了较大的发展。在此期间,我国职业教育理论研究者也对职教教师发展开展了一系列研究。十八大至今已有十年光景,有必要对我国职业技术教育教师发展研究进行系统的梳理,总结研究成果、剖析研究不足、推断研究趋势。已有研究多为在搜集和整理"职教教师"相关文献资料的基础上进行的归纳和总结,其结论会受到研究者主观能动性的影响,相较于文献计量方法的量化分析,其客观性有待提高。本部分以文献计量学为基础,采用科学知识图谱(mapping knowledge domains)工具之一的 CiteSpace 知识可视化软件,通过关键词共现网络分析的方法,探寻了 2012 年十八大以来我国职教教师研究的轨迹、热点及未来走向。

一、研究过程

(一)研究工具

本部分选取的主要研究工具为 CiteSpace 知识可视化软件(CiteSpace 6.1.R3)。CiteSpace 知识可视化软件作为绘制科学知识图谱(mapping knowledge domains)的工具,自 2004 年 9 月由华裔美国德雷塞尔大学(Drexel University, Philadelphia, PA, USA)信息科学与技术学院陈超美(Chaomei Chen)博士,应用 Jave 计算机编程语言开发以来,经大连理工大学 WISE 实验室推广至今,在国内得到了广泛的应用,各个领域相关研究成果呈井喷之势,还有部分研究者以其作为研究工具撰写了学位论文。

CiteSpace知识图谱主要基于共引分析(Cocitation Analysis)理论和寻径网络算法(Pathfinder Network Scaling, PF-NET)等,对某一具体研究领域的文献或集合进行计量,探究寻查该学科领域的关键路径及知识转折点,从而通过绘制可视化图谱以形成对某一研究领域或学科深化潜在动力机制的剖析和学科发展前沿热点的探测。① 它整合了视觉思维、数学思维以及哲学思维,以知识单元离散与重组理论、社会网络分析的结构洞理论、普赖斯的科学前沿理论、库恩的科学发展模式理论和科学传播的信息觅食理论为理论基础,以数据的采集、处理、参数选择、可视化和图谱解读为步骤,被广泛应用于图书情报与档案管理、管理科学与工程、公共管理和工商管理、教育学、社会学、体育学、基础医学和生物学中,并正在向工程技术领域扩散。②

(二) 数据来源

研究选取十八大以来发表在学术期刊上的学术论文为研究对象。研究者于2022年9月1日运用中国知网(CNKI)数据库,以2012年1月1日和2022年8月31日为起讫日期,以"职业教育"and"教师"or"职业技术教育"and"教师"or"职业教育"and"师资"or"职业技术教育"and"师资"为篇目关键词进行检索,共获得核心期刊(北大核心、CSSCI)280篇。因发表于核心期刊的学术成果相对而言更具有学术代表性,所以本部分以核心期刊学术成果为主要研究对象,并辅以学位论文和相关著作作为补充。

(三) 数据处理

研究者运用CiteSpace知识可视化软件将在中国知网(CNKI)数据库下载到的280篇"Refworks"格式有效文献的数据转换成为CiteSpace知识可视化软件可以识别的格式280条。将280条数据导入CiteSpace 6.1.R3.建立以"职教

---

① 陈悦,陈超美,胡志刚,王贤文.引文空间分析原理与应用:CiteSpace实用指南[M].北京:科学出版社,2014:12,24.
② 陈悦,陈超美,刘则渊,胡志刚,王贤文.CiteSpace知识图谱的方法论功能[J].科学学研究,2015(2):243—253.

教师"为主题的数据处理项目,时间跨度(Time Slicing)为2012—2022年,共10年,时间分区为1年。

来源(Term source)选为文献标题(Title)、摘要(Abstract)、作者关键词(Author keywords)和增补关键词(Keywords plus);术语(Term Type)选择为突显术语(Burst terms);节点类型(Node Types)选择为关键词(Keyword);剪切连线(Pruning)选择寻径(Pathfinder)和修剪合并网(Pruning the merged network);可视图显示形式(Visalization)选择静态聚类(Cluster ViewStatic)和合并网视图(Show Merged Network),通过运行最终生成N=281,E431(Density=0.011)关键词共现知识图谱。同时,研究者还根据不同需要对作者、发文机构进行了分析。

CiteSpace依据网络结构和聚类的清晰度,提供了模块值(Modularity Q简称Q值)和平均轮廓值(Mean Silhouette,简称S值)两个指标,它们是评判图谱绘制效果的重要依据。一般而言,Q值一般在[0,1]区间内,Q>0.3就意味着划分出来的视图结构是显著的,当S值在0.7时,聚类是高效率令人信服的,若在S值0.5以上,聚类一般认为是合理的。[1] 本研究关键词共现图谱的Q值为0.6663,S值为0.9576,说明图谱结构显著,聚类效率高且令人信服。

二、研究发现

(一) 文献分布

通过文献年度分布情况可知,十八大以来职教教师作为一个研究领域一直受到理论研究者们的广泛关注,除2019、2022年(非全年数据)外,其他年份都维持在30篇左右,其中2016年达到峰值数36篇,可能与受教育部2016年开始启动实施职业院校教师素质提高计划(2016—2020年)影响,理论研究者更加关

---

[1] 陈悦,陈超美,胡志刚,王贤文.引文空间分析原理与应用:CiteSpace实用指南[M].北京:科学出版社,2014:12,24.

注职教教师素质提升有关。2016—2019年发文数据略有下降，但2019年相关研究开始增加。这与2019年职教领域颁布了包括《国家职业教育改革实施方案》("职教20条")《深化新时代职业教育"双师型"教师队伍建设改革实施方案》《全国职业院校教师教学创新团队建设方案》《职业技术师范教育专业认证标准》等职教教师领域重要政策有关。

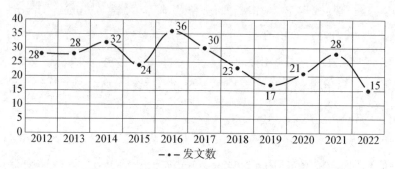

图4-1 十八大以来职教教师核心期刊发文数量

（二）研究阶段

通过对十八大以来"职教教师"研究文献关键词共现图谱（时间视图）分析，在文献追踪的基础上获得关键、重要文献进行研读后发现，可将我国职教教师研究大致划分为三个阶段。

1. 职教教师体系完善阶段（2012—2016年）

2012年8月，《国务院关于加强教师队伍建设的意见》发布，对教师队伍建设的全过程提出了整体方向要求和具体实施措施，是十八大以来对我国教师教育领域改革与发展具有极强指导性的纲领性文件，揭开了新时代我国教师教育改革与发展的新篇章。同年，《教育部国家发展改革委财政部关于深化教师教育改革的意见》再次强调构建开放灵活的教师教育体系，依托现有资源，加强职业学校教师培养培训基地建设，实行职业学校专业教师每2年不少于2个月的企业实践制度。随后，《关于做好2013年"国培计划"实施工作的通知》《中等职业学校教师专业标准（试行）》《现代职业教育体系建设规划（2014—2020年）》

《高等职业教育创新发展行动计划（2015—2018年）》等文件陆续出台。这一系列政策促进了职教教师发展体系的不断优化和完善。为契合政策要求，该阶段理论研究的主题主要聚焦在促进职教教师学用结合以提高教学实践能力，严格规范教师培训制度以及推动不同区域职教教师均衡发展等领域。

2. 职教教师发展深化阶段（2017—2018年）

《国家中长期教育改革和发展规划纲要（2010—2020年）》明确提出"加强双师型教师队伍和实训基地建设"的十年发展规划，明确提出"建设双师型教师队伍，落实教师企业实践制度，推进高水平学校和大中型企业共建双师型培养培训基地"，2016年，教育部财政部《关于实施职业院校教师素质提高计划（2017—2020年）的意见》进一步明确了双师型教师队伍的画像："师德高尚、素质优良、技艺精湛、结构合理、专兼结合的高素质专业化"，系统规划了"五年一周期的教师全员培训"的目标任务，首次提出了"支持开展团队研修和协同创新"的"双师团队"概念。

该阶段政策促进了职教双师型教师队伍建设以及内涵的不断深化。为契合政策要求，该阶段理论研究的主题主要聚焦在双师型教师专业素质，双师型教师培养体制、机制、模式，双师型教师专业发展路径以及双师型教师评价等方面。

3. 职教教师内涵式发展阶段（2019年—至今）

2019年至今，《国家职业教育改革实施方案》《全国职业院校教师教学创新团队建设方案》《职业技术师范教育专业认证标准》《深化新时代职业教育"双师型"教师队伍建设改革实施方案》《职业教育提质培优行动计划（2020—2023年）》《关于推动现代职业教育高质量发展的意见》等多项职教领域重要政策文件颁布，特别是新修订的《职业教育法》从法律地位明确了职业教育的类型特色。

该阶段政策激发了职教教师内涵式发展。为契合政策要求，该阶段理论研究的主题主要聚焦在职教教师人才培养、职教教师教学团队建设、人工智能背景下职教教师专业发展以及职教教师专业素养提升等方面。

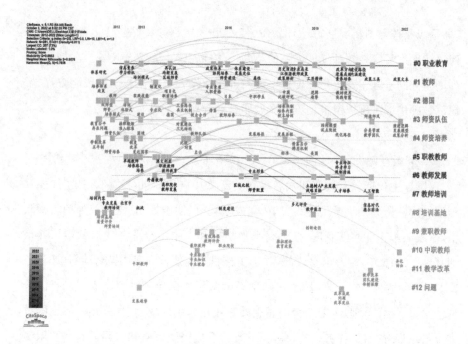

图4-2 十八大以来"职教教师"研究关键词共现图谱(时间视图)

(三) 作者分布

对某一研究领域的核心作者进行统计分析可以揭示该研究领域的主要代表性学者和研究团队,从而更快地深入了解这一研究领域。伴随着研究者对"职教教师"研究主题的持续关注,该主题研究者队伍逐步扩大。

普赖斯定律中核心作者的计算公式为 $M=0.749(N_{max})^{1/2}$,其中 M 指论文数量,N_{max} 指对应年限中论文发表数量最多作者的论文数量,当发表的论文数量在 M 篇以上时,并且核心作者撰写的论文达到该领域全部论文的 50%,说明核心作者群已经形成。① 根据统计结果计算可知,N_{max} 为 8,将其代入公式中得出 M 为 2.996,即发表 3 篇以上的作者为该领域的核心作者。对样本文献进行分析后发现发文 3 篇以上者有 71 人,共发文 89 篇,占样本文献的 31.79%。由于核心作者撰写的论文占样本文献的 31.79%,未达到该样本文献的 50%,可见"职教教师"研究的核心作者群尚未形成。表 4-1 显示的是发文

---

① D. 普赖斯,张季娅. 洛特卡定律与普赖斯定律[J]. 科学学与科学技术管理,1984(9):17—22.

数量为4篇及以上的作者。

表4-1 十八大以来核心期刊发文4篇以上作者情况(单位:篇)

作者	数量	作者	数量
庄西真	8	胡维芳	5
曹晔	8	李锋	4
闫智勇	7	徐国庆	4
吴全全	6	朱德全	4

此外,高被引文献可以反映出相关文献在某个研究领域内的基础地位,被引次数越高,说明文献越重要、越基础(详见表4-2)。高下载文献可以反映当前阶段某一研究领域的研究热点和难点,被下载次数越高,说明该研究主题受到更多人的关注(详见表4-3)。

表4-2 十八大以来核心期刊高被引前10名分布

序号	作者	主题	期刊	年份	被引数
1	吴全全	职业教育"双师型"教师内涵及能力结构解读	《中国职业技术教育》	2014	114
2	李树峰	从"双师型"教师政策的演进看职业教育教师专业发展的定位	《教师教育研究》	2014	81
3	涂三广	我国职业教育教师队伍建设的三条路径	《教师教育研究》	2015	52
4	李兴洲 王丽	职业教育教师实践共同体建设研究	《教师教育研究》	2016	51
5	李明慧 曾绍玮	德国职业教育"双师型"教师队伍的培养渠道、经验与启示	《教育与职业》	2018	45
6	徐国庆	从项目化到制度化:我国职业教育教师培养体系的设计	《教育发展研究》	2014	44
7	李军民	学校本位视域下职业教育"双师型"教师队伍建设的路径探析	《中国职业技术教育》	2017	41
8	高鸿	新时代推进职业教育教师队伍建设的思路与路径	《中国职业技术教育》	2017	38
9	徐国庆	美国职业教育教师培训内容研究——以俄亥俄州为例	《外国教育研究》	2012	38
10	和震 郭赫男	职业教育教师专业标准:美国经验与启示	《天津大学学报(社会科学版)》	2013	37

表4-3　十八大以来核心期刊高下载前10名分布

序号	作者	主题	期刊	年份	下载数
1	李树峰	从"双师型"教师政策的演进看职业教育教师专业发展的定位	《教师教育研究》	2014	3 541
2	刁均峰 韩锡斌	职业教育"双师型"教师教学能力评价指标体系构建	《现代远距离教育》	2021	2 600
3	吴全全	职业教育"双师型"教师内涵及能力结构解读	《中国职业技术教育》	2014	2 364
4	曾照香 李良明	"双高计划"背景下职业教育教师教学创新团队建设研究	《职业技术教育》	2021	2 234
5	徐国庆	美国职业教育教师培训内容研究——以俄亥俄州为例	《外国教育研究》	2012	2 117
6	李兴洲 王丽	职业教育教师实践共同体建设研究	《教师教育研究》	2016	2 110
7	李明慧 曾绍玮	德国职业教育"双师型"教师队伍的培养渠道、经验与启示	《教育与职业》	2018	1 989
8	涂三广	我国职业教育教师队伍建设的三条路径	《教师教育研究》	2015	1 896
9	徐国庆	从项目化到制度化：我国职业教育教师培养体系的设计	《教育发展研究》	2014	1 631
10	刘东海等	工匠精神视阈下职业教育教师专业化发展的困境和路径	《中国职业技术教育》	2019	1 489

（四）机构分布

对某一研究领域的核心发文机构进行统计分析可以揭示该研究领域的主要研究机构与研究团队，从而更快地深入了解这一研究领域。

同样，依据普赖斯定律可知 Nmax 为 10，M 为 3.745，即发表 4 篇以上的机构为该领域的核心机构。对样本文献进行分析后发现：按一级署名机构统计共有机构 236 个，发表 4 篇论文以上机构有 8 个，共发论文 83 篇，占样本文献的 29.64%。由于核心机构撰写的论文占样本文献的 29.64%，未达到该领域样本文献的 50%，可见"职教教师"研究的核心机构群尚未形成（详见表 4-4）。

表4-4　十八大以来核心期刊发文4篇以上机构情况(单位:篇)

机构	数量	机构	数量
天津职业技术大学	22	同济大学职业技术教育学院	8
天津大学教育学院	16	华东师范大学职成所	6
教育部职业技术教育中心研究所	10	北京师范大学教育学部	5
江苏理工学院	10	西南大学教育学部	6

(五) 研究主题

通过对图4-3的观察分析发现,职教教师研究内容较为丰富,通过对原始文献的梳理分析,并结合CiteSpace软件分析,已有研究主题可归纳为职教教师政策研究、职教教师队伍建设研究和职教教师培养与培训。

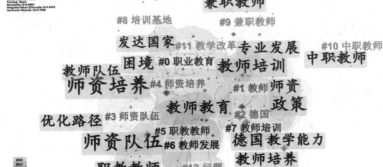

图4-3　十八大以来"职教教师"研究关键词共现图谱

1. 职教教师政策

职教教师政策相关研究主要聚焦在职教教师政策的文本分析,不同时代职教教师政策,国外职教教师政策启示等方面。

在职教教师政策的文本分析方面研究主要运用质性研究中常用的文献计量分析工具对职教教师不同层面政策法规进行分析,挖掘职教教师政策发展规划、历史轨迹,预测未来政策走向。如聂伟进通过NVivo12Plus质性研究分析软件对2010—2020年国家发布的36份职业教育政策文本进行编码分析,对我国高职院校"双师型"教师队伍建设政策文本进行了三级编码与分析。研究发现"双师型"教师队伍建设政策存在界定标准,正在从教师个体向结构化团队转变;建设路径也正在从注重职后培训向构建职前培养和职后培训的教师终身教育体系转变;招聘聘用正在从注重学历向学历和专业实践同时重视转变;"双师型"教师保障制度已从参照普通教育教师执行向独立成类转变;双师型"教师考核评价从单一主体向多元利益相关者共同参与转变等政策演进逻辑。针对政策演进逻辑特征提出高职院校"双师型"教师队伍的政策内容的完善、政策协同推进机制的建构等对策建议。① 邓亮和李媛尝试构建了三维分析框架,对48份国家层面职业教育双师型教师队伍建设政策文本进行了文献计量分析,结果发现职业教育"双师型"教师队伍建设的政策工具分析不仅呈现全面性特征,还呈现多元性特征,但政策工具在整体使用层面还存在结构性差异。虽然政策工具被广泛应用于职业教育"双师型"教师队伍建设的各个要素中,但从整体上看还存在不均衡分布状态。同时,政策工具的应用重点和稳定性也在不断地发生着变化,工具系统性程度还存在不足。为加强职业教育"双师型"教师队伍政策体系建设,应该优化政策工具组合,推进各类政策工具的全方位应用,增强"双师型"政策体系中政策工具的系统性。② 李政采用定量研究与质性研究相结合的混合研究方法,使用NVIVO软件对1995—2018年共144份政策文本进行三级编码,同时,还使用UCINET、ROSTCM等质性分析软件对政策数量、政策主体之间的协作关系、政策领域、政策主题等进行专门的分析。研究发现我国职业教育教师政策以基础能力建设为导向的政策工具类型与政策内容为主,并逐步构建和形成了以"专兼职""双师型"为内外部结构的师资建设政策框架结构。同时,教师队伍建设也逐渐开始由教师数量与规模扩张转变为质量的提高与强

---

① 聂伟进.高职院校"双师型"教师队伍建设政策的演进逻辑与优化路径——基于36份国家职业教育政策文本的研究[J].职业技术教育,2022(9):49—54.
② 邓亮,李媛.政策工具视角下我国职业教育"双师型"教师队伍建设政策的量化分析[J].职教论坛,2021(11):87—93.

化,并已经开始关注在新形势下的制度匹配与赋权管理。① 陈丽君和丘少云以推拉理论为基础,系统梳理了我国 1985—2017 年间职业教育兼职教师政策文本。通过在政府、学校、企业、个体四个层面分析该阶段我国职业教育兼职教师政策,结果发现:兼职教师政策在"推—拉"力的共同作用下,经历了解决教师数量不足、提高师资质量、引导深度参与教育、畅通校企双向合作的发展过程。同时发现多个利益相关方的推拉力保持动态均衡,是兼职教师队伍维持稳定并获得长效发展的关键。基于以上研究发现,建议当前兼职教师政策应以提高兼职教师工作拉力为主。但推力因素明显不足,需要进一步提升政策拉力的强度与灵活性、追踪政策拉力的实施与持续反馈以及着力强化推力的着力点与强度。② 钟嘉月和李娅玲采用质性研究方法中的扎根理论对 1993—2019 年我国职业教育教师政策文本进行编码分析,职业教育教师政策文本中对职教教师专业素养提出各个方面的要求,通过编码归类发现这些要求主要集中在师德与专业理念、理论知识、实践知识、基础教学能力、实践教学能力和专业发展能力等六个方面,而这些方面的专业素养共同集中指向"双师型"目标的职业教育教师专业素养结构。基于以上分析,促进职业教育教师专业素养提升与发展,需要在国家层面制定有效政策,营造有利于职业教育教师专业发展的政策环境,职业院校层面要建立切实有效的教师培训制度与机制,教师要充分发挥主观能动性,实现自主发展目标。③

不同时代职教教师政策主要聚焦于我国不同历史发展阶段职教教师政策的梳理与分析,以历史为镜进行剖析对当前职教教师改革具有借鉴意义。如徐景双专门对我国晚清时期职业教育教师政策制定中的价值取向进行了分析。研究发现,该阶段职业教育教师政策主要是为了培养社会精英。本研究通过对我国晚清职业教育教师政策活动体系中的价值内涵要素的分析发现,《癸卯学制》首次提出并明确了我国职业教育教师的存在地位与价值,在主张"西学为用"的工具理性价值指引下,该学制有关职教教师政策的相关内容忽视了教师

---

① 李政.我国职业教育教师政策的发展脉络与演进逻辑——基于 1995—2018 年相关政策文本的分析[J].职教论坛,2019(8):75—82.
② 陈丽君,丘少云.推拉理论视域下职业教育兼职教师政策发展研究[J].职业技术教育,2018(25):41—46.
③ 钟嘉月,李娅玲.职业教育教师专业素养研究——基于扎根理论的职业教育教师政策分析[J].职业技术教育,2019(25):29—34.

作为个体的因素,但该学制极大地赋予职教教师这一群体启发近代民主思想的关键先机。① 刘艳春和李峻专门针对民国时期职业教育教师薪酬政策开展了系统研究,研究发现民国政府当时面临着实业救国思想的影响和职业教育教师严重缺失的现实困境,因此该阶段开始不断对教师薪酬政策进行调整,主要是为了扩大职业教育师资。而该阶段颁布的职教教师政策主要包括:职业教师的薪金倾斜政策、养老金及恤金优待政策、职业教师服务奖励政策等。这些政策的实施减轻了当时教师短缺的局面,提高了教师队伍的整体素质。民国时期职教教师政策给我们的启示是应加强对"双师型"教师薪酬的制度保障,完善职业教育教师在职奖励制度,优化职业教育教师的进修培训政策,改善"双师型"教师的规模与质量。② 宫雪在分析了我国改革开放以来职业教育教师政策文本后指出,我国已建立起包括综合性政策、资格与聘任政策、培养培训政策和薪酬与奖励政策在内的职业教育教师政策体系。这一政策体系的建立与完善在提升职业教育教师队伍素质,促进职业教育教师专业化发展方面发挥了前所未有的重要推动功效。这一时期我国同时还提出了明确规范职业教育教师资格的要求,更新了职教教师聘任政策,建立起了完善的政策评估机制。③

国外职教教师政策启示主要通过梳理国外职教教师相关政策,并开展比较分析,为我国职教教师政策的制修订提供借鉴。如王兴华和席敦芹在梳理欧盟成员国职业教育教师培训体系框架的基础上,引进介绍了欧盟成员国职业教师培训制度和成效,分析不同国家在职业教师培训中的政策和方法,同时也回溯了欧盟各成员国在职业教育教师培训过程中所遇到的主要挑战与瓶颈,并论述了职教教师培训过程中的专业化问题。④ 韩利红通过梳理联合国教科文组织政策语境,逐层分析了职业教育教师发展的诉求,并提出我国应加强职业教育教师任职标准建设,为教师发展提供良好的校企合作支撑,提升教师信息技术应用能力,为教师专业持续发展提供有效支撑。⑤

---

① 徐景双. 晚清时期职业教育教师政策价值取向分析[J]. 职教论坛,2014(13):89—92.
② 刘艳春,李峻. 民国时期职业教育教师薪酬政策研究[J]. 职业技术教育,2016(6):73—77.
③ 宫雪. 改革开放以来我国职业教育教师政策研究[J]. 中国职业技术教育,2012(21):26—32.
④ 王兴华,席敦芹. 欧洲职业教育教师培训政策研究及其对我国的启示[J]. 职教论坛,2013(33):93—96.
⑤ 韩利红. 基于联合国教科文组织政策语境的职业教育教师发展研究[J]. 教育与职业,2019(1):85—89.

2. 职教教师队伍

职教教师队伍相关研究聚焦于职教教师队伍建设改革、职教教师队伍建设策略、国外职教教师队伍建设经验与启示、职教本科教师队伍建设。

职教教师队伍建设改革相关研究主要聚焦在职业教育教师队伍建设改革的演变历程、发展现状、未来走向等方面。如教育部教师工作司对我国职业教育教师队伍建设改革的演变历程、发展现状、未来走向进行分析研究。第一，该研究分析了职业教育教师队伍建设的三个主要的政策取向。这三方面的政策取向主要包括：服务取向，即服务和支撑现代职业教育高质量发展；规律取向，即遵循职业教育教师发展规律；问题取向，即直面和解决职业教育教师队伍的现实问题。第二，该研究论述了职业教育教师队伍建设应制定的关键性制度，在众多制度中，该研究认为建立职业教育教师标准体系，创新职业教育教师培养模式，推进职业教育教师职前职后一体化改革，支持职业教育教师、教材、教法"三教"改革，建立校企人才双向交流机制最为重要。第三，该研究面向未来，阐释了我们职业教育教师队伍建设今后的改革思路、方向与方法，即强化职业教育教师思想政治建设和师德师风建设的引领作用，强化职业教育教师队伍建设的制度供给，强化职业教育教师队伍的类型特色，强化职业教育教师队伍的地位和待遇保障。[①] 张丹和朱德全研究发现"十二五"以来，我国职业教育师资队伍在数量、质量及结构等方面取得跨越式发展，逐步实现了从"供需失衡"到"渐趋平衡"、从"学历达标"到"双证双能"、从"金字塔形"到"梯形结构"的转变。新时代职业教育师资队伍建设应遵循"从单一到多元"的建设路径，通过"内培外引"，组建混合型职教师资队伍；通过"贯通联合"，形成一体化教师教育体系；通过"因师制宜"，构建层级式师资管理制度，最终推进职业教育师资队伍建设水平迈上新台阶。[②] 孙琳研究发现新时代职业教育教师队伍建设面临着创新发展、改革突破的重要任务。新时代职业教育教师队伍建设改革的定位与主要任务是建立起具有中国特色、符合职业教育发展需要的教师队伍建设模式。建设重点是建立健全具有类型特征的职业技术师范教育体系；改革创新的突破点是开展教师资格认证、教师专业标准、教师管理制度建设。职业教育教师队伍建

[①] 教育部教师工作司. 新时代职业教育教师队伍建设论纲[J]. 教育研究，2022(8)：20—30.
[②] 张丹，朱德全. 从单一到多元：新时代职业教育师资队伍建设的改革设想[J]. 职教论坛，2020(10)：80—89.

设改革需要从体系建设、路径建设、培养模式、培训模式、课程开发、教法改革、质量评价等方面开展理论研究与具体实践探索。[1] 曹晔回顾了职业教育教师队伍建设"十三五",展望了"十四五",发现"十三五"期间,职业教育教师队伍建设主要通过落实立德树人根本任务,以师德师风建设为引领,加大教师标准制度体系建设力度,出台师范专业认证标准,加强"双师型"教师队伍建设,优化专兼结合教师队伍结构,改革教师素质提高计划实施方式,完善教师培训体系,教师职业素养和"双师"能力明显提高。展望"十四五",我们一定要坚持问题导向,围绕职业教育高质量发展和现代职业教育体系建设需要,进一步加强体现职业教育特色的师德师风建设,推动国家一系列利好政策落实落地落细,完善校企协同育人的教师培养培训体系,严格教师准入和考核评价,加大教师教学创新团队建设,建立起教师专业发展的长效机制,为国家教育现代化开好头、布好局。[2] 李梦卿和李鑫研究发现"十三五"以来,我国职业教育"双师型"教师队伍规模在国家顶层设计与职业院校实践探索下得以不断壮大,职业教育"双师型"教师队伍体系结构更加合理与完善,职业教育"双师"特色更为凸显,职业教育在教师教学创新团队建设方面得以全面的加强,"1+X"证书制度、现代学徒制、活页式教材实施成效更加显著,这一系列的经验与成就都为未来职业教育发展目标的实现夯实了基础。面向"十四五",我国在构建新时代高质量职业教育体系的目标导向下,"双师型"教师队伍建设任重道远。其中,职教师范专业认证、深化产教融合、校企合作以及加强专兼结合的教师教学创新团队建设等都将是今后较长时期内我国"双师型"教师队伍建设发展的重要着力点和主流方向。[3] 柯婧秋和石伟平研究发现改革开放四十多年来,中国共产党的工作重心转移到经济建设后,技能型人才出现了巨大缺口。因此,国家从宏观战略的高度,提出了要大力发展职业技术教育的总动员。为满足当时社会经济建设和职业教育结构的发展与调整以及国家、社会、经济发展对职业教育大力发展的需求,我国职业教育的教师队伍建设工作正式开始启动。历经四十多年的不断努

---

[1] 孙琳. 新时代职业教育师资队伍建设改革定位及发展趋势[J]. 中国职业技术教育,2020(10):35—40.

[2] 曹晔. 职业教育教师队伍建设"十三五"回顾与"十四五"展望[J]. 中国职业技术教育,2021(10):11—17.

[3] 李梦卿,李鑫. 我国职业教育"双师型"教师队伍建设:盘点"十三五"、谋划"十四五"[J]. 职业技术教育,2021(6):13—19.

力发展,我国职教师资队伍建设从"短、平、快"应急性发展走向平稳性发展;从注重职前培养走向强调职前培养与职后培训一体化机制;从注重师资专业技能提高走向强调教师综合职业素养提升;从注重师资队伍的增量走向强调提质增能;从本科层次提升至研究生层次的职教师资培养等,逐步探索出了一条富有中国特色的职业教育师资队伍建设道路。①

职教教师队伍建设策略主要聚焦于职教教师队伍中"双师型"教师队伍建设策略、职教教师队伍建设模式、职教教师队伍专业化建设以及基于问题导向的职教教师队伍建设研究。如李宏伟和徐化娟提出"双师型"教师队伍建设是当前职业教育大发展和大变革时期亟待破解的难题之一。在《国家职业教育改革实施方案》指引下,职业院校要与企业合作,以盘活资源、校企共建、挖潜转型、增量提质为主要手段,多措并举加快"双师型"教师队伍建设,以适应职业教育发展的需求。② 曹晔针对职业教育教师队伍在数量、质量、层次、来源、区域分布等方面存在的主要问题,结合经济社会发展的新变化、新要求,提出了教师资格准入门槛技能化;教师培养要一体化、后置化、合作化;教师培训要专业化、特色化和社会化;兼职教师要编制化;教师职称编制职教化;教师专业发展多样化;专业实践多元化等建设机制与举措。③ 涂三广提出我国已经初步形成了由技术师范大学培养、国家级职教师资基地培训和教师企业实践的三维立体职教教师终身教育模式。但是当下亟须解决的问题是职教教师"双师型"的内涵仍然并不是十分明确,"双师型"内涵建设正在经历着实践的困境,可操作性的定义和标准缺失,导致实践的盲目。我们当下最需要解决的就是按照《国务院关于加快发展现代职业教育的决定》文件精神,在借鉴国际发达职业教育国家教师培养、培训经验的基础上,建设具有中国特色的职教教师队伍。为解决以上问题,首先,我们的理论和实践界应在认识上正确理解"双师型"内涵,无论是在政策上,还是理论和实践中要统一对"双师型"内涵和实质的理解和把握,这就要求我们要明确制定职业教育"双师型"教师专业标准。同时,在实践过程中我们应借鉴和总结德国、美国、澳大利亚等职业教育发达国家职教教师培养经验,

---

① 柯婧秋,石伟平. 改革开放40年我国职业教育师资队伍建设的历史演进与未来展望[J]. 中国职业技术教育,2018(21):22—27.
② 李宏伟,徐化娟. 新时期职业教育"双师型"教师队伍建设策略研究[J]. 中国高等教育,2020(9):51—53.
③ 曹晔. 职业教育教师队伍建设的新思路、新机制、新举措[J]. 职业技术教育,2017(1):37—42.

结合中国实际不断创新理念和思路,以"双资格证书""双结构组合"和"双基地+双导师+双证书"等职教教师培养培训模式开展我国职教师资队伍建设。① 苏福业等对职教师资队伍专业化建设管理模式进行了系统的梳理与分析后发现,职教教师专业化越来越受到国家重视。职业院校根据外面环境对职业教育要求的变化以及学校的实际情况对本校教师队伍开展了丰富的专业化建设活动,主要完成了三个方面的建设目标:一是建立并不断完善职业院校教师队伍专业化建设长效机制;二是在学校层面构建了教师专业化建设模式以及培养途径,重点关注包括学科带头人、教学骨干、"双师型"教师、品牌教师等四类教师;三是创新并完善了教师队伍管理模式,提升了职教教师队伍的专业化水平。② 高鸿在梳理和归纳我国新时代推进职业教育教师队伍建设的思路与路径的基础上,指出为应对新时代、新机遇和新挑战,国家应继续坚持将职教教师队伍建设作为强基固本的系统性工程,其中教师思想政治素质和职业道德水平是重中之重,无论如何强调都不过分,同时,我们还要继续建立和完善职业教育教师队伍资格制度,完善职业教育教师培养体系,加强校企深度协同合作,完善职业教育教师培训机制,培养和造就一大批一流职业教育教师,全面提升职业教育教师队伍整体素质和专业化发展水平。③ 张立军总结归纳出当下职业教育教师队伍建设过程中存在的问题:具体包括职教教师队伍质量参差不齐、职教教师队伍年龄、学历、职称等队伍结构不够合理、职教教师职业培训效果不佳,缺乏针对性等。基于此我们应该持续不断地完善职教教师准入制度和标准,注重引用兼职教师的同时,关注兼职教师教学质量,加大职教教师职业培训力度,分阶段、分层次地提供个性化、有针对性的职业培训内容,并同时注重教师实践能力的培养。④ 盛子强等提出职业教育的跨界性,无论是专业类别还是教师能力素质要求都非常的复杂。因此,职教教师队伍建设受到制约的因素更多、难度更大,与其他类型的教育相比较而言,职教教师队伍建设的基础也较为薄弱,在

---

① 涂三广.我国职业教育教师队伍建设的三条路径[J].教师教育研究,2015(2):99—106.
② 苏福业,劳泰伟,樊明,马平,韦施羽,何励,李健龙,李俊达,莫梦喜,黄素品,苏永华,蒙承陆,李建明.职业教育师资队伍专业化建设管理模式的研究与实践[J].中国职业技术教育,2015(20):16—19.
③ 高鸿.新时代推进职业教育教师队伍建设的思路与路径[J].中国职业技术教育,2017(34):116—120.
④ 张立军.职业教育教师队伍建设存在的问题及强化措施[J].教育与职业,2017(7):79—82.

很大程度上制约了职业教育的发展。①

　　国外职教教师队伍建设经验与启示研究主要聚焦德国、澳大利亚等国家职教教师队伍建设经验、模式、课程等方面的研究。如李明慧和曾绍玮研究梳理了德国职业教育"双师型"教师培养体系,总结归纳出如下几个方面特点:一是具有完善的职教教师在职培训网络;二是具有独具特色的校本培训模式;三是具有高度融合的校企合作培训以及完备的外部法律法规制度保障。相比之下,我国"双师型"教师队伍建设存在"双师型"教师内涵与外延界线不清晰、校本培训的优势发挥不够充分、缺乏切实有效的企业参与以及法律法规支持相对薄弱等几个方面的问题。因此,应结合我国国情,积极借鉴德国经验,明确教师准入制度,创新校本培训形式,增强教师培养的校企合作力度,加大外部条件保障,建立评价考核机制,激发教师群体自我提升的动力。② 马延伟研究发现,进入21世纪澳大利亚职业教育与培训规模在不断地扩大,学员群体结构也变得更加复杂,培训与鉴定的工作任务开始变得越发沉重,这些变化对师资队伍的专业水平和素质能力提出了巨大的挑战,特别是作为职业教育对象的学生群体结构的复杂化、信息技术的现代化、职业能力评价等方面与现在职业院校教师培养培训存在明显的差距。为了应对以上问题,缩小差距,加强师资队伍建设,澳大利亚始终坚持职教教师准入制度,持续不断丰富培训内容,重视教师专业发展,采用灵活的用人制度等。③

　　职教本科教师队伍建设主要聚焦于当下职教本科所面临的问题、原因与对策研究。如张莉提出国家层面的"职业本科"试点是新时代推动我国职业教育改革与发展的重大战略措施,对于职业本科试点院校而言,结构合理、数量充足和高质量高素质教师队伍是其提升整体办学质量和开展内涵式发展的核心要素。受体制机制、规模扩张等多方面因素的影响,职业本科教育试点院校教师队伍存在"双师型"教师专业发展的体制机制不活、教师总量不充足、教师总体质量偏低、教学科研能力依然薄弱等多方面问题。要想解决存在的问题,职业

---

① 盛子强,辛彦怀,周琪.中等职业教育教师队伍建设:困境、成因与建议[J].中国职业技术教育,2015(36):65—69.
② 李明慧,曾绍玮.德国职业教育"双师型"教师队伍的培养渠道、经验与启示[J].教育与职业,2018(22):45—51.
③ 马延伟.澳大利亚职业教育与培训师资队伍建设的挑战与应对[J].外国教育研究,2018(10):117—128.

本科教育试点院校应注重教育体制机制的优化、高层次人才引进力度的加大，更加强化教师培养与培训以及产教融合的推进，从而最终实现教师素质能力的全面提升。① 钟斌认为职业本科院校教师队伍建设正在面临目标定位不清晰、发展机制不够明确、能力素养发展方向不确定、产教融合乏力等影响该类院校办学质量与人才培养质量的现实瓶颈。在实践领域，对于职业本科院校教师队伍建设来说，明确对接职业本科人才培养目标是根本方向，要理清职业本科与应用型本科院校的人才培养目标到底有哪些不同？彼此的差异和界限是什么？同时，完善"双师型"教师发展机制同样也是该类型院校教师队伍发展的重中之重，职业本科院校聚焦"双师"能力素质提升是该类院校教师专业发展的根本方向，深入推进产教融合是该类院校人才培养的根本原则。正因如此，本科层次职业教育教师队伍建设要以"本科"为导向、为标准，加强具有职业本科教师专业发展特色标准的研制，完善现有"双师型"教师队伍的准入、培育、评价等发展机制，构建分层分类的教师培训体系，打造多形式师资培育平台。②

3. 职教教师培养培训

职教教师培养培训相关研究聚焦于培养培训体系建设，国外培养培训经验及启示，培养培训方式、培养培训机制、培养培训模式。

职教教师培养培训体系建设主要聚焦职教教师培养培训实践经验的总结梳理以及存在的问题与对策。如孟庆国提出进入新时代，我国职教教师培养正在面临或者经历着师范教育向教师教育的转型、建立现代职业教育体系、实现四化同步发展、全面提高职业教育质量等新机遇和新挑战。在新时代背景下，我国部分地区和学校开展了建设新型职教教师培养体系的积极探索。在积累了部分经验的基础上，对进一步完善职教教师培养体系进行着持续不断的探索。为了解决以上挑战，研究者建议应加强对职教教师培养工作的规划与管理，加大职教师资招生与培养制度改革，营造有利于职教教师培养的政策环境，加强对职技高师院校的投资。③ 徐国庆认为一直以来职业教育教师培养体系大

---

① 张莉. 本科层次职业教育试点院校师资队伍建设的困境及优化路径[J]. 中国职业技术教育，2020(32)：43—48.
② 钟斌. 本科层次职业教育师资队伍建设的现实挑战、实践逻辑与适然路径[J]. 职业技术教育，2021(16)：61—66.
③ 孟庆国. 职业教育教师培养体系的构建与实践[J]. 职业技术教育，2013(22)：50—54.

多是以项目化培训为基本运行模式,但这种运行模式只能作为我国职业教育教师培养体系发展的一个过渡阶段,不能一劳永逸。面对新时代国家对职业教育的现代化发展需求,其教师培养体系需要向制度化、体系化方向发展。① 曹晔提出进入新时代,特别是十八大以来近十年我国职业教育教师培养在教师教育机构的数量、教师教育体系的建设、教师教育模式的创新等多个领域都取得了一系列的显著成效,但同时也存在着职教教师培养机构布局结构不够合理、高水平大学或者头部企业参与度不高、职教师范毕业生就业体制机制不畅、中西部职教教师培养培训基地建设相对滞后等一系列问题。为解决以上问题,建议职教教师培养院校要进一步优化办学理念,扩大招生规模与提质增效并重,尝试开展职教教师本硕连读培养模式以及试点职教博士,在持续不断深化培养供给侧结构性改革的同时,还要加强西部培养基地建设和完善保障体系。② 孙翠香提出《国务院关于加快发展现代职业教育的决定》文件的颁布,正式启动了中国特色社会主义现代职业教育体系的构建之路,这一阶段,地方本科院校转型发展为应用技术大学成为该体系构建与完善的必经之路。其中博士层次"双师型"教师的培养是应用技术大学发展的关键所在。博士层次"双师型"教师培养,其核心的目标定位是集"职业性、技术性、师范性、研究性"于一体的高层次专家型职教教师。而培养高层次专家型职教教师就需要构建以"项目课程"为主体,"专业课程+教育课程+职业课程+研究性课程+实践课程"的理实研一体化课程体系。③ 刘雪梅等运用案例分析的方法,剖析了广西民族地区职业教育综合改革试验区是如何以职业院校教师素质提高计划为载体,通过建立师培制度、常态化经费投入机制、紧密对接产业的改革项目、服务体系、绩效考评制度等措施,有效提升广西民族地区职业院校教师队伍整体专业发展水平。并对广西民族地区职业教育今后的发展方向进行了规划和预测。④ 郭雪利通过研究发现职教教师培训备受国家、地方和学校重视,三级培训主体也都做了大量

---

① 徐国庆.从项目化到制度化:我国职业教育教师培养体系的设计[J].教育发展研究,2014(5):19—25.
② 曹晔.职业教育教师培养培训体系建设的成绩、问题与对策[J].教育与职业,2021(17):55—60.
③ 孙翠香.博士层次"双师型"职教师资培养:现代职业教育体系构建的焦点——兼论博士层次"双师型"教师培养的目标定位与课程体系构建[J].职教论坛,2014(32):4—8.
④ 刘雪梅,李卫东,黄明宇.广西职业教育"双师型"教师培训体系建设研究[J].职业技术教育,2020(12):64—68.

的工作,但整体效果并未达到预期。究其原因,研究者认为其中最主要的问题为职教教师培训缺乏基于工作过程、基于能力发展的、总体的、长期的系统化设计。正因如此,文章从实践层面梳理了职教教师培训所存在的系统化缺失问题,从理论层面阐述了教师培训的系统化设计方案,并从现实层面澄清了系统化设计的实施条件。[①] 熊红菊和倪虹提出职教教师专业化的培养目标应包含入门、胜任、精通和追求卓越四个阶段性目标。基于职教教师专业化培养的阶段性目标,分层次、阶段性完善专业化发展的职业教育教师培养体系,不仅需要教师个体的自主努力,更需要政府、行业、学校等多方参与,为其创造发展条件。[②]

职教教师培养培训国外经验及启示研究主要聚焦德国、美国、日本等职业教育发达国家以及联合国教科文组织、欧盟等职教教师培养培训经验的引介。如李阳和闫静通过研究德国的职业教育现状发现,德国文教部长联席会议先后制定了一般学科教师专业标准、职业教育专业领域教师专业标准以及见习标准;发布了《教师培养和考核框架协定》,确定了职校教师资格框架和内容。德国针对职教教师专业教学能力的培养方式,主要分为大学阶段和见习阶段两个阶段。大学阶段的职教教师培养由大学负责,主要职责为制定职业教育各个专业的学习条例、培养条例及考试条例等,这一系列条例的制定旨在保证职教教师教育的顺利有效开展。见习阶段的教师培养由各州文教部负责,一般持续时间在12—24个月之间,学生在完成大学阶段学习并成功获得学位证书后,才能够开始进行见习活动。[③] 张建荣等对2020年联合国教科文组织国际职业技术教育中心发布的《影响未来职业技术教育教学趋势研究》报告进行了解读,该报告提出了影响未来职业教育教学与职教教师培养培训的10大方面趋势,主要涉及职业技能变化、技能预测系统建构、TVET教学人员培养培训、企业参与及TVET利益相关者协调等方面。本研究结合我国实际和报告内容总结归纳了对我国职教教学和职教师资培养培训的参考与启示,具体包括:面向未来工作领域不断变化的要求,需要建立国家技能预测系统,保持职业标准的先进性;针对信息技术的快速发展和普遍应用,需要厘清信息技术对职业教育教学的影响

---

① 郭雪利.职业教育教师培训系统化设计研究[J].职教论坛,2013(31):49—54.
② 熊红菊,倪虹.基于专业化发展的职业教育教师培养体系构建[J].职业技术教育,2012(35):69—71.
③ 李阳,闫静.德国职业教育新教师专业教学能力培养分析[J].中国职业技术教育,2021(33):74—81.

路径,提高教师信息技术应用能力;面对职业教育培养具有新知识、横向技能、跨职业能力的技术工人的目标,需要助力教师积累行业企业经验,实现其持续的专业发展。① 武博对德国职业教育师资培养课程进行了系统的梳理和研究发现:德国职业学校教师培养课程一般分为三个阶段,并且不同阶段课程设置的主要内容和组织形式都各有特色与侧重。总结归纳起来,德国职业教育师资培养课程设置中的主要特征呈现为"标准先行"的课程教学改革理念、"教师职业能力导向"的课程教学目标设定和"衔接紧密"的课程教学内容,这些特征对我国职教教师培养课程体系的开发与完善有一定的借鉴意义。② 左芊从横向和纵向对美国职业教育教师培养进行了对比分析后发现,美国职业教育教师培养已形成了公开、公平、公正招聘和职教教师资格认证程序规范相结合,职前培养与职后培训相结合,兼职教师为主与专职教师为辅结合,教师评价机制与激励机制相结合的职教教师培养特色。总结美国职教教师培养的实践经验,从其有益探索和培养机制方面获得启发,从我国如何建立健全职业教育政策法规、规范职业教育教师聘用标准、完善职业教育师资培训体系、构建职业教育师资考评和激励机制等方面予以借鉴,从而推进体现中国特色的职业教育教师队伍建设不断发展。③ 徐国庆研究发现了美国职业教育教师培训内容中存在的五个方面的特色,即理解贫穷、劳动法、建立企业专家委员会、表单设计和信息化资源使用。这五方面特点正是我国职业教育教师培训中所欠缺的。未来需要基于职业教育教师工作实际,开发体现职业教育特色的完整教师素质培训课程。④ 王宇波研究介绍了澳大利亚能力本位的职业教育教师培训体系,提炼出职业教育提质增效发展所需要的制度性要素、基础性要素、保障性要素和条件性要素,为我国职业教育教师培训制度建设指明了方向。⑤ 申文缙和周志刚通过研究指出德国职业教育教师培训体系改革与发展,呈现出以人为本的培训价值理念、多元开放的培训组织体系、协同共建的培训运行机制、民主协商的评价

---

① 张建荣,曹凡,冯仰存.面向未来的职业教育教学与职教师资培养培训——UNESCO-UNEVOC《影响未来职业技术教育教学趋势研究》的启示[J].职业技术教育,2022(4):65—72.
② 武博.德国职业教育师资培养课程研究及借鉴[J].成人教育,2021(10):83—88.
③ 左芊.美国职业教育师资培养的特色、经验及其借鉴[J].职教论坛,2019(8):171—176.
④ 徐国庆.美国职业教育教师培训内容研究——以俄亥俄州为例[J].外国教育研究,2012(6):121—126.
⑤ 王宇波.试论提升现代职业教育质量的四大要素——澳大利亚能力本位职业教育教师培训体系的启示[J].中国职业技术教育,2017(27):17—21.

文化等特点。协同培训体系从一定程度上改进了职教教师培训的系统结构,增强了系统性整体性功能,提高了培训质量与实践效益,在全球职业教育教师培训领域树立了范例。德国培训理念及实践经验对构建我国职业教育教师培训体系具有借鉴价值。① 彭红科选取美国、德国、日本三个职业教育发达国家,针对其职业教育教师培养进行了比较分析,分析出了其共通之处,即三国都建立了较高标准的教师资格制度,构建了完善的教师培训体系,健全了教师聘用机制和法律保障。因此,我国要根据自身发展实际情况,有针对性地进行借鉴吸收,在建立严格的职教师准入标准、机制的基础上,构建选聘结合、专兼相宜的聘任制度,其宗旨在于打造适应性强、专兼结合的教师培训机制,健全职业教育法律保障体系。② 王莉方等的研究发现欧盟职业教育教师与培训师专业发展经历了重要发展领域阶段、优先发展领域阶段、核心优先发展领域阶段三个不同时期,表现出基于能力提升的核心目标、校企合作的现实路径、多重保障的支持体系等特征。近年来,职业教育教师与培训师专业发展呈现出新的趋势,即提升数字教学技能,应对新冠疫情"新常态"的要求;调整培训内容,应对欧洲新技能议程的挑战;提升多元素质,应对国际化学生群体和残障学生群体的变化等。③

  职教教师培养培训方式、培养培训机制、培养培训模式、培养培训现状调查研究。如袁潇和高松通过研究发现职业教育教师协同培养存在培养主体单一、培养模式僵化、课程体系封闭、制度建设滞后等多方面现实问题。依据以上存在的问题本研究有针对性地提出了创建职教教师协同培养模式的主要路径:一是尽力扩大培养主体的内容范围,创建"校—企—校"协同合作的职教教师培养模式;二是构建横向联结、纵向贯通的一体化培养模式,重点培养研究生层次职业教育教师;三是整合原有课程体系,对协同培养主体课程资源进行综合开发与设计;四是强化职教教师培养制度建设,制定协同培养方案和具体实施细则。④ 王屹和李天航借鉴实践共同体理论,对职教"双师型"教师队伍建设进行

---

① 申文缙,周志刚.协同视阈下德国职业教育教师培训体系研究[J].外国教育研究,2017(4):115—128.
② 彭红科.发达国家职业教育师资培养的特色、共通经验及借鉴[J].教育与职业,2019(3):89—94.
③ 王莉方,石雅琦,艾巧珍.欧盟职业教育与培训教师与培训师专业发展特征及趋势[J].中国职业技术教育,2021(23):38—45.
④ 袁潇,高松.职业教育教师协同培养探析[J].教育与职业,2018(11):26—31.

了重构,通过突破身份认同困境、扩展合作领域、重塑合作文化,促使"双师型"教师实践共同体坚持相互的介入、共同的事业、共享的技艺库三个要素,把握自主平等、对话协商、知识共享、生产循环四个原则,实现建立关系、熟悉领域、参与实践、活力维持、身份获得五个阶段的转变。[1] 唐智彬提出要改进职教教师培养质量重点在于培养机制的创新,同时进行制度框架、培养内容体系、培养模式以及教学方式等多个方面的综合改革,具体表现为三个"一体":其一是在培养制度上实现职教教师招生、培养与就业一体化设计;其二是在培养内容上围绕职教教师知识、能力与素质三维目标与培养内容一体架构,重点培养师德与关键能力、教师专业知识与能力;其三是在培养模式上,促进教师专业情意、专业能力与实践智慧一体养成。[2] 庄西真认为作为一个开放的整体系统,职业教育教师培养培训是一个由高等院校、企业、职业学校和政府四大主体参与的、多个子系统构成的、具有与外界进行信息交流的系统性过程。这四大主体通过非线性协同互动,产生局部或子系统所没有的新能量,使整个系统在宏观上从无序走向有序,从而实现职业教育教师培养培训应达到的效果。四大主体的协同互动表现在培养培训需求的调查、培养培训方案的确定、培养培训对象的遴选、培养培训计划的实施、培养培训质量的评价、培养培训过程的反思等职业教育教师培养培训的全过程中。[3] 张雪丽研究发现"教育云平台"作为职业教育信息化发展的重要发展方向,职教教师在职教信息化建设过程中既发挥着主体功能又发挥着重要的推动作用,因此职教教师的信息素养水平将直接影响甚至左右着职业教育信息化建设。因此,在"教育云平台"的大背景下,分析职教教师信息素养存在的问题,界定职教教师信息素养内涵,探索以"教育云平台"为支撑的职业教育教师信息素养培训模式。[4] 孙思玉提出职教教师的培养质量是现代职业教育发展的关键因素,通过对意大利职业教育体制与法律保障、职业教育师资培养模式、继续教育师资培养路径和职业教育教师培养培训所面临的挑

---

[1] 王屹,李天航. 基于实践共同体的职业教育"双师型"教师队伍培养[J]. 现代教育管理,2018(5):88—92.
[2] 唐智彬. 现代职业教育教师培养机制创新探索[J]. 中国职业技术教育,2018(12):72—77.
[3] 庄西真. 论"四位一体"职业教育教师培养培训模式[J]. 河北师范大学学报(教育科学版),2017(2):38—44.
[4] 张雪丽. 教育云平台下的职业教育教师信息素养及培训模式研究[J]. 教育研究与实验,2013(5):61—63.

战与策略等四个方面全面深入剖析,对完善我国职教教师培养体系有一定的借鉴意义。① 蔡建平研究发现瑞士拥有具备强大专业实践应用能力的师资队伍,所以培养出了具有较强国际竞争力的高水平应用技术人才。瑞士职教教师培养培训体系对我国职业院校"双师型"教师队伍建设和教师专业素质提升具有较大的借鉴意义和实践价值。因此,我们在进行职教教师培养培训过程中,应加强其专业实践应用能力的培养与培训,唯有如此才能达到提升职教教师专业实践能力的要求,满足我国新时代职业教育高水平技术技能人才培养的需要。② 江军和黄小宇调研了全国多个省份职业院校教师,了解当前我国职业教育"双师型"教师协同培养的现状及问题。调研发现,我国职业教育"双师型"教师协同培养总体情况不容乐观,职业院校与企业的合作交流不够深入、学校之间的合作浮于表面,根本没有建构起有效的协同培养机制。研究者认为若要解决以上问题,我们应尽快建构基于"校—企—校"三方协同的"双师型"教师培养机制,制定促进实现政府宏观调控,校企积极参与的完善的校企合作政策法规。③ 刘延金等认为近些年来,我国中职教师职后培训出现了异化现象。通过调研发现,中职教师职后培训异化现象主要体现在培训机构、培训主体和培训功能三个方面。研究者提出要想克服这些异化现象,中职教师职后培训首先应该扎根在中职教育发展的实践中,回归到中职教育教师培训自身发展的原本逻辑上来,回归到中职教育教师专业发展的具体实际问题中。④

三、结论与展望

通过对十八大以来职教教师研究文献的统计分析,研究者较为直观地探寻了职教教师研究的现状,结论如下。

第一,通过对研究者的分析发现,职教教师研究的核心作者群尚未形成,庄

---

① 孙思玉.意大利职业教育师资培养模式及其挑战与策略[J].职教论坛,2016(32):10—13.
② 蔡建平.瑞士职业教育应用型师资培养的特点及启示[J].教育与职业,2015(25):76—78.
③ 江军,黄小宇.职业教育"双师型"教师协同培养的调查分析[J].职业技术教育,2016(9):63—67.
④ 刘延金,郭平,梁琴,严芸.中等职业教育教师职后培训的异化与回归——基于对2016—2021年S省省级中职教师培训的调查[J].职业技术教育,2022(12):57—63.

西真、曹晔、闫智勇、吴全全、胡维芳、李锋、徐国庆、朱德全等学者已成为职教教师研究的主要力量,但仅有部分作者间存在合作关系,职教教师相关研究的团队合作意识有待进一步加强。

第二,通过对研究机构进行分析发现,我国职教教师研究的核心机构群尚未形成,但天津职业技术师范大学、天津大学教育学院、教育部职业技术教育中心研究所、江苏理工学院、同济大学职业技术教育学院、华东师范大学职成所、北京师范大学教育学部、西南大学教育学部等机构已成为研究职教教师的主要机构。

第三,通过对关键词频次、中心度以及突现性的分析和文献追踪后的深入探究发现,从内容维度来看,职教教师政策研究、职教教师队伍建设研究和职教教师培养与培训作为高频次、高中心性、高突现性关键词,值得关注。

今后,职教教师应加强职业教育教师标准体系研究、职业教育教师培养模式研究和职业教育教师、教材、教法"三教"改革研究,并聚焦职业教育教师准入制度、教师和校长专业标准、"双师型"教师标准、职业教育教师职前职后一体化改革、建立校企人才双向交流机制等领域开展深入研究。

第五部分

中国职业技术教育教师发展展望：
2023—2035

职业教育担负着培养数以亿计高素质劳动者的重要任务,是我国经济社会发展的重要基础。中国职业技术教育发展已经迈上建设现代职教体系、确立类型教育定位、建设技能型社会新台阶,职业教育大改革大发展格局已经形成。中国职业技术教育的变革对职教教师发展提出了新要求、新挑战。教育大计,教师为本。教师队伍是发展职业教育的第一资源。要发展好我国新时代职业教育,必须培养造就一支优质的职教教师队伍。

一、中国职业技术教育教师发展的依据

(一) 关于职业教育的重要论述

习近平总书记高度重视职业教育,从统领全局的高度,多年来就职业教育改革发展提出了一系列新观点。习近平总书记关于职业教育的重要论述,是中国职业技术教育教师发展的重要依据。

1. 从职业教育思想基础来看,将"立德树人"作为人的立身之基。习近平总书记在全国高校思想政治工作会议上提出,"要坚持把立德树人作为中心环节,把思想政治工作贯穿教育教学全过程,实现全程育人、全方位与人,努力开创我国高等教育事业发展的新局面"。[①] 教育教学工作始终将"立德树人"作为出发点和落脚点。教师队伍建设中,"立德树人"也是不容忽视的。百年大计,教育为本;教育大计,教师为本。习近平提出,"一个人遇到好老师是人生的幸运,一

---

① 习近平.把思想政治工作贯穿教育教学全过程开创我国高等教育事业发展新局面[N].人民日报,2016-12-09(1).

个学校拥有好老师是学校的光荣,一个民族源源不断涌现出一批又一批好老师则是民族的希望"。① 教师要不忘"立德树人"的初心,不仅要做学生学习知识、创新思维的引路人,更要做学生锤炼品格、奉献祖国的引路人。教师要牢记为党育人、为国育才的使命,作为教师,必须严格把握这个政治方向,始终围绕着"培养什么人,如何培养人"这一基本主线。

2. 从新时代中国特色社会主义的奋斗目标来看,职业教育是为实现"两个一百年"奋斗目标和中华民族伟大复兴中国梦提供坚实人才保障的关键支撑。习近平总书记指出,我国是中国共产党领导的社会主义国家,我们的教育的根本任务是培养社会主义建设者和接班人。这是教育工作的根本任务,也是教育现代化的方向目标。实现"中国梦",关键靠发展。习近平总书记要求"各级党委和政府要把加快发展现代职业教育摆在更加突出的位置,更好支持和帮助职业教育发展,为实现'两个一百年'奋斗目标和中华民族伟大复兴的中国梦提供坚实人才保障"。"中国梦"的实现,离不开作为我国现代化建设的主力军的技术技能型人才。建设中国特色职业教育体系,就是为实现"中国梦"提供强有力的人才支撑。习近平总书记在考察贵阳市清镇职教城时指出:"职业教育是我国教育体系中的重要组成部分,是培养高素质技能型人才的基础工程,要上下共同努力进一步办好。"

3. 从我国经济社会发展来看,发展职业教育是实现我国现代产业结构升级的必然要求,是我国经济持续健康发展的重要基础。习近平总书记指出,要深刻把握发展的阶段性新特征新要求,坚持把做实做强做优实体经济作为主攻方向,一手抓传统产业转型升级,一手抓战略性新兴产业发展壮大,推动制造业加速向数字化、网络化、智能化发展,提高产业链供应链稳定性和现代化水平。② 习近平总书记要求把加快发展现代职业教育摆在更加突出的位置,就是要推动现代化产业结构的优化升级和经济发展方式的转变,因为"发展职业教育是实现我国现代产业结构升级的必然要求"。

4. 从国民教育体系来看,职业教育作为国民教育体系的重要组成部分,肩负传承技术技能、促进就业创业的重要职责。在 2021 年 4 月召开的全国职业

---

① 求是网. 不忘立德树人初心,牢记为党育人、为国育才使命[N/OL]. (2020-09-10)[2022-06-02]. https://baijiahao.baidu.com/s?id=1677425177570919189&wfr=spider&for=pc.
② 人民日报评论员. 把做实做强做优实体经济作为主攻方向[N]. 人民日报,2020-08-24(1).

教育大会上,习近平总书记作出重要指示:"在全面建设社会主义现代化国家新征程中,职业教育前途广阔、大有可为。要坚持党的领导,坚持正确办学方向,坚持立德树人,优化职业教育类型定位,深化产教融合、校企合作,深入推进育人方式、办学模式、管理体制、保障机制改革,稳步发展职业本科教育,建设一批高水平职业院校和专业,推动职普融通,增强职业教育适应性,加快构建现代职业教育体系,培养更多高素质技术技能人才,能工巧匠、大国工匠。"①

5. 从青年个体成长来看,职业教育是广大青年打开通往成功成才大门的重要途径,为每个人的出彩人生提供了机会。习近平总书记从促进社会公平、实现人生价值等层面对职业教育提出要求。(1)三百六十行,行行出状元。他指出,我们要始终高度重视提高劳动者素质,培养宏大的高素质劳动者大军。他强调,一切劳动者,只要肯学肯干肯钻研,练就一身真本领,掌握一手好技术,就能立足岗位成长成才,就都能在劳动中发现广阔的天地,在劳动中体现价值、展现风采、感受快乐。(2)学到真本领,用勤劳和智慧创造美好人生。2015年,习近平总书记在贵阳市清镇职教城考察贵州省机械工业学校时勉励同学们说,各行各业需要大批科技人才,也需要大批技能型人才,大家要对自己的前途充满信心。习近平总书记希望同学们立志追求人无我有、人有我优、技高一筹的境界,学到真本领,用勤劳和智慧创造美好人生。(3)贫困家庭孩子如果能掌握一技之长,脱贫就有希望。习近平总书记指出,一个贫困家庭的孩子如果能接受职业教育掌握一技之长,能就业,这一户脱贫就有希望了。他指出,脱贫攻坚期内,职业教育培训要重点做好。(4)素质是立身之基,技能是立业之本。习近平总书记指出,素质是立身之基,技能是立业之本。任何一名劳动者,无论从事的劳动技术含量如何,只要勤于学习、善于实践,在工作上兢兢业业、精益求精,就一定能够造就闪光的人生。②

(二) 新修订的职业教育法

2022年,新修订的《中华人民共和国职业教育法》(以下简称《职业教育法》)

---

① 新华社. 习近平对职业教育工作作出重要指示[EB/OL]. (2021-04-13)[2022-08-18]. http://www.gov.cn/xinwen/2021-04/13/content_5599267.htm.
② 张祺午. 习近平的职业教育观[J]. 职业技术教育,2017(24):1.

相对于原法而言,共增加了三章,其中之一是"职业教育的教师与受教育者",强调了职业教育教师发展的规范化、体系化和可持续性。新《职业教育法》从制度化层面对教师要求和师资队伍建设等进行了规定,为职业教育高质量发展提供了保障。

1. 对教师要求的规定。新《职业教育法》明确指出"职业学校应当加强校风学风、师德师风建设,营造良好学习环境,保证教育教学质量"。通过完善职业教育的教师任职标准、教学体系等,搭建起科学的职业教育知识体系,在教师机会与待遇方面,新法要求提高职业教育教师的专业素质与社会地位。

2. 对师资队伍建设的规定。新《职业教育法》以法律的形式明确国家要建立健全职业教育教师培养培训体系,加强职业教育教师"双师"素质等专业化培养培训,提升职业教育教师的素质和职业发展机会;规定产教融合型企业、规模以上企业应当安排一定比例的岗位,接纳职业学校、职业培训机构教师实践;降低技术技能人才入职职业教育的学历门槛,鼓励学校聘请高级技能人才担任专职或者兼职教师,吸引更多的技术技能人才进入职业教育教师队伍;加大"教师、教材、教法"改革力度,培养、引进、兼职"多管齐下",多举措解决"双师型"教师短缺问题;建立健全符合职业教育发展要求和特点的教职工配备基本标准、教师岗位设置和职称评聘制度。

二、中国职业技术教育教师发展的未来目标

(一)国家职教教师发展的政策目标

2019年1月,国务院印发《国家职业教育改革实施方案》(以下简称《方案》),明确了职业教育教师发展目标,为建设高质量高水平的教师队伍奠定了基础。

1. 提升职教教师供需匹配度。《方案》明确提出"职业教育与普通教育是两种不同类型的教育,具有同等重要的地位",并在目标体系中指出,要使职业教育"由参照普通教育办学模式向企业社会参与、专业特色鲜明的类型教育转

变"。相应地，职教教师要具有与职业教育作为类型教育相匹配知识水平和技术技能。为此，《方案》提出"双师型"教师(同时具备理论教学和实践教学能力的教师)占专业课教师总数超过一半，并且分专业建设一批国家级职教教师教学创新团队。

2. 强化职教教师发展质量标准。职教教师发展质量标准是对职教教师素质的基本要求，是引领教师发展的基本准则，也是提升职业教育人才培养质量的保障。职教教师是履行教育教学工作职责的专业人员，要具有良好的师德师风，掌握系统的专业知识和专业技能，实习指导教师和专业实践课教师要具有行业企业工作经历。为加快推进职业教育"双师型"教师队伍高质量建设，健全教师标准体系，2022年10月25日，教育部办公厅发布了《职业教育"双师型"教师基本标准(试行)》。近年来，我国出台了一些职教教师标准体系，现在还将继续完善相关标准体系，包括研制新时代"双师型"教师标准，修订完善中职学校教师职业标准、校长职业标准，研制高职学校教师职业标准等。通过强化职教教师发展质量标准，有效支撑职业教育改革发展。

3. 完善职教教师发展的保障措施。职教教师发展具有开放性、实践性等特点，这决定了必须要有切实的保障措施来确保教师发展质量。为此，《国家职业教育改革实施方案》提出实施职业院校教师素质提高计划，建立100个"双师型"教师培养培训基地，职业院校、应用型本科高校教师每年至少1个月在企业或实训基地实训，落实教师5年一周期的全员轮训制度。探索组建高水平、结构化教师教学创新团队。《深化新时代职业教育"双师型"教师队伍建设改革实施方案》提出，经过5—10年时间，构建政府统筹管理、行业企业和院校深度融合的教师队伍建设机制，健全中等和高等职业教育教师培养培训体系，打通校企人员双向流动渠道，建立具有鲜明特色的"双师型"教师资格准入、聘用考核制度。

(二) 职教兼职教师队伍建设目标

随着职业教育的发展，从整体上说职教教师队伍还比较薄弱，与职业教育发展的实际需求之间存在着一定的差距，主要表现在专业教师结构不佳、专业素养不高、数量不足等方面。兼职教师是职教教师队伍的重要组成部分，职业学校亟须努力建设一支数量充足的、稳定的、高素质的兼职教师队伍。首先，要放宽兼职教师占职业学校专兼职教师总数的比例。2012年，教育部等四部门印发的《职业学校兼职教师管理办法》规定，职业学校兼职教师占专兼职教师总数的比例一般不能超过30%。如果硬性规定这个比例不能超过30%，那么对一些急需大量使用兼职教师的学校来说是一种阻碍。借鉴国外职业学校的兼职教师一直都在教师总体中占有较大比例的成熟做法，并根据我国职业教育改革发展的实际情况，我国职业学校的兼职教师在教师总体中占比应至少达到50%。其次，要加强对兼职教师的培训。通过培训，要达到兼职教师具有从事教师职业所必需的职业道德，掌握教育学和心理学的基础知识、基本理论，并能运用这些知识和理论分析、解决职业学校教育教学的实际问题的素质目标。

（三）职教教师个人的专业化发展的目标

"职教教师的'素质'问题并不是一个新的问题，对职教教师素质的关注伴随着职业教育教师专业化发展而来。"[①]教师专业化既可以认为是一种结果，即教师成为专家型教师；也可以认为是一种过程，即教师成为专业工作者的成长过程。"与普通教育的教师相比，职业教育教师的特点决定了职业教育教师专业化的目标更加复杂与具体。"[②]基于个体素质要求无穷尽的考虑，对于职教教师来说，应把教师专业化看作教师成为专业工作者的成长过程。所以，解决职教教师个人的专业知识和专业能力问题，其实就是要着重解决教师专业教学能力不强、行业企业工作经历欠缺、未接受到足够的高质量的培养培训等突出问题。由此，职教教师个人的专业化发展目标，首先是教师需要具有较高的专业理论知识水平，并熟悉自己任教学科领域里最新的科技成果；其次是具备较高的操作技能，能够指导学生的实习实践；最后是掌握教育学和心理学的基础知识、基本理论，并能运用这些知识和理论分析、解决职业学校教育教学的实际问题。

---

① 刘妍，李新发，李思敏.《职业院校教师素质提高计划》实施10年——成就、价值与展望[J]. 教育学术月刊，2021(2)：21.
② 李泽，南海. 论我国职业教育教师专业化的新挑战与对策[J]. 职教通讯，2018(5)：53.

三、中国职业技术教育教师发展的未来展望

《中共中央关于制定国民经济和社会发展第十四个五年规划和二〇三五年远景目标的建议》明确指出要"建设高质量教育体系"。在开启全面建设社会主义现代化国家新征程中,中国职业教育的改革发展要以习近平总书记重要讲话为指引,以全国职业教育大会精神为纲领,准确把握2035远景目标,深刻理解面向2035职业教育体系现代化的时代内涵,坚持问题导向,助力新时代中国职业技术教育的教师发展,进一步满足人民群众对于高质量职业教育的需求,进一步发挥职业教育在社会主义现代化建设中的作用。

(一) 以新时代师德风范成就大国良师

职业教育持续改革创新,面向未来,即将走上新征程,迎接新的使命。教师是立教之本、兴教之源,把准教师队伍建设方向,探索引导新机制,强化价值引领,推进教师思想政治素质和师德师风建设,使广大教师严守行为底线,追求高位标杆,培根铸魂育新人,成就一位位有理想信念、有道德情操、有扎实知识、有仁爱之心的大国良师。

1. 深化自身对新时代新精神、新价值观的理解,激发弘扬和培育新精神的热情

教师必须自觉加强精神品质的培育和建构,担当起培养堪当民族复兴重任的时代新人的历史使命。教师精神的形成是在继承传统教师精神精髓,融合时代发展特征的基础上,理论与实践、职前学习与职后经验有机结合的终身发展过程。深刻理解新时代新精神的内涵。例如对于新时代背景下的工匠精神①,对以往的传统性认识进行理解性拓展,将其看作是一个动态生产、不断发展的

---

① 匡瑛,井文.工匠精神的现代性阐释及其培育路径[J].中国职业技术教育,2019(17):5—9.

概念，深刻领会工匠精神是在无数次重复动作基础上的专注、严谨、踏实、革新，通过有灵魂地重复、沉淀和积累，实现对创新生产和极致技艺的追求。只有结合自身经历和经验，不断学习和深化自身对新时代新精神、新价值观的理解，才能为后续在实践中培育职校学生的工匠精神奠定良好的基础。

2. 以身作则，尽职尽责、严谨求实、精益求精、追求卓越，为学生树立榜样

教师自身蕴藏着丰富的教育资源和强大的教育影响力。"其身正，不令而行，其身不正，虽令不从""以身教者从，以言教者讼""教师的职业是'以教师的人格决一胜负的职业'""动人以言，其感不深；动人以行，其应必速"都是对教师身体力行、以身教人的重要阐释。为师无小事，在一举一动中践行尽职尽责、严谨求实、精益求精、追求卓越的精神，率先垂范，帮助学生在潜移默化中学做人、学做事、克服挫折和挑战，迎风破浪，不断优化自己的人生和职业规划。

3. 结合专业和职业岗位特色，创新性引领学生形成正确的职业价值观念

教师不仅仅是职校学生新时代新精神培育的示范者，还是具体执行者和组织者。职校教师依托专业课程及大纲，结合专业和职业岗位特色，在教学活动中创新性融入和渗透新精神、新价值观，引领学生形成正确的职业价值观念，使学生在行动中真切体会特定职业岗位所应具备的做事原则和工作态度，在潜移默化中提升自身的精神品质，激发学生主动践行工匠精神的积极情感和自觉意识。在日常实践和生活中做学生锤炼品格的引路人，做学生学习知识的引路人，做学生创新思维的引路人，做学生奉献祖国的引路人。

总之，在今后的职教教师发展过程中，应继续写好高质量教师队伍思想政治素质、师德师风建设新文章，推进教师铸就新精神、新面貌，在职教领域中涌现越来越多的"大国良师"，服务职业教育高质量发展，推进教育现代化，支撑教育强国建设。

（二）以科学评价管理建设高质量职教教师队伍

教师评价事关职业教育发展方向，习近平总书记在全国教育大会上明确指

出,要深化教育体制改革,健全立德树人落实机制,扭转不科学的教育评价导向,坚决克服唯分数、唯升学、唯文凭、唯论文、唯帽子的顽瘴痼疾,从根本上解决教育评价指挥棒问题。职教教师评价结果事关教师资源获取和竞争优势的确立,影响着教师的职业发展。但是,长期以来,职教教师评价制度存在缺乏整体设计、手段较为单一、缺乏科学的标准体系、行政手段主导的评价占据主流等问题。中共中央、国务院印发的《深化新时代教育评价改革总体方案》提出,要健全职业学校教师评价标准。根据《中共中央关于制定国民经济和社会发展第十四个五年规划和二〇三五年远景目标的建议》,要建设高素质专业化教师队伍,关键在于职教教师评价管理制度的改革。

1. 分类分层评价,构建符合职教特点的教师评价管理机制

职教教师的评价首要明晰不同院校、不同专业之间的差异,建立体现学科专业特色的多元化评价方式。为此,未来应突破利用升学率、教学成绩、论文数量、科研项目、帽子头衔等评价职教教师,探索走出一条分类管理、分类考核的评价道路,这可能是职教教师队伍建设的重要出路。一方面,应组织专业力量,加强修订《中等职业学校教师专业标准(试行)》和《中等职业学校校长专业标准》,研制高等职业学校、职教本科的教师专业标准。通过构建分类评价标准,规范教师培养培训、资格准入、招聘聘用、职称评聘、考核评价等环节,引领职教师资队伍的建设和发展。另一方面,分类分层评价标准和指标要突显学科专业特色,坚持定性和定量相结合,既要统筹考虑不同学科专业的差异性,又要确保教师的工作量有据可依、可测可评。

2. 以"双师型"为本,明确职教教师评价的关键领域

职业院校区别于其他学校,是以培养职业技术人才为主,对教师专业技术能力与实践能力的要求相对较高。"双师型"教师为职业教育的人才培养提供了有力的保障和支持,国家高度重视"双师型"教师的教育教学和评价管理工作。但是,目前关于"双师型"教师的认定办法并不统一,一些省份和职业院校虽然结合本省或本校实际情况,制定了"双师型"教师认定和评价管理办法,但省际、校际之间在认定条件、认定程序、认定主体等方面存在较大差异,导致"双

师型"教师评价缺乏明确的标准。① 中共中央、国务院印发的《深化新时代教育评价改革总体方案》提出,要健全"双师型"教师认定、聘用、考核等评价标准,突出实践技能水平和专业教学能力的考核。职业院校教师考核评价过程中,应突出对教师的教学能力和实践水平的评价,引导教师更加重视、专注于教育教学工作和人才培养工作,真正发挥"双师"的多种功能。因此,未来"双师型"教师评价工作应更加关注教师的教学能力和实践水平,重置专业与实践在教师评价中的核心地位。

3. 基于高质量技术技能人才培养目标,确立职教教师评价管理的基本导向

职教教师评价的最终目的是促进学生的学习与发展,为经济和社会发展培养出大量高质量技术技能人才,这应当也是未来职教教师评价改革相关政策的一个基本出发点。基于人才培养的评价导向,有利于打破职教教师从关注"自我"到关注"学生"的转变,打破职业院校按照教师个人表现进行评价的现状。为此,职教教师评价应当充分考虑技术技能人才培养的现实情况,结合职业院校学生学习特点和成长环境,构建基于学生高质量技术技能人才培养目标为主体的职教教师评价指标,评价导向应从注重奖惩教师向注重培养高质量技术技能人才转变。未来可考虑把高质量技术技能人才的培养情况引入职教教师综合评价结果的整体框架里,或者将指标进行分类,每一类别下突出各自所要评价的重点内容,更加彰显针对性和实效性。

(三)建设高素质职教教师队伍与教学创新团队

1. 职教教师拥有扎实学识,教师综合素质显著提升

教育大计,教师为本。"师者,所以传道授业解惑也。"教书育人是教师的使命。习近平总书记在北京师范大学师生座谈会上指出,"做好老师要有扎实的学识",这为提升教师素质、加强教师队伍建设指明了发展方向。扎实的学识泛

---

① 曾赛阳,陆莎,艾巧珍.高职院校"双师型"教师评价认定政策研究[J].中国高教研究,2021(10):102—108.

指职教教师从事职业院校教学所必备的专业知识,体现着职教教师作为一种专门化职业的不可替代性。职教教师专业知识结构包含了专业领域知识、教育教学知识以及连接两者的专业教学知识。从专业领域来看,职业教育培养的是面向生产一线的技术技能型人才,与普通教育培养学术研究或专业人才(例如工程师、管理者、经济分析师)不同,因此两类教育所涉及的专业领域知识是不同的,要求教师所具备的专业领域知识结构也是不同的。① 专业领域知识是职教教师教育教学实践活动的"知识基础",也是职教教师专业发展和专业化发展的基础。

面对当前的信息化时代,经济快速发展、社会日益多元、各种新知识不断涌现,职业院校教师的工作环境发生了巨大变化,给新型职业院校教师带来更多挑战。为此,职教教师必须具备扎实的专业知识功底、过硬的教学能力与科学的教学方法②,形成包括专业知识、教学知识、生产知识和情境知识在内的复合型知识结构,以及包括专业能力、工作胜任力、课堂教学能力、教学过程掌控能力、自学能力、专业实践发展能力、经济与管理能力、团队合作与社会联系能力在内的能力结构。③

2. 职教教师来源多样,"双师型"教师结构发展完善

推进职业教育教师队伍建设,发展完善具备理论教学和实践教学能力的"双师型"教师结构,建设一支数量充足、优势互补、结构合理、专业过硬、协同发展的"双师型"教师队伍,是我国职业教育实现内涵式发展、走向职业教育现代化的内在要求。一方面,职教教师来源多样,通过"内培外引"的方式,组建混合型职教师资队伍,实现从"供需失衡"到"渐趋平衡"。另一方面,职教教师队伍建设遵循多元建设路径,通过"贯通联合"的一体化职教教师培养制度与培训体系,推进职教教师队伍建设水平迈上新台阶,形成完善的"双师型"教师队伍,实现从"学历达标"到双证双能、从"金字塔形"到"梯形结构"的转变,为职业教

---

① 陈慧梅,谢莉花.基于扎根理论的职教教师专业领域知识结构及其培养路径研究——以技术类专业为例[J].中国职业技术教育,2022(18):80—90.
② 好老师要有扎实学识——三论学习贯彻习近平总书记教师节重要讲话精神[J].中国教育报,2014-09-15.
③ 庄西真.建设"新职师",培养"新职师"——职教教师的知能结构及其培养[J].职教通讯,2020(12):1—10.

育高质量发展提供人力资源保障。①

3. 教学创新团队全面建成，满足职业教育高质量发展

教师队伍是发展职业教育的第一资源，是支撑新时代国家职业教育改革的关键力量，全面建设发展具备理论教学和实践教学能力的"双师型"教师教学创新团队，是职业教育高质量发展的必备条件。这要求职教教师发展对接产业发展与高技术技能人才培养，打破学院合作界限与校企合作壁垒，组建集人才培养、科研创新、科技服务、继续教育与培训为一体的高水平专兼结合的职教教师教学创新团队，以支撑职业教育高质量发展。

职教教师教学创新团队不仅应具有适应技术发展和新经济形态的专业领域理论知识和实践能力，还应具备在新的职业教育理念和现代教育技术支持下，在多元化学习环境中面向个性化成长组织开展高效、有效教学的能力，如在人工智能教育背景下基于多元学习环境开展混合式教学的能力。"结构化"是职教教师教学创新团队全面建设的基本特征，这种"结构化"不仅体现在团队人员跨界组建的结构化，还包括教师层次的结构化，形成年龄、职称、能力结构合理的创新团队，以及职业教育专业建设的教学创新团队。② 创新性是职教教师教学创新团队的核心特征，职教教师教学创新能力包括专业领域创新、科学研究创新、教学实践创新、教学理论与教学方法创新、教学内容创新等多个维度的创新能力。职教教师教学创新团队只有实施团队合作的教学组织新方式、行动导向的模块化教学新模式，适应专业知识快速更新与教学内容不断变化的发展模式，才能支撑起适应新时代、跨应用场景、多技术能力的创新型、复合型高素质技术技能人才培养的需求。③

---

① 张丹,朱德全.从单一到多元:新时代职业教育师资队伍建设的改革设想[J]. 职教论坛,2020(10):80—89.
② 郁士宽.高水平职业院校专业群教学创新团队建设研究[J]. 教育与职业,2022(19):72—77.
③ 谢宾.共生理论视域下高职教师教学创新团队建设的问题与策略[J]. 教育与职业,2022(19):65—71.

附录

2012—2022年国家层面职业技术教育教师政策一览表

序号	发文时间	发文机构	政策名称	发文字号
1	2012.8.6	教育部教师工作司	《教师工作司2012年工作要点》	教师司〔2012〕54号
2	2012.8.20	国务院办公厅	《国务院关于加强教师队伍建设的意见》	国发〔2012〕41号
3	2012.9.6	教育部 国家发展改革委 财政部	《关于深化教师教育改革的意见》	教师〔2012〕13号
4	2012.9.18	教育部	《普通高等学校本科专业目录（2012年）》《普通高等学校本科专业设置管理规定》等文件	教高〔2012〕9号
5	2012.10.18	教育部 财政部 人力资源和社会保障部 国务院国有资产监督管理委员会	《职业学校兼职教师管理办法》	教师〔2012〕14号
6	2013.2.5	教育部教师工作司	《教育部教师工作司2013年工作要点》	教师司〔2013〕6号
7	2013.4.9	教育部办公厅 财政部办公厅	《关于做好2013年"国培计划"实施工作的通知》	教师厅〔2013〕2号
8	2013.6.14	教育部办公厅	《职教师资本科专业培养标准、培养方案、核心课程和特色教材开发项目管理办法》	教师厅〔2013〕5号
9	2013.9.20	教育部	《中等职业学校教师专业标准（试行）》	教师〔2013〕12号
10	2014.2.26	教育部教师工作司	《教育部教师工作司2014年工作要点》	教师司函〔2014〕9号
11	2014.5.2	国务院	《关于加快发展现代职业教育的决定》	国发〔2014〕19号
12	2014.6.23	教育部 国家发展改革委 财政部 人力资源社会保障部 农业部 国家乡村振兴局（国务院扶贫办）	《现代职业教育体系建设规划（2014—2020年）》	教发〔2014〕6号

(续表)

序号	发文时间	发文主体	政策名称	发文字号
13	2015.3.10	教育部教师工作司	《教育部教师工作司2015年工作要点》	教师司函〔2015〕6号
14	2015.10.19	教育部	《高等职业教育创新发展行动计划(2015—2018年)》	
15	2016.3.11	教育部教师工作司	《教育部教师工作司2016年工作要点》	教师司函〔2016〕8号
16	2016.5.11	教育部 国务院国有资产监督管理委员会 国家发展和改革委员会 工业和信息化部 财政部 人力资源和社会保障部 国家税务总局	《职业学校教师企业实践规定》	教师〔2016〕3号
17	2016.10.28	教育部 财政部	《关于实施职业院校教师素质提高计划（2017—2020年)的意见》	教师〔2016〕10号
18	2017.1.10	国务院	国家教育事业发展"十三五"规划	国发〔2017〕4号
19	2017.1.24	教育部教师工作司	《教育部教师工作司2017年工作要点》	教师司函〔2017〕1号
20	2017.3.31	教育部办公厅	《职业院校教师素质提高计划项目管理办法》	教师厅〔2017〕3号
21	2017.8.8	教育部办公厅 财政部办公厅	《关于做好职业院校教师素质提高计划2017年度项目组织实施工作的通知》	教师厅〔2017〕8号
22	2017.9.24	中共中央办公厅 国务院办公厅	《关于深化教育体制机制改革的意见》	
23	2017.10.26	教育部	《普通高等学校师范类专业认证实施办法(暂行)》	教师〔2017〕13号
24	2017.12.19	国务院办公厅	《关于深化产教融合的若干意见》	国办发〔2017〕95号
25	2018.1.20	中共中央 国务院	《关于全面深化新时代教师队伍建设改革的意见》	

(续表)

序号	发文时间	发文主体	政策名称	发文字号
26	2018.1.22	教育部教师工作司	《教育部教师工作司2018年工作要点》	教师司函〔2018〕1号
27	2018.2.5	教育部 国家发展改革委 工业和信息化部 财政部 人力资源社会保障部 国家税务总局	《职业学校校企合作促进办法》	教职成〔2018〕1号
28	2018.2.11	教育部 国家发展改革委 财政部 人力资源社会保障部 中央编办	《教师教育振兴行动计划（2018—2022年）》	教师〔2018〕2号
29	2018.2.26	中共中央办公厅 国务院办公厅	《关于分类推进人才评价机制改革的指导意见》	
30	2019.1.24	国务院	《国家职业教育改革实施方案》	国发〔2019〕4号
31	2019.2.23	中共中央、国务院	《中国教育现代化2035》	
32	2019.2.23	中共中央办公厅、国务院办公厅	《加快推进教育现代化实施方案（2018—2022年）》	
33	2019.2.25	教育部教师工作司	《教育部教师工作司2019年工作要点》	教师司函〔2019〕4号
34	2019.3.29	教育部 财政部	《关于实施中国特色高水平高职学校和专业建设计划的意见》	教职成〔2019〕5号
35	2019.5.6	教育部 国家发展改革委 财政部 人力资源社会保障部 农业农村部 退役军人部	《高职扩招专项工作实施方案》	教职成〔2019〕12号
36	2019.5.13	教育部	《全国职业院校教师教学创新团队建设方案》	教师函〔2019〕4号
37	2019.8.30	教育部 国家发展改革委 财政部 人力资源社会保障部	《深化新时代职业教育"双师型"教师队伍建设改革实施方案》（简称"职教师资12条"）	教师〔2019〕6号

(续表)

序号	发文时间	发文主体	政策名称	发文字号
38	2019.9.23	教育部 国家发展改革委 工业和信息化部 国务院国资委	《关于公布首批全国职业教育教师企业实践基地名单的通知》	教师函〔2019〕9号
39	2020.1.10	教育部 山东省人民政府	《关于整省推进提质培优建设职业教育创新发展高地的意见》	鲁政发〔2020〕3号
40	2020.7.27	教育部 甘肃省人民政府	《关于整省推进职业教育发展打造"技能甘肃"的意见》	甘政发〔2020〕38号
41	2020.7.30	教育部 江西省人民政府	《关于整省推进职业教育综合改革提质创优的意见》	赣府发〔2020〕16号
42	2020.9.16	教育部 江苏省人民政府	《关于整体推进苏锡常都市圈职业教育改革创新打造高质量发展样板的实施意见》	苏政发〔2020〕75号
43	2020.9.16	教育部 国家发展改革委 工业和信息化部 财政部 人力资源社会保障部 农业农村部 国务院国资委 国家税务总局 国家乡村振兴局（国务院扶贫办）	《职业教育提质培优行动计划（2020—2023年）》	教职成〔2020〕7号
44	2020.10.13	中共中央办公厅 国务院办公厅	《深化新时代教育评价改革总体方案》	
45	2021.7.29	教育部 财政部	《关于实施职业院校教师素质提高计划（2021—2025年）的通知》	教师函〔2021〕6号
46	2021.10.12	中共中央办公厅、国务院办公厅	《关于推动现代职业教育高质量发展的意见》	
47	2022.4.20	中华人民共和国第十三届全国人民代表大会常务委员会	《中华人民共和国职业教育法》	
48	2022.5.17	教育部办公厅	《关于开展职业教育教师队伍能力提升行动的通知》	教师厅函〔2022〕8号

党的十八大以来职业技术教育教师发展成效与经验政策文件出处：

1. 中华人民共和国中央人民政府.国务院关于加强教师队伍建设的意见[EB/OL].(2012-08-20)[2022-10-01].http://www.gov.cn/zwgk/2012-09/07/content_2218778.htm.

2. 中华人民共和国中央人民政府.中共中央国务院关于全面深化新时代教师队伍建设改革的意见[EB/OL].(2018-01-31)[2022-10-01].http://www.gov.cn/xinwen/2018-01/31/content_5262659.htm.

3. 中华人民共和国教育部教师工作司.职业技术示范教育专业认证标准[EB/OL].(2019-10-10)[2022-10-01].http://www.moe.gov.cn/s78/A10/tongzhi/201910/t20191030_405965.html.

4. 中华人民共和国教育部.教育部等七部门印发《关于加强和改进新时代师德师风建设的意见》的通知[EB/OL].(2019-12-06)[2022-10-01].http://www.gov.cn/xinwen/2019-12/16/content_5461529.htm.

5. 中华人民共和国教育部教师工作司.打造党和人民满意的"大国良师"——党的十八大以来教师队伍建设改革发展成就[EB/OL].(2022-09-06)[2022-10-02].http://www.moe.gov.cn/fbh/live/2022/54805/sfcl/202209/t20220906_658653.html.

6. 中华人民共和国教育部等.教育部等五部门关于印发《教师教育振兴行动计划(2018—2022年)》的通知[EB/OL].(2018-02-11)[2022-10-01].http://www.moe.gov.cn/srcsite/A10/s7034/201803/t20180323_331063.html.

7. 中华人民共和国国务院.国家职业教育改革实施方案[EB/OL].(2019-02-13)[2022-10-02].http://www.gov.cn/zhengce/content/2019-02/13/content_5365341.htm.

8. 教育部教师工作司.职业技术示范教育专业认证标准[EB/OL].(2019-10-10)[2022-10-01].http://www.moe.gov.cn/s78/A10/tongzhi/201910/t20191030_405965.html.

9. 中共中央办公厅、国务院.关于深化职称制度改革的意见[EB/OL].(2017-01-08)[2022-10-01].http://www.gov.cn/xinwen/2017-01/08/content_5157911.htm#1.

10. 中共中央办公厅、国务院.关于分类推进人才评价机制改革的指导意见[EB/OL].(2018-02-26)[2022-10-01].http://www.gov.cn/zhengce/2018-02/26/content_5268965.htm.

11. 中华人民共和国教育部等.教育部等四部门关于印发《深化新时代职业教育"双师型"教师队伍建设改革实施方案》的通知[EB/OL].(2019-09-23)[2022-10-02].http://www.moe.gov.cn/srcsite/A10/s7034/201910/t20191016_403867.html

12. 中华人民共和国人力资源和社会保障部.人力资源社会保障部教育部关于深化中等职业学校教师职称制度改革的指导意见[EB/OL].(2019-09-09)[2022-10-02].http://www.gov.cn/xinwen/2019-09/09/content_5428518.htm.

13. 中华人民共和国教育部.职业教育提质培优行动计划(2020—2023年)[EB/OL].(2020-09-16)[2022-10-02].http://www.gov.cn/zhengce/zhengceku/2020-09/29/content_5548106.htm.

14. 中华人民共和国教育部.中共中央国务院印发《深化新时代教育评价改革总体方案》[EB/OL].(2020-10-13)[2022-10-02].http://www.moe.gov.cn/jyb_xxgk/moe_1777/moe_1778/202010/t20201013_494381.html.

15. 中华人民共和国中央人民政府.教育部等九部门关于印发《职业教育提质培优行动计划(2020—2023年)》的通知[EB/OL].(2020-09-16)[2022-10-02].http://www.gov.cn/zhengce/zhengceku/2020-09/29/content_5548106.htm.

16. 中华人民共和国中央人民政府.人力资源社会保障部教育部关于深化高等学校教师职称制度改革的指导意见.[EB/OL].(2020-12-31)[2022-10-02].http://www.gov.cn/zhengce/zhengceku/2021-01/27/content_5583094.htm.

17. 中华人民共和国中央人民政府.教育部等七部门关于印发《职业学校教师企业实践规定》的通知[EB/OL].(2016-05-11)[2022-10-02].http://www.gov.cn/xinwen/2016-05/30/content_5078086.htm.

18. 中华人民共和国中央人民政府.国务院办公厅关于深化产教融合的若干意见[EB/OL].(2017-12-19)[2022-10-26].http://www.gov.cn/

zhengce/content/2017-12/19/content_5248564. htm.

19. 中华人民共和国中央人民政府. 国家发改委、教育部印发《建设产教融合型企业实施办法(试行)》[EB/OL]. (2019-04-03)[2022-10-02]. http://www.gov.cn/xinwen/2019-04-03/content_5379379. htm.

20. 中华人民共和国中央人民政府. 教育部等六部门关于印发《职业学校校企合作促进办法》的通知[EB/OL]. (2018-02-22)[2022-10-02]. http://www.gov.cn/xinwen/2018-02-22/content_5267973. htm.

21. 中华人民共和国教育部. 教育部财政部人力资源和社会保障部国务院国有资产监督管理委员会关于印发《职业学校兼职教师管理办法》的通知[EB/OL]. (2012-11-08)[2022-10-26]. http://www.moe.gov.cn/srcsite/A10/s7034/201211/t20121108_146074. html.

22. 中华人民共和国教育部. 教育部等四部门关于公布首批全国职业教育教师企业实践基地名单的通知[EB/OL]. (2019-10-11)[2022-10-26]. http://www.moe.gov.cn/srcsite/A10/s7034/201910/t20191016_403871. html.

后 记

经过一年多的筹划、调研、论证、撰写和打磨，《中国职业技术教育教师发展报告2012—2022》定稿付梓。本书的编辑出版，自始至终都得到了教育部教师工作司司长任友群同志和各方面领导、专家的亲切关心和指导支持。在此，对各位领导、专家表示衷心的感谢！

《中国职业技术教育教师发展报告2012—2022》是上海第二工业大学职业技术教师教育学院教师集体智慧的结晶。丁力副校长负责整个报告的策划与协调，石伟平教授负责拟定写作大纲和篇章结构。杨旭辉副研究员负责报告的统稿与修订，王海莹教授和李丰博士协助。报告各部分的分工如下：第一部分主报告，"一、'两个大局'下中国职业技术教育教师发展"由曾令奇完成，"二、党的十八大以来职业技术教育教师发展的成效与经验"由李静完成，"三、党的十八大以来职业技术教育教师发展的问题与挑战""四、新时代职业技术教育教师培养培训工作高质量发展的对策建议"由李翠翠完成；第二部分中国职业技术教育教师发展政策分析，由王海莹完成；第三部分中国职业技术教育教师发展实践探索：2012—2022，由李丰、杨旭辉完成；第四部分中国职业技术教育教师发展研究综述：2012—2022，由王小明完成；第五部分中国职业技术教育教师发展展望：2023—2035，由曾令奇、李静、李翠翠、李丰完成。第六部分附录，由王海莹完成。

华东师范大学出版社教育心理分社社长彭呈军、编辑朱小钗为本书编辑出版做了大量工作，对他们的敬业和专业表示崇高的敬意和衷心的感谢！

课题组